VITE INATTESE 36

Daniele Manusia

Daniele De Rossi o dell'amore reciproco

66THAND2ND

copertina
Francesco Sanesi

illustrazione di copertina
Guido Scarabottolo

composizione tipografica
Cycles di Sumner Stone
Linotype Univers di Adrian Frutiger

prima edizione giugno 2020
ristampa luglio 2020
ISBN 978-88-3297-118-7

A tutte le bambine nate il giorno 16

«Probabilmente vi chiederete perché mai uno dovrebbe rinunciare a una promettente carriera letteraria – avevo avuto qualche recensione piuttosto buona – per fare il giornalista sportivo. È una buona domanda. Per ora, lasciatemi dire solo questo: se scrivere di sport può insegnare qualcosa – e scrivendo di sport si ha a che fare con molte verità, oltre che con parecchie menzogne – è che se si vuole che la vita abbia qualche valore, bisogna essere preparati ad affrontare, presto o tardi, l'evenienza del rimpianto più terribile e amaro. E bisogna essere capaci di sfuggirvi, perché sennò si corre il rischio di rovinare la propria esistenza».

Richard Ford, *Sportswriter*

«L'unico rimpianto è avere una sola carriera da donare alla Roma».

Daniele De Rossi, 2010

Indice

Io odio il calcio

Una delle possibilità è che mentre esce dal campo, sostituito a un quarto d'ora dalla fine, con la Roma sotto di un gol nel derby, Daniele De Rossi stia pensando: «Io odio il calcio». Non posso saperlo con certezza, né indovinarlo dall'espressione del suo volto, dato che esce di corsa con lo sguardo basso, come se si vergognasse. Quando un calciatore lascia il campo velocemente non c'è modo di sapere se stia soffrendo o meno, se magari non gliene frega niente. Tuttavia, che in quella sera non troppo fredda di gennaio 2005 De Rossi stia pensando proprio «io odio il calcio» è un'ipotesi non così improbabile – e di sicuro è impossibile che non gliene freghi niente. Ha ventun anni e i capelli corti di un biondo un po' spento, quasi da bravo ragazzo. La sua aria dimessa stona con quella degli altri romanisti in campo quella sera. Con i capelli lunghi e bagnati di Francesco Totti, castani con dei riflessi ramati, tenuti dietro le orecchie da un laccio, capelli che gli sbattono sulle spalle mentre corre sottolineandone il passo pesante (quando porta palla a testa alta sembra che Totti vada a cavallo); con le mèches dorate di Antonio Cassano che gli finiscono davanti agli occhi e lo costringono a passarci le mani distraendosi, dandogli un'aria particolarmente cinica; con la coda bionda da samurai, o da Yorkshire Terrier, di Philippe Mexès; con la piega laterale di un nero lucido come un vinile di Christian Panucci, che gli conferiva un'eleganza distaccata e triste da torero. In una squadra estroversa e un po' volgare come questa, De Rossi che esce dal campo correndo sembra un chierichetto in ritardo per la messa.

La Roma non perde un derby da cinque anni e quello è il primo che gioca da titolare (anche se non il suo primo in assoluto). Contro una Lazio che era data sfavorita da tutti i pronostici della vigilia, alla prima partita con un nuovo allenatore, Giuseppe Papadopulo, e che schiera un centrocampista, Giannichedda, come centrale difensivo. Prima che De Rossi esca dal campo, la regia di Sky Sport manda in onda le immagini del secondo gol laziale, segnato da César, e dell'esultanza di Paolo Di Canio. Perché se il derby di Roma può essere di qualcuno in particolare, quello del 6 gennaio 2005 è certo il derby di Di Canio. O meglio, il secondo «derby di Di Canio», sedici anni dopo il primo. Cresciuto nella Lazio, aveva giocato con una mezza dozzina di altre squadre tra Italia e Regno Unito ed era tornato alle sue origini giusto l'estate prima. Nel 1989, sempre a gennaio, nel suo derby d'esordio, aveva segnato il suo primo gol in Serie A con la maglia della Lazio. E lo aveva fatto nella stessa porta, sotto la Curva Sud, in cui sedici anni dopo segna di nuovo. A ventun anni Di Canio era corso in direzione dei tifosi romanisti con l'indice alzato al cielo, a trentasei invece si ferma poco oltre la riga di fondo, con la maglia da gara alzata a mostrare quella della salute (su cui col pennarello aveva scritto un motto dell'Hagakure, saggezza orientale per guerrieri), fissandoli con gli occhi sgranati da pazzo, con le rughe della fronte che spingono indietro la stempiatura. In quegli occhi, come negli occhi di molti romani di questi anni, è impossibile distinguere tra la gioia e la rabbia. A fine partita farà il saluto fascista (non per l'ultima volta in stagione) e rovinerà la sua serata ma, finché si gioca, quello è il derby in cui Di Canio chiude il cerchio della sua storia laziale nel miglior modo immaginabile.

Parlo di uno dei derby più belli che un tifoso laziale possa ricordare, dunque uno dei più tremendi per i romanisti. Francesco Totti lo ha passato sbuffando e lamentandosi con l'arbitro, seccato come un re che non può far giustiziare i giocatori con meno talento di lui, giocatori normali che però si dannano l'anima per rovinargli la partita, come i gemelli Filippini, Antonio e Emanuele, che quella sera lo hanno tormentato. Nel secondo tempo gli scoppia un petardo vicino e Totti si accascia al suolo, per dire il tipo di partita. Al settantanovesimo minuto De Rossi esce dal campo il più velocemente possibile perché in teoria la Roma può ancora pareggiare. Invece, si risparmia solo il gol del 3-1 laziale, anche se difficilmente per lui è stato meglio vederlo da fuori che viverlo in campo.

Da quel momento non sappiamo più nulla di lui, la sostituzione lo sottrae al nostro sguardo e al nostro giudizio. Come si sentiva mentre faceva la doccia? Cosa ha detto ai suoi compagni negli spogliatoi? Cosa ha pensato mentre guidava per tornare a casa? Se era in auto con qualcuno, ha parlato? E cosa pensava mentre chiudeva dietro di sé la porta d'ingresso, con una notte intera davanti prima che non fosse più il giorno in cui aveva perso 3-1 il suo primo derby da titolare?

In quegli anni De Rossi non amava particolarmente i libri. Guardava film in dvd, giocava un po' alla Playstation, del resto il calcio a inizio anni Duemila era ancora quello in cui i calciatori passavano il loro tempo libero in ritiro giocando a carte. Ma anni dopo leggerà *Open*, l'autobiografia di Andre Agassi, romanzata da J.R. Moehringer. «Le prime parole sono: "Io odio il tennis"» dirà. «Un atleta che ama lo sport e che legge queste parole capisce subito perché Agassi parla in quel modo: anche noi, in una determinata circostanza o per un solo secondo, odiamo il calcio per qualche motivo». A dire il vero, De Rossi ricorda male, perché *Open* inizia in un altro modo: «Apro gli occhi e non so dove sono o chi sono». Quindi forse «io odio il tennis» è solo la frase che più lo ha colpito, le prime parole che gli vengono in mente quando pensa all'autobiografia di uno sportivo di successo come lui, a un libro che citerà tra i suoi preferiti. Forse sono le parole più sue. E se c'è «una determinata circostanza» in cui De Rossi può aver pensato: «Io odio il calcio», è proprio quel derby del 2005.

Del resto la sola cosa certa di quella serata è che lui, a differenza di Agassi, una volta chiusa la porta di casa ricorda benissimo chi è, dov'è. È il ragazzino che tifava Roma da quando ha memoria e che da due anni indossa la maglia giallorossa insieme a grandi campioni. Un paio di settimane prima ha portato la fascia da capitano, in una partita in cui Totti era assente e il capitano era Cassano, che al momento della sostituzione invece di darla al suo vice, Panucci, per qualche ragione l'aveva passata a lui: De Rossi capitano per sbaglio, ma pur sempre capitano della Roma per la prima volta. Sa di avere davanti una vita e una carriera ricche di soddisfazioni ma, va da sé, non prive di dolori. E quel derby, forse, è il primo grande dolore che gli tocca sopportare. Quella sera in casa sua Daniele De Rossi è solo un tifoso della Roma che gioca nella Roma e che ha appena perso il suo derby d'esordio con la Lazio.

Quattordici anni dopo, alla fine dell'ultimo derby della sua storia nella Roma (ma senza sapere ancora che sarebbe stato l'ultimo), perso 3-0 in maniera inequivocabile, ricorderà per contrasto proprio quel derby del 2005, in cui invece la Roma era sulla carta superiore alla Lazio. Ovviamente per lui fa più male perdere quando pensi di essere più forte. Quattordici anni dopo, in ogni caso, ancora ci pensava.

Tra tutte le leggende che sono circolate su De Rossi in questi anni ce n'è una che riguarda proprio quella notte del 6 gennaio 2005. Messa in giro dal suo vicino, o forse da una mosca che ha osservato la scena in silenzio. Daniele rientra a casa e saluta la fidanzata, che si alza dal divano per consolarlo. È incinta da più di quattro mesi (Daniele ha annunciato la gravidanza in un'intervista alla «Gazzetta» già a dicembre), la pancia si vede appena ma forse lei è già più stanca del solito e dopo poco va a letto. Daniele non ha sonno, ha ancora l'adrenalina in circolo e resta in salotto. Prova a giocare alla Play ma gli riviene in mente la partita, i suoi errori per quanto piccoli e tutti i dettagli che avrebbero potuto farla andare diversamente. Prova a rigiocare il derby, simula Roma contro Lazio, contro il computer, ma anche lì segna Di Canio. I pensieri diventano troppi, butta il controller sul tappeto e va in cucina. Prende un bicchiere dalla credenza, lo riempie d'acqua ma lo dimentica in cucina. Torna in salotto e improvvisamente prova il desiderio di prendere a calci qualcosa, il divano, il tavolino basso, la tv. Ma non può far rumore, allora si avvicina al muro, quello che combacia con il muro del salotto del vicino, e ci sbatte la testa. Senza neanche rendersene conto sta piangendo.

Come facciamo a conoscere questi dettagli? Non li conosciamo. Ma non c'è bisogno di sapere se quella sera Daniele ha davvero pianto con la testa contro il muro. È importante, però, immaginarlo in un'intimità uguale a quella di tutti i tifosi della Roma. Perché se non lo ha pensato dopo il suo primo derby, «io odio il calcio» è un pensiero che ogni tifoso della Roma ha fatto almeno una volta nella sua vita, in serate simili a quella. È un pensiero che può fare solo chi ama profondamente la propria squadra ed è disposto a darle tutto. Tutto sé stesso.

Questa storia parla di reciprocità, di come un calciatore ha potuto rappresentare i propri tifosi fino a una totale immedesimazione. La storia di De Rossi è anche la storia di tutti i tifosi della Roma negli ultimi diciotto anni.

Non conosco personalmente Daniele De Rossi. Il mio rapporto con lui è simile a quello che può avere qualsiasi tifoso della Roma. Non ci ho mai parlato per davvero né, come si dice a Roma proprio per rimarcare l'estraneità, ci ho mai cenato insieme. Quando già non era più un giocatore della Roma ma non si sapeva ancora dove sarebbe andato è circolato un video, fatto da uno sconosciuto nella propria macchina, che lo ha incrociato a un semaforo e gli ha chiesto: «Danie' dove giochi l'anno prossimo?». E lui gli ha risposto: «Gioco a calcetto con te». Ecco, quello sconosciuto ha scambiato più parole con De Rossi di me.

Una volta dovevo intervistare un suo compagno di squadra per il sito che dirigo e mi hanno fatto aspettare al bar di Trigoria, il centro di allenamento della Roma in una frazione a sud poco dopo il Raccordo (dove si può arrivare quasi solo in macchina e dove ho sempre incrociato lo stesso gregge di pecore intento ad attraversare la strada). Ho preso un caffè e De Rossi stava leggendo il giornale a un metro e mezzo di distanza da me. Un'altra volta, sempre a Trigoria per un'intervista, gli ho chiesto una foto. Tutto qui.

A dire il vero, quando ho deciso di scrivere questo libro ho fatto un timido tentativo di raggiungerlo, anche perché alla casa editrice sembrava una buona idea. De Rossi era già a Buenos Aires, e dopo due settimane di silenzio da parte della persona a cui avevo chiesto di contattarlo ho tirato un sospiro di sollievo. Se mi avesse risposto, sarebbe venuto fuori un libro migliore, forse, o non ne sarebbe venuto fuori proprio niente, magari non avrei scritto neanche questo. In ogni caso, ci tengo a dire da subito che non ho aneddoti unici né scoop clamorosi. Non ho voluto parlare con i suoi familiari, con i suoi allenatori passati, con gli amici. Non per pigrizia ma proprio perché la storia di De Rossi è alla portata di tutti, è di tutti.

La sua storia in breve

È nato poche settimane dopo il secondo Scudetto della storia della Roma, il 24 luglio 1983, in una città ancora in festa. Ha esordito qualche mese dopo il terzo Scudetto, nel 2001, in una città che aveva smesso di festeggiare ma che aveva ancora i muri, i marciapiedi, le scalinate, le porte dei palazzi dipinti di giallorosso. Daniele sempre un pizzico in ritardo, come tutti i romani.

Ha iniziato a giocare nella Roma quando aveva dodici anni e ci è rimasto fino ai trentacinque, quasi trentasei. Con la Roma ha vinto due Coppe Italia e una Supercoppa. A cui vanno aggiunti, con la Nazionale, un Europeo Under 21, un bronzo olimpico e soprattutto il Mondiale del 2006. Durante la seconda partita di quel Mondiale ha colpito con una gomitata sul naso un giocatore americano, è stato espulso e squalificato per quattro giornate; è tornato disponibile in finale, ha sostituito Francesco Totti nel secondo tempo e ha calciato, e segnato, il terzo dei cinque rigori finali.

Tutto questo, prima di compiere venticinque anni. Poi, sul piano delle vittorie, niente più. Anzi no, scusate, a ventisei anni i suoi colleghi lo hanno votato come miglior giocatore italiano della Serie A. E a ventinove è stato scelto dalla Uefa tra i 23 della squadra dell'Europeo 2012, torneo in cui l'Italia è arrivata in finale stupendo tutti e De Rossi ha giocato anche difensore.

In tutti quegli anni in cui lui ha lavorato sempre nello stesso posto, ha visto cambiare tredici allenatori e quattro presidenti (cinque, se contiamo anche Roberto Cappelli che lo è stato per circa un mese nell'estate del 2011, tra la fine del regno della famiglia Sensi e l'inizio di quello degli americani). Ha giocato 616 partite ufficiali con la stessa maglia, è il secondo giocatore con più presenze in campo nella storia della Roma, dopo Totti. È quello con più presenze in Champions League con la maglia giallorossa, in compenso, e anche il quarto in assoluto della Nazionale (con 117 partite, il doppio di quelle di Totti), con cui ha segnato 21 gol (Totti 9) e di cui è stato capitano 6 volte (Totti mai). In modo affettuoso, proprio per aggirare la presenza di Totti, è stato chiamato «Capitan Futuro» dalla stampa, ma è durata fino a quando Totti ha smesso di giocare, solo due anni prima di lui.

Nelle diciotto stagioni di Daniele De Rossi, la Roma è arrivata per nove volte seconda.

A ventitré anni ha segnato il solo gol della Roma nella partita di Manchester finita 7-1 nel 2007; era in campo anche nel 2014 quando la Roma ha perso 7-1 in casa con il Bayern Monaco; e durante la sua ultima stagione, è entrato negli ultimi quindici minuti (sul punteggio di 5-1) nell'altro 7-1, quello subìto con la Fiorentina in Coppa Italia.

A trentaquattro anni, nel 2018, ha segnato il secondo gol nella rimonta con il Barcellona (4-1 in Spagna; 3-0 al ritorno) che ha portato la Roma in semifinale di Champions League, il risultato migliore in Europa dai tempi della finale con il Liverpool del 1984.

L'unica informazione «privata» che so di lui, comunque di seconda mano, è che quando ha avuto la possibilità di cambiare squadra ha deciso di restare pensando che magari l'anno successivo la Roma sarebbe tornata a vincere lo scudetto.

Perché in tutti quegli anni ha sempre creduto che la Roma avrebbe presto vinto un nuovo scudetto.

Quando la Roma ha deciso di non rinnovargli il contratto, dopo venticinque anni di fedeltà, è andato dall'altra parte del mondo, in Argentina, al Boca Juniors. Come se per dimenticare un amore finito fosse stato necessario allontanarsi il più possibile. È andato in Argentina per vedere che effetto faceva giocare in uno stadio come la Bombonera, e per non vestire un'altra maglia italiana dopo quella della Roma, per non «sprecare una storia bellissima», come ha detto lui stesso. In una stagione tormentata dagli infortuni, ha potuto giocare solo cinque partite ufficiali.

Per il colmo dei paradossi, quando Daniele era già rientrato a Roma da mesi, il Boca Juniors è diventato campione d'Argentina. È il suo primo scudetto, vinto in assenza.

Non ero per niente così

Mi sarebbe piaciuto cominciare con un bel momento. Uno di quelli che si trovano in tutte le biografie di sportivi eccellenti il cui talento si manifesta per la prima volta in maniera chiara e inequivocabile, facendo esclamare a chi assiste all'evento (e che poi potrà raccontarlo): «Oh, ecco una persona davvero speciale». Ma di momenti di questo tipo, almeno all'inizio, non ce ne sono nella storia di De Rossi. Al suo miracolo manca l'attimo di rivelazione e meraviglia; e parlo di miracolo rifacendomi all'etimologia latina del termine – dal verbo *miror*, meravigliarsi – perché il fatto stesso che De Rossi sia diventato a un certo punto calciatore professionista era di per sé un fatto non scontato. Lo ha ripetuto spesso anche lui: «Fino a 14-15 anni, non sembrava che avessi grandissime doti. Avrei firmato per fare una carriera simile a quella di mio padre, che si è fatto quindici anni di C. È il mio idolo, sono orgogliosissimo di lui».

Anche se il suo primo allenatore, all'Ostiamare, lo ha descritto come un «predestinato», e la Roma prova a tesserarlo quando ha ancora nove anni (senza successo, la sua famiglia preferisce aspettare), Daniele ricorda che gli allenatori non sapevano bene in che ruolo metterlo e che preferiva giocare attaccante perché era pigro, non aveva voglia di correre. Di solito giocava trequartista, oppure esterno a sinistra, ma il suo vero ruolo in quel periodo era, parole sue, «la mezza sega». Era piccolo fisicamente e sorprendentemente anche uno poco deciso, che non amava mettere il piede nei contrasti. Sembrerebbe, insomma, che fino a una certa età De Rossi non fosse De Rossi. Solo Bruno Conti, campione del mondo '82 e leggenda dello Scudetto romanista dell'83, anche lui cresciuto sul litorale romano (a Nettuno, che sta a Ostia come un paese sta alla periferia di una città), dopo uno stage durato una settimana, in spiaggia manco a dirlo, riconosce in De Rossi qualcosa del giocatore che sarebbe diventato: la *tigna*, che nel dodicenne si materializza nell'arrabbiarsi molto quando perde le partite. E per questo lo porta alla Roma.

Persino negli anni a venire, quando si inizia davvero a fare selezione, Daniele continua a giocare poco. Restava in panchina e quando erano troppi i convocati poteva capitare anche che facesse il guardalinee. «Non ero una delle stelle individuabili come il futuro campione, il futuro capitano della Roma. Non ero per niente così». Il paragone con il padre fino a un certo punto era calzante: anche Alberto De Rossi, cresciuto a Ostia, prima di accontentarsi di una carriera nelle serie minori era arrivato fino alla Primavera della Roma. Daniele era inoltre un po' confuso, gli piacevano pallavolo e basket e anche se era sicuro di voler fare lo sportivo intanto pensava a carriere alternative. Gli sarebbe piaciuto diventare un giudice o un avvocato, ma c'era troppo da studiare. Arriva addirittura a pensare quello che per noi, oggi, è semplicemente inimmaginabile: andare via dalla Roma. «Se gioco poco e non mi diverto che ci sto a fare qui?» si diceva.

Per sua fortuna, quando ha più o meno sedici anni interviene Mauro Bencivenga, un plasmatore di giovani anime sul modello del professor Keating dell'*Attimo fuggente*, che diceva di parlare dei «valori degli operai» ai giovani calciatori, perché «se ne devono fregare dei soldi, delle belle macchine, di apparire, che soltanto così saranno uomini ricchi». È lui ad avere l'intuizione di spostarlo a centrocampo. «Neanche mi ricordo bene quando, lo cominciai a mettere davanti alla difesa: funzionava, era il suo ruolo». Un'epifania tardiva che comunque non sembra garantire di per sé a Daniele una carriera di alto livello, visto che continua a fare panchina. Quando ne ha parlato, e ne ha parlato molto, Bencivenga non è sembrato mai il tipo che vuole addolcire la realtà: «Se ti dicessi che appena l'ho visto ho capito che sarebbe diventato quello che è ti direi una stronzata».

Le cose cambiano definitivamente durante una partita degli Allievi Nazionali, Arezzo-Roma, in cui entrando dalla panchina Daniele fa due assist e uno di quei salvataggi in extremis che poi diventeranno il suo marchio di fabbrica. In quella partita, soprattutto, il titolare a centrocampo è stato espulso, garantendogli così anche la partita successiva. Da quel giorno De Rossi non esce più dal campo e, a pensarci oggi, fa ridere che ad aiutarlo quando più ne aveva bisogno, a dare il via alla sua carriera, sia stato proprio un cartellino rosso.

Insomma è bastato arretrare la sua posizione di qualche metro e aspettare il momento giusto perché il suo talento naturale cominciasse a fluire. Eppure anche a quel punto, quando era ormai chiaro che tipo di giocatore fosse e in che ruolo dovesse giocare, non tutti lo capivano. Paolo Berrettini, il primo allenatore a convocarlo in una Nazionale giovanile, l'Under 19, ricorda che non comprendeva perché nessun altro lo avesse chiamato prima. E racconta stupito di come, informandosi su di lui con i tecnici che lo avevano visionato in precedenza, trovava chi gli diceva: «Bah, ha il culo basso. Non è uno che ti cambia la vita».

Alberto De Rossi

Da piccolo Daniele era un bambino felice. Il padre giocava e la madre era la segretaria del presidente dell'Eni. «Non mi mancava niente, non navigavamo nell'oro». Il massimo del trauma che ricorda è il giorno in cui la madre lo ha mandato a scuola con un grembiule da femmina. Oppure gli spostamenti dovuti al lavoro del padre, pochi chilometri ma con frequenza quasi annuale: da Livorno a Lucca, da Lucca a San Marino, da San Marino a Sarzana (e così via, fino a quando Daniele ha nove anni e il padre torna a Ostia, per finire la carriera nell'Ostiamare). Ogni volta lui era l'unico bambino con il dialetto diverso, quello romano.

L'anno dopo la nascita di Daniele, Alberto De Rossi ha vinto un campionato di C con la maglia del Livorno senza perdere neanche una partita. Dopo aver smesso di giocare, diventa allenatore delle giovanili, nella Roma. Risale tutte le categorie, dai Pulcini fino alla Primavera, ma sempre una categoria sotto a quella in cui gioca Daniele. De Rossi padre, quindi, non ha mai allenato De Rossi figlio. E quando, molti anni dopo, gli verrà offerta la prima squadra rifiuterà per non creare problemi. Una scelta naturale, ha detto, perché secondo lui «per un padre è spontaneo non creare un problema al figlio», pur sapendo quanto invece non sia per niente spontaneo, soprattutto se si parla della possibilità di allenare una squadra come la Roma. In quegli anni molti diranno che il padre è un raccomandato del figlio, mentre quando Daniele faceva le giovanili si raccontava la bugia opposta, qualcuno diceva di lui: «Lo vedi quello, sta qui perché c'è il padre».

Alberto De Rossi non parlava con gli allenatori del figlio e non dava consigli a Daniele, non gli faceva da allenatore aggiunto. Nel periodo in cui Daniele non trovava posto in squadra, il padre lo rassicurava dicendogli che in fondo non è una tragedia non giocare a quattordici anni. Insieme parlavano di tutto, fuorché di calcio. Al massimo gli ha insegnato «a non esaltarsi mai quando le cose vanno bene e a non deprimersi quando vanno male». Una persona che conosceva Daniele da ragazzo mi ha raccontato che mentre lui esordiva in campionato il padre si preoccupava per la pagella. Quando avrà la sua prima figlia, Daniele dirà di voler essere per lei «un padre come quello che ho avuto io».

Insomma, Daniele De Rossi ha avuto un padre che era il contrario di quello vessatorio descritto da Agassi in *Open*, il quale obbligava il figlio ad allenarsi incessantemente sul retro di casa con una macchina spara-palline chiamata «il drago». Il contrario, cioè, di un padre che costituiva la principale ragione per cui Andre odiava il tennis ma sentiva di non avere altra scelta.

L'esordio

Fabio Capello lo ha portato in panchina nell'anno dello Scudetto, nella trasferta di Firenze, ma non lo ha fatto entrare in campo in quella che poi si è rivelata essere una delle due sole sconfitte stagionali della Roma. Seduto in panchina con la maglia numero 26, Daniele De Rossi ha mancato di pochissimo, sfiorandola veramente con un dito, la possibilità di dire di aver vinto lo Scudetto con la maglia della Roma (cosa che invece possono fare diversi giocatori che alla Roma hanno dato molto meno di lui, come Gaetano D'Agostino, all'esordio proprio in quell'anno). Il suo rapporto con il tempo è paradossale fin dall'inizio: esordisce giovanissimo, ma arriva comunque in ritardo per l'appuntamento più importante nella storia recente della Roma.

Sei mesi dopo, ad appena diciotto anni, esordisce direttamente in Champions League. Questo sì che è un dettaglio biografico eccezionale, da cui volendo si potrebbe cominciare a raccontare la sua storia. Da quella notte del 30 ottobre 2001, dalla partita con l'Anderlecht che non meriterebbe di essere ricordata se non proprio per l'immagine di De Rossi che entra in campo per la prima volta tra i professionisti. In quegli anni la Champions League aveva due fasi a gironi prima dei quarti di finale, lui entra nell'ultima partita del primo girone, con la Roma già qualificata per la seconda fase. La partita è sull'1-1 e finisce con quello stesso punteggio. Nelle pagelle del giorno dopo si parla della sua «personalità» e del suo «coraggio». Entrando in campo, con lo scudetto al centro della maglia metà arancione e metà rossa (che i tifosi della Roma chiamavano «la maglia Palio di Siena») e il numero 27 sui pantaloncini, non tradisce nessuna emozione. Nonostante sia cresciuto nell'incertezza della panchina, sprigiona sicurezza. In testa ha un caschetto biondo con i lati rasati fino alle tempie, dei capelli che dalla stagione successiva non avrebbe più avuto.

La sera del suo debutto sembra un pischello qualsiasi che dalla periferia si fa mezza città per mettersi in fila davanti all'ingresso del Piper il venerdì sera, con le ciocche bionde infilate dietro alle orecchie e lo sguardo freddo, vagamente sospettoso. Nella sua corsa, nelle spalle leggermente curve che scendono con l'inclinazione di una stampella di ferro, nella mandibola spigolosa di chi serra i denti anche quando non sta masticando, nel culo basso, c'è qualcosa che è in tutti i ragazzi di Roma, e che i ragazzi di Roma riconoscono a prima vista. Insomma, Daniele sembra uno dei tanti premuti in Curva Sud.

Quella sera di ottobre 2001, quando per la prima volta gioca in una partita ufficiale tra professionisti, in Champions League, dopo tutti quegli anni passati probabilmente a chiedersi se stava sacrificando il proprio tempo libero per una buona ragione o se magari non sarebbe stato meglio mollare il calcio e fare surf con gli amici, non viene sopraffatto dalla straordinarietà dell'avvenimento. Entra in campo senza ricambiare il sorriso di Ivan Tomić (centrocampista serbo che lo descriveva come «un ragazzo intelligente»), il compagno che sostituisce a una ventina di minuti dalla fine. Serissimo, con quei capelli da boyband inglese, si fa il segno della croce. «Devo essere sincero, ero un po' emozionato» ha detto tempo dopo, ricordando quella sera – *devo essere sincero*: come se stesse confessando qualcosa di cui vergognarsi. «Giocare in uno stadio molto più grande di quello in cui giocavo con la Primavera, con tanto pubblico... per qualche minuto non ho capito più nulla».

Fotografie

Ci sono due foto famose di De Rossi da bambino, scattate a distanza di pochi anni l'una dall'altra. Nella prima è in campo con il padre, entrambi vestiti con il completo del Livorno, e Daniele è un angioletto con una nuvola di capelli biondi che gli nasconde il viso. Pochi anni dopo, De Rossi ha cinque o sei anni, indossa la maglia e i pantaloncini della Roma, con il lupetto disegnato da Piero Gratton e la scritta Barilla sul petto che è talmente parte dell'iconografia romanista da essere qualcosa di più di un semplice sponsor (la marca di pasta è stata sulle maglie della Roma dal 1981 al 1994, tredici anni, come quei calciatori che poi diventano leggende, infatti ancora oggi i tifosi la rimpiangono, ammesso che si possa rimpiangere uno sponsor). Daniele sta davanti a una vecchia tv a tubo catodico che riflette il flash della macchina fotografica, mostra un sorriso da orecchio a orecchio e dei capelli che sembrano tagliati girando intorno a una scodella posata sulla sua testa e che gli arrivano giusto giusto fino agli occhi: due piccole pietre luminose. Quando esordisce in Champions League è più vicino a quel bambino che all'immagine mentale che abbiamo del calciatore affermato di qualche anno dopo. Cronologicamente, anzi, è esattamente a metà strada tra i due. Nel ragazzino che entra in campo contro l'Anderlecht, però, c'è qualcosa dell'ultratrentenne tatuato e ispessito (perché a Roma gli uomini invecchiano aggiungendo strati). È come se De Rossi fosse passato direttamente dallo stato di bambino a quello di uomo, negando l'esistenza stessa della categoria «ragazzi romani»; come se a Roma si possa essere o bambini, pupi, puponi, oppure adulti che se la cavano subito da sé.

Anche quando Daniele sarà ormai per tutti DDR qualcosa rimarrà sempre uguale in lui, qualcosa di resistente al tempo che solo adesso, guardando indietro, possiamo riconoscere come inconfondibilmente suo. In rete si trova l'accostamento delle foto ufficiali di ogni suo inizio stagione, una scansione temporale che su di noi ha un effetto straniante, rafforzando l'impressione paradossale che i vari De Rossi succedutisi negli anni siano vissuti tutti simultaneamente. Come se tutte le differenti versioni (quello con i capelli biondi spettinati e gli occhi strizzati controsole, il coattello rasato, il lupo mannaro con le guance coperte di peli ispidi, l'icona russa con le occhiaie) fossero in realtà dei travestimenti.

Col tempo gli angoli degli occhi gli si abbassano e sotto compaiono delle borse – il cui contenuto rimane un mistero – sempre più spesse e scure. La mascella spigolosa da squaletto di periferia gli si arrotonda, scompare l'orecchino dal lobo sinistro e dopo un paio d'anni di peluria appena accennata le guance e il collo si infoltiscono, finché la barba si allunga e gli copre il pomo d'Adamo. I lineamenti si imbottiscono e la sua aria si fa sempre più severa, quasi mistica. Il suo sguardo è perennemente concentrato, tra le sopracciglia e il naso gli si formano due piccole rughe. La Roma passa dalle maglie larghe della Diadora, in cui sembra Eminem più grosso e cattivo, a quelle attillate con effetto body-painting della Kappa, fino ai modelli più rilassati della Nike che lo avvolgono come una toga. Ma c'è sempre quell'impressione di simultaneità, come se le foto più recenti di De Rossi siano state ottenute invecchiando le prime con il filtro di uno smartphone. O il contrario, ringiovanendo l'ultima. Come se De Rossi fosse sempre stato al tempo stesso un trentacinquenne consumato e un ventenne intenso e incazzato.

La sensazione di maturità è confermata dalla sua prima intervista, nell'estate successiva. Va in onda in una di quelle trasmissioni, La signora in giallorosso, che possono esistere solo a Roma e con cui più generazioni di romanisti sono cresciuti. Ha lo stesso caschetto bagnato dell'esordio e una collanina d'oro sopra la maglietta di allenamento, ma quando parla lo fa come uno abituato ai microfoni. Gli viene chiesto cosa si prova a vedere il proprio sogno avverato e lui loda il gruppo, che definisce composto da «gente importante». Poi, quando lo paragonano a Edgar Davids, che quell'estate si diceva vicino alla Roma, risponde: «No no, non c'entra proprio niente». La sua voce profonda e nasale è la stessa di sempre ma anche il tono, la proprietà di linguaggio, il carisma. Per noi che abbiamo in mente un De Rossi fisicamente diverso è come se quella voce fosse uscita direttamente dal De Rossi bambino delle foto in famiglia. Qualche tempo dopo, sui giornali, scriveranno che i suoi vent'anni sono «traditi dal viso da bambino, camuffati dietro una sicurezza da veterano».

Nella risata che fa dopo che l'intervistatore lo paragona a Davids c'è la superiorità di un ragazzino abbastanza paraculo da non dirlo ad alta voce ma che alla sua prima intervista pensa già: «Conosco il vostro gioco, a me in mezzo non mi ci metterete».

E invece ce lo metteranno lo stesso...

Ci siamo mai incontrati?

La mia curiosità sul giovane De Rossi arriva fino a chiedermi che motorino avesse a quindici anni. Sapendolo, saprei meglio che tipo di ragazzo fosse. Era più uno da Quarz raffreddato a liquido e Zippetto, motorini modificabili fino a raggiungere livelli da competizione; o più da mostro, da motorino che sembra una moto, tipo l'Aprilia SR e il Malaguti Phantom? Sarebbe strano se avesse guidato uno Scarabeo o un SH, motorini tranquilli, da ragazza o da figlio di papà. Invece quando penso a Daniele da giovane me lo immagino come un coatto – anche se non abbastanza coatto da stare piegato sopra a un Boosterino nero – nonostante sappia che la sua famiglia era piuttosto borghese, normale. Potrei comunque farmi un'idea più precisa di che tipo fosse sapendo almeno che giacca indossava tra la fine degli anni Novanta e l'inizio del 2000. Ho visto delle foto in cui vestiva largo, quasi da skater o da raverino. Quindi forse un Napapijri con la tasca centrale? O era un tipo da Walls, il piumino corto con le bande orizzontali che avevo anche io e che a inizio anni 2000 veniva rubato in discoteca e alle feste? Anche in questo caso me lo immagino nella versione più coatta possibile, con capelli biondi e un Belstaff grigio, quello con la cintura catarifrangente a mezzo busto e le tasche sul costato, che ti davano un'aria ancora più minacciosa grazie ai gomiti sporgenti.

Adesso che ci penso, una delle due volte in cui l'ho visto di persona aveva un cardigan lungo di Missoni, una specie di accappatoio elegantissimo decorato da trame geometriche verdi e blu che lo faceva sembrare fresco come se fosse appena uscito dalla doccia (e forse, dato che eravamo nel centro di allenamento della Roma, era davvero appena uscito dalla doccia). Voglio dire, l'opposto di un coatto.

Io e Daniele De Rossi abbiamo solo due anni di differenza e la Roma in cui è diventato adulto lui, negli anni cruciali prima del suo esordio tra i professionisti, è quella con cui lo sono diventato io. Per capire quella Roma basta ricordare tre partite di poco precedenti al suo esordio, quando anche lui era ancora un romano qualsiasi. Mi chiedo se in una di queste tre l'ho incontrato senza sapere chi fosse.

La prima è la partita di addio di Giuseppe Giannini, il 17 maggio 2000. La notte in cui, in un certo senso, è cominciata una nuova epoca per la Roma. Tre giorni prima la Lazio aveva vinto lo scudetto, come ricordava l'aereo che ha sorvolato l'Olimpico con lo striscione LAZIO CAMPIONE. La festa di addio del capitano, romano, di quella Roma degli anni Novanta che veniva chiamata «Rometta» per la mancanza di ambizioni, qualità e risultati (in confronto ai successi di inizio anni Ottanta) è stata interrotta da un'invasione di campo di qualche migliaia di tifosi, tra cui c'ero anche io, entrati direttamente dai cancelli aperti in Sud. Giannini (437 partite con la maglia della Roma, ma a fine carriera ha vestito anche quelle di Napoli e Lecce, cosa che alcuni tifosi non gli perdonano) ha lasciato il campo in lacrime, poi è tornato per un giro con Renato Zero e in curva è apparso uno striscione con scritto SCUSA. A Roma anche le rivoluzioni durano appena pochi minuti.

Quella sera è nata un'altra Roma, non più «Rometta». È cominciata, cioè, l'epoca di Totti, il capitano con cui la Roma avrebbe vinto di nuovo lo scudetto un anno dopo l'addio di Giannini, scucendolo simbolicamente dalle maglie della Lazio. Un'epoca di ambizioni sfrenate, poco realistiche. Non potevamo saperlo, però, mentre strappavamo l'erba dell'Olimpico e facevamo a pezzi le porte. Daniele De Rossi quella sera aveva sedici anni, quasi diciassette; io diciotto, quasi diciannove. Anche se mi sembra difficile che lui, già con la Primavera, abbia fatto invasione, mi piace pensare ci sia una piccola possibilità che siamo stati contemporaneamente in campo, all'Olimpico, più o meno per una partita della Roma.

La seconda partita è appunto quella dello Scudetto dell'anno dopo, Roma-Parma del 17 giugno 2001. Io ho girato tutta Roma, a tappe, con il mio F10 Malaguti: un motorino basso e con la parte davanti a punta, con una coppia di faretti centrali protetti da una plastica trasparente e le frecce tonde laterali incastrate nello scudo come le orecchie di un topolino disegnato: complessivamente aveva una forma affilata, sfuggente, che oggi mi pare ridicola ma che allora mi colpiva, non era troppo comune e sicuramente non si vedeva nei quartieri più ricchi di Roma. Era quello che contava, con la mia faccia da bravo ragazzo e i capelli che portavo lunghi non bastava il Walls che mi gonfiava le spalle, avevo bisogno di un accessorio che comunicasse la mia personalità «non troppo comune», appunto. La strada verso il centro di Roma da quel giorno per me è anche la strada verso il centro del romanismo: da Montesacro a San Lorenzo, passando per Porta Pia e proseguendo poi per il Circo Massimo, Trastevere e Testaccio. L'ho fatta da solo, perché in quel periodo avevo perso di vista gli amici del liceo e la folla di sconosciuti in festa mi aveva fatto dimenticare la mia solitudine. L'altro Daniele che ha fatto quel giorno, con chi era? Era uno di quegli sconosciuti?

La terza è la partita surreale dell'11 settembre 2001, Roma-Real Madrid. La prima partita in Champions League dopo la terribile finale con il Liverpool del 1984. Anche l'itinerario di quel giorno lo ricordo come una strada per arrivare al romanismo: sono partito dalla Sapienza, dove frequentavo senza ancora aver dato un esame Lettere, passando in ufficio da mia madre dalle parti di corso Trieste e poi nel mio negozio di dischi preferiti a viale XXI Aprile, prima di andare allo stadio Olimpico senza ripassare da casa, parcheggiando come faccio sempre il più possibile vicino al ponte Duca D'Aosta.

All'università ero andato per trovare qualcuno che venisse con me allo stadio, dato che avevo un solo biglietto, ma nessuno dei miei amici poteva. Non c'era Facebook e avevo sempre il credito esaurito sul cellulare, così ho deciso di usare il telefono dell'ufficio di mia madre per continuare a cercare. Dopo pranzo ho visto lì, su un televisorino di quelli con la maniglia, il fumo uscire dalla prima torre del World Trade Center. Poi sono andato nel negozio di dischi in cui passavo gran parte dei miei pomeriggi, tanto ormai avevo perso le speranze di trovare qualcuno che mi accompagnasse allo stadio e forse inconsciamente volevo sentirmi meno solo. Il proprietario del negozio, un quarantenne con la coda che viveva con la madre e mi permetteva di accumulare i cd che volevo comprare in una pila sempre più alta, stava sentendo alla radio la cronaca del secondo aereo che aveva colpito la seconda torre. Ricordo che poi in curva un tipo buffo con una bandana americana in fronte mi ha chiesto se facevamo a turno per controllare che nessun aereo ci stesse puntando. Daniele De Rossi avrebbe esordito un mese e mezzo dopo in prima squadra, e quella sera non era neppure in panchina. Dov'era e come aveva vissuto quel pomeriggio drammatico?

E soprattutto: perché sono sicuro di averlo incrociato in un momento o in un altro della mia giovinezza e che, se ci fossimo conosciuti, saremmo stati amici? Questo, in ogni caso, è il tipo di potere che De Rossi esercita su chi lo ha seguito in tutti questi anni. Non è l'ammirazione soggiogante, quasi divina, che suscita Totti. Piuttosto, l'illusione che faccia davvero parte della tua vita.

(Ma come faccio a essere sicuro che saremmo stati amici? Io sono il tipo di romano che parla troppo, che pensa dopo che la lingua si è già mossa, mentre Daniele è sempre stato uno che pesa con attenzione le proprie parole, anche da ragazzo. Un intervistatore una volta lo ha definito «saggio», e lui ha risposto: «Io non parlo tantissimo. E quando non parli tanto è molto più alta la probabilità di non dire stupidaggini». Al tempo stesso, anche lui a volte ha detto la cosa di troppo, ha parlato quando gli sarebbe convenuto stare zitto, e per questo si è fatto dei nemici. Saremmo andati d'accordo o mi avrebbe trovato irritante? Ci saremmo capiti o mi avrebbe preso per il culo? Non sono sicuro di volerlo sapere).

Devastato

Sono l'attesa e la pazienza a formare il carattere di De Rossi. L'adolescenza passata a non sentirsi un predestinato, a non soffrire le pressioni del proprio talento, e le prime stagioni tra i professionisti trascorse a scaldare la panchina, facendo avanti e indietro con la Primavera. Lui poteva pensare che quando Fabio Capello sceglieva di portare un ragazzo in prima squadra non era per fargli un regalo, ma dopo l'esordio in Champions Capello gli ha fatto giocare solo altre tre partite, tutte in Coppa Italia. Tre sconfitte, peraltro: all'andata con il Piacenza ed entrambi i quarti di finale con il Brescia.

Nella stagione 2001/02 la Roma arriva seconda a un solo punto di distanza dalla Juventus, con molti rimpianti – come il pareggio a Venezia (2-2) contro la squadra ultima in classifica, già retrocessa, a cinque giornate dalla fine. Sui giornali si parla di De Rossi quasi solo per l'ipotesi che finisca in prestito all'Atalanta, come contropartita tecnica per far arrivare Cristiano Doni.

Per avere il primo «bel momento» bisogna aspettare il maggio successivo, quando De Rossi gioca la sua prima partita da titolare all'Olimpico, davanti ai suoi tifosi, contro il Torino. E più precisamente l'inizio del secondo tempo, quando riceve una palla dalla sinistra a una trentina di metri di distanza dalla porta e la controlla con il piatto destro in avanti, preparando il tiro. La palla si stacca dal suo piede come una pietra che si separa dall'elastico della fionda e viaggia dritta. Lui si piega come una valigetta su sé stesso, il petto gli sbatte quasi contro la coscia destra. Il tiro segue una traiettoria rettilinea, la palla si alza e si abbassa e in meno di due secondi, colpisce la parte interna del palo alla destra del portiere, che in ginocchio la guarda entrare alle sue spalle. Pare che a quel punto il presidente Franco Sensi in tribuna abbia esclamato: «Ha segnato er regazzino!».

La prima esultanza di Daniele non è una corsa sotto la curva ma è comunque una piccola, timida, esplosione di gioia. Si gira spalle alla porta dove ha appena segnato, come per tornare a centrocampo facendo finta di niente, poi allarga le braccia, ad angelo. Lo fa energicamente, con la vena sul collo gonfissima e gli indici che puntano verso l'esterno, verso lo stadio. Prima con la testa bassa, guardando in terra, poi inizia ad annuire e si guarda intorno. Probabilmente sta rispondendo alla voce interna che in tutti quegli anni gli aveva detto di stare tranquillo, che il suo momento sarebbe arrivato.

Il gol lo ha turbato, per cinque minuti non capisce più niente. Il giorno dopo firma un articolo sul «Messaggero», dal titolo: *Io, travolto dal mio gol giallorosso*. Dentro si intravede un pessimismo strano, e il testo non può che essere autenticamente suo (e autenticamente romanista). Nessuno, incaricato di scrivere un articolo al posto di un calciatore in erba, scriverebbe: «Quel gol mi ha devastato». Chi userebbe una parola come devastato per descrivere un bel momento? Poi aggiunge questa riflessione: «È dura adesso continuare, sarà sempre più difficile ripetersi. Lo so, è la cosa più complicata per un ragazzo, per un uomo e per un calciatore professionista. Il confronto con gli altri, gli errori che inevitabilmente commetterò, le critiche che mi pioveranno addosso. So tutto e lo aspetto, ma credo di essere pronto ad affrontare ogni cosa».

Il suo secondo gol De Rossi lo segna già nella partita di campionato successiva, ma non è un bel momento. È l'ultima giornata, la Roma perde 2-1, in casa, contro l'Atalanta che doveva vincere per giocarsi la salvezza nello spareggio con la Reggina. Fabrizio Failla, che copre la partita per la trasmissione 90° minuto, con cui molti tifosi ancora vengono informati (Sky Italia, con la diretta da tutti i campi, sarebbe nata solo quell'estate dalla fusione di Tele+ e Stream Tv), parla di «ulteriore brutta figura» per la Roma di Capello, che l'Olimpico copre di fischi. In quella stagione 2002/03 la

Roma arriva addirittura ottava, Daniele ha un record di 4 presenze e 2 gol, come se fosse ancora un attaccante.

Subito prima della gara con l'Atalanta, la Roma disputa la finale di andata di Coppa Italia 2002/03 contro il Milan, che dovendo giocare una settimana dopo la finale di Champions League con la Juventus mette in campo una formazione di riserva. Negli highlights della partita giocata a Roma, De Rossi compare dopo due colpi di testa finiti fuori, a poca distanza di tempo l'uno dall'altro. Non è stato lui a colpire la palla nel primo caso, ma la regia lo inquadra lo stesso mentre rientra a metà campo di buon passo, respirando a bocca aperta con gli occhi chiusi. Nel secondo caso, invece, è saltato più alto di tutti e ha schiacciato di poco al lato del palo. Quando rientra verso il centrocampo si lascia andare a un'imprecazione, poi dice qualcosa rivolto ai compagni, battendo le mani. La Roma era passata in vantaggio con una punizione da più di trenta metri di Totti, ma poi nel secondo tempo ha preso tre gol in dieci minuti. De Rossi entra sull'1-3 e, dopo poco, il Milan segna il gol dell'1-4.

A guardarla oggi, la frustrazione di Daniele De Rossi a vent'anni (che i giornali chiamavano «il biondino con la cresta») è identica a quella che De Rossi avrebbe mostrato nei quindici anni successivi. Una frustrazione che era al tempo stesso fatalismo e voglia di combattere il fatalismo. Già allora Daniele non aveva più (e forse non l'ha mai avuta) la spensieratezza di un giovane di talento.

Prima della partita di ritorno il Milan vince la finale di Champions League ai rigori con la Juventus, e la finale di Coppa Italia è una scusa per festeggiare a San Siro. La Roma, per rovinare quella festa, dovrebbe vincere con tre gol di scarto. E a un certo punto del secondo tempo non sembra una cosa così improbabile, quando Totti nel giro di pochi minuti segna altre due punizioni da lontanissimo. Considerando l'andata, fanno tre gol con tre punizioni, tutte di collo esterno con la palla che passa vicina alla barriera, o appena sopra, alla velocità della luce. Quelle punizioni ci dicono che se il calcio fosse uno sport individuale Totti quella finale l'avrebbe vinta. Ma non lo è. E quando Rivaldo accorcia le distanze, un minuto dopo il secondo gol della Roma, si può sentire distintamente il sollievo nel grido dei tifosi milanisti, il rumore di uno stadio intero che riprende fiato.

In quel momento De Rossi entra in campo, quando l'impresa è già quasi sfumata del tutto. Delvecchio fa in tempo a colpire un palo e all'ultimo minuto Inzaghi segna anche il 2-2. Il Milan festeggia la seconda coppa in otto giorni mentre De Rossi, che deve ancora compiere vent'anni e ha giocato solo una decina di partite da professionista, perde già una finale.

A giugno la rivista «La Roma» gli dedica la copertina. Nell'intervista all'interno la cosa più interessante è la risposta quando gli chiedono del suo difetto peggiore: «Sono schietto, sincero, ma a volte troppo impulsivo, mi lascio trasportare dall'istinto». Gli domandano anche come passerà le vacanze. Lui dice che ogni anno progetta viaggi in posti «esotici, lontani», ma che poi alla fine preferisce rimanere a Ostia, «a casa mia!», e che anche stavolta andrà così.

Ostia

Ostia è la periferia più estrema di Roma, la frontiera prima del mare, ma anche una cittadina di quasi centomila abitanti (più di Udine, per dire, o Arezzo, o Lecce) e il decimo municipio, che la comprende, se fosse indipendente sarebbe da solo il secondo comune con più abitanti del Lazio, oltre le duecentomila anime. Della Roma originaria, di rovine insomma, c'è il vecchio porto: una città erosa dal tempo a fianco alla città vera e propria. I romani crescono attraversando e camminando sopra le bellezze passate – fino a non molti anni fa si passava in auto sotto l'Arco di Costantino, tutt'oggi il Colosseo per molti è una specie di gigantesca rotonda da circumnavigare per andare verso il Circo Massimo e Piramide – e in qualche modo crescono in equilibrio tra questa sciatta confidenza con l'antico e il presente della città che invece è di perenne declino. I romani che abitano a Ostia invece devono andare apposta a visitare il «parco archeologico»: una distesa ondulata di muri che ricorda al tempo stesso le dune non lontane della spiaggia e il set abbandonato di un vecchio spaghetti western. L'unica cosa che manca a Ostia, rispetto a Roma, è dunque la consolazione del passato. Quella funzione viene presa dalla natura, dal mare, innanzitutto, e dalla pineta dove De Rossi come tutti i ragazzi di Ostia andava a correre, e che a pochi giorni dal suo diciottesimo compleanno ha preso fuoco – va spesso a fuoco e quasi sempre sono incendi dolosi, ma nel luglio del 2000 sono bruciati quasi trecento ettari di pini secolari e macchia mediterranea, ed è stata anche una delle rare volte in cui il rapporto con la capitale si è invertito, Ostia è andata a Roma, con le nubi dell'incendio che hanno oscurato il cielo di alcuni quartieri di Roma Nord.

Negli anni Cinquanta e Sessanta Ostia era soprattutto le sue dune e l'idea di mare come vacanza – ritratta in film come *I vitelloni* (Fellini), che nella finzione è ambientato a Rimini ma nella realtà è stato girato a Ostia, *Domenica d'agosto* (Emmer), *Il seduttore* (Rosi) –, ma nei decenni successivi qualcosa è cambiato: il litorale romano è diventato perturbante, il ribaltamento dei sogni del dopoguerra, la faccia oscura della piccola borghesia italiana. Parlo dell'Ostia dell'opera prima capolavoro di Claudio Caligari, *Amore tossico*, uscita proprio nel 1983 dello Scudetto e della nascita di De Rossi.

Quella di *Amore tossico* è quindi la stessa Ostia in cui Daniele De Rossi è nato. Un quartiere estremo ma astratto di Roma, che si caratterizza e distingue dal resto della città solo all'inizio e alla fine del film. Nel pontile che entra in mare dove si incontrano i protagonisti nella prima scena, come se il mare fosse il vero motore della sceneggiatura e non la dipendenza dall'eroina. E poi in due luoghi di morte: lo strano monumento a Pasolini, sotto cui va in overdose la protagonista femminile, e le scale del Palazzo delle Poste (di Angiolo Mazzoni, 1934), dove viene freddato dalla polizia il protagonista maschile, vicino alle colonne di laterizio simili alla corteccia dei pini che ne delimitano l'esterno. Caligari (che non è nato a Roma ma a Arona, in Piemonte, quasi in Svizzera anzi) ha detto che nelle sue intenzioni i protagonisti del film non dovevano essere consapevoli che il monumento alle loro spalle fosse dedicato a Pier Paolo Pasolini, e che proprio in quel punto fosse morto, perché ciò che voleva rappresentare era la fine di un mondo che già non era più quello pasoliniano. Allo stesso modo, De Rossi da ragazzo non deve essere stato consapevole dei fantasmi dei tossici di Caligari e di quello che rappresentavano, perché quel mondo era già finito. Quello in cui è cresciuto lui era un mondo post-post-pasoliniano, per così dire, che poi è il mondo in cui viviamo ancora oggi. Ma forse, anche solo indirettamente, Daniele ha percepito quell'atmosfera passata. Forse nascere alla frontiera può aver influenzato il suo rapporto con Roma e con il resto del mondo. Dove pensava di stare, mentre cresceva?

Il film *Suburra* si è poi appropriato di questa Ostia «al margine», massificandola e normalizzandola, per paradosso, nell'ambiguità delle storie di mafia. I film sulla mafia non hanno più nessun potere *straniante* su di noi, anzi influenzano direttamente la nostra cultura ben al di là della nicchia dei delinquenti in erba, affascinando il pubblico italiano borghese forse per l'atmosfera oscura e il cinismo che in qualche modo non rappresenta solo le «periferie degradate». Questo ci dice qualcosa, però, di come il mondo criminale faccia parte del paesaggio, della percezione di quello che si ha intorno e dell'immaginario non solo di chi vive a Ostia ma di tutti i romani, anche di buona famiglia. *Suburra* è del 2015 e quest'idea mitizzata o macchiettistica di periferia è di trent'anni successiva a quella drammatica e cruda di Caligari: in mezzo c'è tutto il passaggio di De Rossi alla vita adulta.

Cosa ricorda Daniele della sua adolescenza: gli eroinomani in via di sparizione, che morivano di Aids per strada e facevano parte del paesaggio come i gatti randagi; o le esplosioni dei negozi che non pagavano il pizzo, che lo svegliano nel cuore della notte? Probabilmente entrambe le cose. Da una decina d'anni l'immaginario criminale è diventato rilevante quando si parla di lui – per via dei fatti che hanno riguardato la famiglia della sua prima moglie (e che vedremo più avanti) –, ma Daniele non è cresciuto in un palazzo popolare di Ostia Nuova, in un quartiere abbandonato da dio e dai servizi della municipalità. Non era un ragazzo *di strada*, frequentava il miglior liceo scientifico fuori il Raccordo, il Federigo Enriques, con professori severi e una tradizione di sinistra. Tonino Cagnucci, autore della biografia di De Rossi *Il mare di Roma* (2009), dice che abitava dalle parti della centrale via delle Baleniere, una zona che definisce «la Fifth Avenue» di Ostia.

Ci sono stato di recente e ho avuto l'impressione che fosse simile, piuttosto, soprattutto dopo il viadotto, a una qualsiasi via commerciale di un qualunque quartiere non centrale di Roma, mi è sembrata la versione discount di via del Corso, con le sue banche, i negozi di intimo femminile, di sneakers, di telefoni, di videogiochi, marche d'abbigliamento italiane, ottici, parrucchieri, gelaterie, una grande libreria di catena, i bar e le pizzerie da asporto con i tavolini fuori. Una qualsiasi via dello struscio e dello shopping italiana, insomma, a due passi dalla fermata del treno Lido Nord ma senza niente, tranne il sale nell'aria, che annunci il mare in fondo alla strada. Potrebbe essere viale Libia o via Conca d'Oro o Furio Camillo. Non è l'Ostia del palazzo Pappagallo con i balconi verdi a zigzag e le finestre gialle, né quella razionalista, fascista o dei villini art déco. È questa piccolo-borghese, l'Ostia di Daniele De Rossi, quella in cui è rimasto anche da professionista, perché solo non voleva stare e continuava ad andare «a pranzo da mamma e papà, che abitano a tre minuti da me»? Quella in cui dice di sentirsi protetto e sicuro, dove è tornato dopo la separazione dalla prima moglie, quella che chiama «culla»?

Parte del fascino che De Rossi ha avuto su di me sta proprio nell'aver rappresentato una versione di Roma che non è quella dei gladiatori tatuati sui bicipiti, dei colossei sui pettorali, delle date di nascita dei propri figli scritte con le X e le stanghette verticali. Non è necessario essere cresciuti sul litorale per sentirsi lontani dal centro, per non pensare di essere nati al centro del mondo, o addirittura della Storia, anche moltissime persone cresciute a Roma non condividono quella retorica imperiale. Anche io, che vivevo in un quartiere a nord non troppo lontano dal centro, non avevo nessuna intimità con il passato imperiale della città; anche io vedevo il centro raramente e mi sentivo fuori posto quando visitavo le sue vie strette. Il Colosseo mi è sembrato semplicemente assurdo quando l'ho guardato con gli occhi dell'adolescenza, quando per la prima volta in motorino mi sono reso conto di quanto poco tempo ci volesse ad arrivarci. Quella costruzione *aliena* faceva parte dello stesso tessuto urbano dei palazzi di otto piani in mezzo a cui portavo il cane a pisciare a Montesacro? Ancora oggi i marmi e le cupole che brillano nelle giornate terse mi suscitano riverenza, e mi sembrano il contrario di qualcosa che dovrei percepire come mio. Quando passeggio per via del Corso o prendo una granita al Pantheon non posso fare a meno di sentirmi un turista nella mia stessa città. Mi chiedo se è la stessa sensazione che prova chi prende la metro da Ostia dicendo «vado a Roma», neanche «vado in centro», con il sindaco come unica prova concreta che si tratti della stessa città.

Certo, sono cose che alla fine ti rendono ancora più orgoglioso della tua romanità anche se periferica. In fondo chi può dire quale sia *la vera Roma*?

Certo, a Ostia c'è il mare. Era la sola ragione per cui ci andavo l'estate, in motorino, sperando non si fermasse a metà strada. Ho abitato per molti anni in un appartamento all'ottavo piano, con davanti un cavalcavia piuttosto veloce dove periodicamente avvenivano incidenti mortali – e dove è persino rimasto intrappolato nell'auto in fiamme il padre di un mio compagno delle medie. Con la linea dell'orizzonte sul fondale e i palazzi ai lati a fare da quinta a me sembrava di vivere davanti al mare, soprattutto quando il cielo si accendeva del rosa violento dei tramonti ventosi. Si prova qualcosa di diverso ad averlo veramente vicino, il mare? Il rumore delle onde in sottofondo e l'odore del sale nelle narici sono sempre presenti o non ci si fa nemmeno caso? Insomma, sono tutte romanticizzazioni o cambia davvero qualcosa crescere con il mare dietro l'angolo?

Anche dopo essere diventato un calciatore professionista, quando De Rossi è a Ostia, va al mare. Ha detto che non lo cambierebbe «neanche con le spiagge più belle del mondo», il mare di Ostia. «Come la Roma, il mare fa parte di me». Racconta di averlo vissuto al posto del giardino di casa, in alcuni giorni al posto della scuola, con gli amici: c'era chi portava la palla, chi la tavola da surf, chi il windsurf. La sua adolescenza sembra serena quanto quella di qualsiasi altro ragazzo suo coetaneo. I suoi amici erano surfisti con idee di sinistra, che ascoltavano i Red Hot Chili Peppers e i Rage Against The Machine e ogni tanto occupavano scuola (ma Daniele non si impegnava, preferiva restare a casa a dormire, anche perché allenandosi nelle giovanili di una squadra di Serie A aveva ovviamente meno tempo libero rispetto a un ragazzo normale). Ma lui sul surf era imbranato e ha la carnagione troppo chiara per rosolare sotto il sole, di solito finiva a giocare a carte con gli anziani. La nonna e la zia avevano un chiosco nello stabilimento Sporting Club, la cabina della sua famiglia era la numero 5, normale che fosse spesso in spiaggia. Dice di aver vissuto «giornate di totale simbiosi con il mare», è uno che fa il bagno in mare anche d'inverno, con la muta, anche di notte, l'estate, sotto le stelle cadenti di San Lorenzo. «Il mare è fondamentale, come ti giri lo vedi, lo senti, lo respiri… l'inverno il mare è mosso, c'è la schiuma, le spiagge sono deserte». Ma dice pure che quando nuota troppo lontano, se va «troppo oltre», il mare gli fa «un po' paura».

Questo lo dice in un'intervista televisiva del 2017, una delle rare a cui si sia mai concesso. De Rossi è già un uomo da tanto e soprattutto è già vicino al ritiro dal calcio. È un'intervista didascalica, in cui è in spiaggia seduto su un tronco, controsole, con gli occhi stretti e le spalle irrigidite dal vento. Vicino a lui c'è Daniele Adani – un ex calciatore cresciuto in pianura Padana con un immaginario marittimo preso dai libri di pirati – che si esprime con frasi un po' retoriche come «il mare si attraversa, non si abita» (e qui De Rossi dice non solo che non lo ha mai attraversato ma che non va neanche troppo al largo). Adani dice con epica: «Non si son costruite imprese a partire da qua?», Daniele risponde con una battuta: «No, anche perché non ricordo moltissime imprese, quindi se le avessimo provate a costruire qua sarebbe stato il posto sbagliato». Il registro del primo contrasta troppo con quello sempre pragmatico e piano del secondo. Quando Adani gli dice: «Tante volte sei salpato da qui, per tante sfide, ci sono stati tanti rientri. Qualche volta in gloria, ed è stata una gloria importante, tante volte amari» a me viene in mente il poeta inglese W.H Auden, che nel saggio *Gli irati flutti*, dedicato appunto alla mitologia romantica del mare, scrive: «Il viaggio è la vera condizione dell'uomo. Il mare è il luogo in cui avvengono gli eventi decisivi, i momenti di eterna scelta, la tentazione, la caduta, la redenzione». De Rossi però non sembra sapere come rispondere. Nonostante ciò si sforza di aprirsi, dicendo che il mare esalta tutti i sentimenti: esalta la gioia di una vittoria, certo, ma «non è vero che lenisce il dolore, è un po' malinconico e ti porta a pensare». Quando sei triste il mare «non ti aiuta particolarmente, meglio altro».

Allora mi viene in mente che in *Amore tossico* i protagonisti si godono gli ultimi momenti di serenità del film (che sono anche gli unici momenti di serenità del film) sul mare, con gli occhi chiusi per il sole e i capelli mossi dal vento. Si dicono che è strano, che non ci vengono mai al mare anche se ci abitano a due passi. E nel secondo film di Caligari, *L'odore della notte* (del 1998), il protagonista, un rapinatore seriale interpretato da Valerio Mastandrea – e ispirato a un vero rapinatore, in lotta con la società e con i ricchi che rapina, iperviolento e autodistruttivo, in fondo senza speranza –, va a passeggiare con la ragazza in riva al mare e dice: «La gente de mare c'ha gli occhi meglio dell'altri. Pe' colpa de sto spazio immenso, senza punti di riferimento. Così l'occhio si concentra, si esercita, come un muscolo».

Infine, in *Non essere cattivo*, il terzo e ultimo film di Caligari, girato più di trent'anni dopo l'esordio (nel 2015), uno dei due protagonisti mette in guardia l'altro: «Non guarda' il mare, che te vengono i pensieri». Una frase sorprendentemente simile a quella dell'intervista sopracitata. Non escludo – anzi, è probabile – che il De Rossi maturo possa averlo visto e ci si possa essere ritrovato. Il De Rossi che va a vivere a Campo de' Fiori e poi a corso Vittorio Emanuele, a pochi metri dal Pantheon, che legge libri e sente musica «non da calciatore», che si è risposato con un'attrice che lo porta a teatro ed è amico di Mastandrea il quale a sua volta, dopo aver recitato in *L'odore della notte*, è diventato amico di Caligari e lo ha aiutato a produrre *Non essere cattivo*. È stato il film a ispirare a De Rossi quella risposta a Adani o è solo una coincidenza? E a lui che pensieri vengono quando guarda il mare? Che gioie e che tristezze ha esaltato quello spazio immenso? È vero che la gente di mare ha gli occhi meglio degli altri?

Sacrificio, grinta, voglia di correre per due

Un anno e mezzo dopo il suo esordio in Champions League, Daniele è sceso in campo undici volte e la Roma ha vinto solo in due occasioni (tre se si conta pure la partita di Coppa Italia con la Triestina vinta ai rigori). Anche nell'estate 2003 sembra che possa finire lontano da Roma, al Chievo Verona in uno scambio con Nicola Legrottaglie, ma Capello si impunta per non farlo partire e quando la stagione inizia lo fa giocare di più, anche se i titolari restano Emerson e Dacourt.

A settembre, nella prima partita di Coppa Uefa all'Olimpico, contro una squadra macedone, il Vardar Skopje, De Rossi fa di nuovo gol. Si inserisce alle spalle della difesa, controlla al volo di sinistro e poi scavalca il portiere con un pallonetto di destro. Anzi, non un pallonetto, un cucchiaio, che secondo il giornalista Maurizio Crosetti è diverso perché «fa ruotare la palla in senso inverso alla parabola, con effetto a rientrare» e che grazie a Totti (il quale ha calciato in questo modo il rigore della semifinale di Euro 2000 contro l'Olanda) fa parte della storia del calcio come la rovesciata di Parola, lo scorpione di Higuita, la rabona di Maradona, il tiro con le tre dita di Roberto Carlos. Ma se per Totti il cucchiaio è un segno estetico con cui farsi riconoscere, parte della sua identità e della sua superiorità sul contesto, per De Rossi è un modo preciso ed efficace per superare il portiere del Vardar prima che gli strappi la palla dal piede. «Lui è il cucchiaio d'oro,» commenta Daniele «io al massimo il cucchiaino».

Esprime meglio il suo talento ciò che fa qualche settimana dopo, in campionato contro il Parma. Su un fallo laterale battuto velocemente da Totti, Daniele riceve palla sulla corsa e anziché stopparla e proteggerla fa tre palleggi di destro girandosi verso l'esterno. Il terzo tocco, con cui si allunga la palla in avanti dopo essersi liberato del marcatore alle sue spalle, sembra quel salto che nella danza classica è chiamato *grand jeté*, in cui le gambe formano un angolo di novanta gradi. Poi addomestica il pallone con la suola e di sinistro serve l'inserimento di Walter Samuel, che calcia di prima e segna. Quando a marzo 2019 la Roma ha usato il video di questo gol per fare gli auguri su Twitter a Samuel che compieva qurantun anni, in molti hanno commentato: «Sì, ma parliamo della giocata di Danielino». In quella stessa partita manda in porta Cassano con un lancio perfetto da dietro la metà campo (ma l'arbitro ferma per un fuorigioco errato), poi va vicino al gol con un tiro al volo da fuori area e infine realizza l'assist per il secondo gol, con un cross da destra che spiove perfettamente sulla testa di Cassano, bravissimo a metterla sul palo più lontano. Cesare Prandelli, allenatore del Parma, a fine partita dice: «Quel ragazzino ha fatto vedere a tutti come si gioca a pallone». Per il «Corriere della Sera» De Rossi è «una buona notizia per tutto il calcio italiano, guardando al di là delle divisioni del tifo».

Il talento di De Rossi quando sboccia è sorprendente. I primi anni Zero non sono ancora quelli dei calciatori iper-atletici ma De Rossi ha un dinamismo fuori scala rispetto al resto dei giocatori in campo, e con la palla mostra un'intelligenza e una maturità che i giornali non mancano di sottolineare dopo ogni partita. Sembra agitato da una forza interiore che controlla a malapena. Non è l'energia di una scossa elettrica, piuttosto quella di un fuoco lasciato acceso di notte nel camino: può bruciarti la casa o consumarsi continuando a scaldarla. È come utilizza la sua esuberanza fisica insieme al suo talento tecnico ciò che lo rende più di un semplice centrocampista difensivo. Daniele è capace di uscire vincitore da un contrasto a metà campo e chiudere l'azione buttandosi in avanti e aspettando che Totti o Cassano facciano l'ultimo passaggio. Copre una porzione di campo che va dallo spazio davanti la propria area di rigore all'interno di quella avversaria. Alterna giocate ravvicinate, passaggi semplici e sicuri, a lanci con cui pesca l'attaccante dietro l'ultimo uomo o effettua cambi di gioco. Il suo è soprattutto un talento pratico, spiccio, il talento di chi capisce al volo come si fanno le cose e vuole farle bene, ma ha anche una sua eleganza, un modo di muoversi ondeggiante tutto suo. Fabio Capello in quel periodo dice che la sua più grande qualità è che «potrebbe giocare con la stessa naturalezza un'amichevole o una finale dei campionati del mondo».

Come tutte le cose sorprendenti e nuove, Daniele spinge chi lo osserva a tentare di definirlo in rapporto a qualcosa di già conosciuto, di familiare. Il direttore sportivo della Roma, Franco Baldini, dice che ha «pochi termini di paragone», ma poi ne azzarda uno con Tardelli, addirittura «con un pochino di qualità in più». L'allenatore della Roma dello Scudetto '83, Nils Liedholm, dice che gli ricorda «forse Neeskens, forse Netzer», ma più che altro a lui pare «un Rivera moderno» (suo nipote dirà che il nonno stravedeva per De Rossi da «prima che diventasse famoso»). Chissà perché in molti lo paragonano a calciatori di epoche passate. Aldo Maldera, terzino della Roma dello Scudetto '83 che lo ha allenato ai tempi della Primavera, ha detto che De Rossi era un giocatore dei suoi tempi. Franco Tancredi, portiere di quella stessa squadra, che «è un ragazzo della mia generazione».

L'allenatore della Lazio di quegli anni, Roberto Mancini, sostiene che «diventerà un grandissimo centrocampista. Noi purtroppo non abbiamo giovani così». Daniele dice che gioca come gli viene, che non ha mai pensato di somigliare a nessuno. Dice anche quelle cose che ogni tifoso vuole sentire dai propri giocatori: «Il mio calcio è sacrificio, grinta, voglia di correre per due».

Il suo primo derby, per fortuna, non è quello «di Di Canio» con cui è iniziato questo libro, ma quello dell'ottobre 2003, ricordato come il derby «del tacco di Dio», per via del gol dell'1-0 di Amantino Mancini, segnato al volo di tacco su corner. Capello lo ha messo dentro subito dopo quella rete e Daniele quando compie i primi passi in campo sembra soffiare fiamme dalle narici come i draghi dei cartoni animati. Un paio di minuti dopo il suo ingresso la Roma raddoppia prendendo in contropiede la Lazio sbilanciata in avanti per cercare il pareggio. Un'azione veloce conclusa da Emerson che poi fa il giro dei cartelloni pubblicitari a bordo campo, anziché saltarli, e va a festeggiare sotto la Curva Sud.

Daniele, che non era neanche nell'inquadratura larga al momento del gol, in qualche modo, probabilmente saltando i cartelloni, raggiunge Emerson per primo, gli si aggrappa al collo e con una mano batte il plexiglass che lo separa dai tifosi, a cavalcioni sul bordo e premuti contro la vetrata come pesci nell'acquario. Ecco una caratteristica che definisce De Rossi dall'inizio alla fine della sua carriera: è quasi sempre quello che arriva prima addosso al compagno per festeggiare.

«Se dovessi giocare, spero solo di non emozionarmi» aveva detto alla vigilia di quella partita. Alla fine, però, si è emozionato lo stesso. E in ogni caso se diventare più freddo era il modo in cui pensava di potersi proiettare nella sua vita professionale, la sua idea di vita adulta, si sbagliava di grosso. Qualche anno dopo dirà, illudendosi ancora: «È impossibile non provare emozioni, semmai io non le subisco».

Primi problemi

Nella stagione 2003/04, la sua seconda da professionista, De Rossi scende in campo 27 volte (come il numero di maglia che continua a indossare), più del doppio delle due precedenti, anche se in campionato gioca solo 4 partite da titolare. Soprattutto, salta tre mesi per una fastidiosa pubalgia. In pratica appena diventa un giocatore su cui poter contare, inizia ad avere problemi fisici. La Roma arriva di nuovo a un passo dallo scudetto, stavolta dietro al Milan. Il campionato è stato deciso dalle due sconfitte con il Milan (1-2 quella in casa, a gennaio), ma è stato anche buttato via come spesso fa la Roma, pareggiando o perdendo gare in teoria alla sua portata, per questo ancora più da incubo, quel tipo di partite che poi perseguita per anni i tifosi. Tra fine gennaio e inizio febbraio 2004, la Roma perde a Brescia, pareggia in casa con l'Udinese (subendo l'1-1 al novantesimo minuto) e a Ancona (0-0). Con in mezzo e subito dopo la vittoria per 4-0 con la Juventus e quella per 6-0 contro il Siena (in cui De Rossi fa due assist), giusto per sottolineare quanto può essere strana una stagione del genere.

La pubalgia è uno dei mali più misteriosi dei calciatori, difficile persino da collocare con precisione, un problema muscolare tra inguine e addome, che va e viene, che pare guarire ma per mesi resta parte del corpo che la ospita come fosse un virus. E se ci giochi sopra, non solo peggiori la situazione ma rischi di non fare bella figura. Dall'esterno, non sembra neanche un vero problema. Piuttosto, pare una scusa. A ottobre si scriveva: «È fondato il sospetto che Daniele De Rossi stia cambiando la Roma». A dicembre si è già a: «La rivelazione di inizio stagione sembrava così perdersi tra le maglie più grandi dei suoi colleghi, con qualche maligno pronto ad additarlo come un tipo presuntuoso e con la testa montata troppo in fretta».

Per le assenze di De Rossi qualcuno parla di un'improvvisa antipatia di Capello nei suoi confronti. Perché mai dovrebbe provarne? Non importa. Capello a marzo dice a un giornale croato che Daniele «è speciale», poi ribadisce che lui non è tipo da danneggiarsi tenendo fuori giocatori per ragioni personali, se De Rossi non gioca è perché è fuori forma. Allora qualcun altro pensa che magari è Daniele a essere scontento perché non gli hanno ancora rinnovato il contratto, con uno stipendio piuttosto basso. Si dice anche che non faccia una vita da atleta. A lui iniziano a fischiare le orecchie: «Si è parlato troppo di me? A me non dà fastidio, ma se hai tutto e subito è normale che a un certo punto paghi. Io sapevo che poteva esserci una flessione, come sapevo che arriva il momento in cui questo mondo ti massacra». Avrebbe voluto operarsi, per quanto la pubalgia lo infastidiva. E non poteva prendere antidolorifici perché gli davano fastidio all'intestino. «Ci sono giorni che non riesco neanche ad alzarmi dal letto, altri che mi sembra di essere guarito e poi il dolore torna». I suoi toni hanno sempre qualcosa di drammatico che contrasta con la freddezza apparente, quell'illusione di avere tutto sotto controllo. «A un futuro lontano da Roma non vorrei neanche ritrovarmi a pensare. Devo dire di più?» risponde agli intervistatori che gli chiedono del rinnovo.

Dopo aver saltato quasi tutto gennaio (con l'eccezione dei quarti di finale di Coppa Italia con il Milan, due sconfitte in cui gioca titolare) torna a febbraio e il direttore sportivo della Roma Franco Baldini è contento di averlo «ritrovato». Appena prima di saltare altri due mesi, tra inizio marzo e inizio maggio, Daniele dice: «Mi ha dato fastidio sentire illazioni sulla mia vita privata». Salta gli ottavi di Uefa contro il Villareal e il derby di ritorno con la Lazio – sospeso una prima volta a marzo, dopo che era circolata la voce che negli scontri fuori dall'Olimpico fosse morto un bambino (ricordato per questo come il «derby del bambino morto»), finito in pareggio ad aprile. Torna in panchina giusto in tempo per la partita di San Siro con il Milan, decisiva per la lotta scudetto e trasmessa in diretta in centoventi Paesi.

La Roma ha 6 punti di distacco dal Milan, Totti è a un solo gol da Shevchenko in cima alla classifica capocannonieri. All'ultimo allenamento a Trigoria ci sono cinquecento tifosi. La Roma va sotto dopo pochi minuti, per uno splendido colpo di testa di Shevchenko su cross di Kakà. De Rossi gioca gli ultimi dieci, interrotti da un oggetto lanciato dai tifosi della Roma che colpisce in testa Dida, portiere del Milan, e poi da una bomba carta che gli scoppia vicino alla gamba facendolo zoppicare. La migliore occasione, mentre De Rossi è in campo, è una punizione di Totti che però arriva fiacca tra le braccia di Dida. Come l'anno precedente, per il Milan la partita contro la Roma è una festa. Per Daniele è già la seconda volta in tre anni da professionista che arriva secondo in campionato, ma è la prima che prova davvero sulla propria pelle cosa significa.

Fabio Capello

La notte del 27 maggio 2004 Fabio Capello prepara le valigie. Nel buio fa la spola tra il portone di casa e la sua monovolume Mazda, marchio sponsor della Roma, stando attento che non ci siano paparazzi in strada. Guida con prudenza, uscendo dalla città forse ha paura di ritrovarsi fermo al semaforo vicino a qualche tifoso, non sia mai che noti i bagagli sul sedile posteriore e capisca. La moglie si addormenta subito ma Capello non si rilassa neanche quando dal Raccordo imbocca la Roma-Firenze. Solo dopo aver superato Orte, a quasi 70 km, sente di essere al sicuro. Quanto tempo è che non viaggia di notte? A cinquantaquattro anni probabilmente non ci è più abituato. Si sarà fermato più volte per prendere dei caffè e magari schiacciare un pisolino; o magari la moglie ha preparato un thermos e lui, uomo pragmatico e tutto d'un pezzo, ha preferito fermarsi solo per fare il pieno?

Il giorno dopo, a Milano, diventa il nuovo allenatore della Juventus. Quella stessa notte è morto Umberto Agnelli, presidente onorario della Juventus, e si dice che il suo ultimo desiderio fosse stato proprio prendere Fabio Capello. «Repubblica» riporta che, poco dopo la firma del nuovo contratto, Capello ha viaggiato «eccezionalmente» in auto fino a La Quinta, «enclave di miliardari golfisti» vicino a Marbella, Spagna. Davanti all'ingresso fiorito della villetta di sua proprietà, c'era parcheggiata una Mazda.

Al contrario del lungo viaggio in macchina verso La Quinta, la fuga notturna dell'allenatore dello Scudetto è quasi sicuramente falsa, un'altra delle leggende che Roma costruisce intorno a ogni cosa. È parte di quella storia orale raccontata in ogni bar, e col megafono delle radio che parlano solo della Roma (e della Lazio, su stazioni diverse) ventiquattro ore al giorno. Quasi nessuno prende sul serio quello che si dice in radio, anche prima di Internet c'era la consapevolezza che più di un sistema informativo fosse una specie di teatro popolare, di commedia dell'arte, ma è comunque una voce presente e pervasiva, parte del paesaggio interiore dei tifosi romani. E crea una storia parallela, inverificabile e al tempo stesso refrattaria al debunking, con più dettagli di quella ufficiale e con un suo significato psicologico, diciamo. Capello, appunto, ha provato a smentire, dicendo che l'incontro con i dirigenti juventini era nel pomeriggio, e quindi di essere partito di mattina, ma la leggenda del viaggio notturno è sopravvissuta e resta, se non vera, quanto meno reale.

Quando Capello torna all'Olimpico da avversario, quasi un anno dopo (Roma-Juventus 1-2), gli spalti si riempiono di stendardi e striscioni contro di lui.

AVE GIUDA.

TRADITORE.

TE ODIO.

Su uno di questi c'è scritto pure: ARIDACCE LA MAZDA.

Orgoglio Nazionale

Daniele De Rossi ha saputo di Capello mentre era in ritiro con la Nazionale Under 21 per l'Europeo cominciato il giorno prima. Cade dalle nuvole: «Non ci credo, fatemi leggere». E si rifiuta di giudicare la scelta di un allenatore a cui sente di dovere tutto (d'altra parte quando uno è leale, lo è con tutti). In ogni caso, con il numero 6 dorato sulla maglia azzurra Daniele si toglie la soddisfazione di vincerlo, quell'Europeo, segnando un gol alla Croazia e uno alla Serbia, in finale. Ha sbloccato la partita (vinta poi 3-0) deviando di testa (spizzando, pizzicando) un calcio d'angolo, così in alto che sembra essere saltato su un materassino elastico. Qualcuno nota che De Rossi aveva cantato l'inno «come un forsennato, quasi avesse dentro qualcosa da sfogare». Quasi avesse voglia di dire: «Oh, ci sono anche io», ai tifosi della Roma tristi e incazzati per la partenza di Capello che ha portato con sé a Torino anche Emerson (facendo indirettamente diventare Daniele titolare a centrocampo). Viene votato come migliore in campo della finale, dice: «Non è un singolo che cambia la partita, ma questo premio mi ripaga di tutto quello che ho passato».

Grazie a quella vittoria l'Italia si qualifica per il torneo di calcio maschile dei Giochi Olimpici che si tengono quella stessa estate in Grecia. Daniele viene scelto come tedoforo, per accompagnare la fiaccola olimpica nel suo passaggio a Roma. «Sono romano, gioco nella Nazionale che andrà alle Olimpiadi. È proprio un bel periodo». Il giorno di ferragosto 2004, l'Italia Under 21 gioca contro il Giappone la seconda partita del torneo olimpico. Dopo due minuti e venticinque secondi un giocatore italiano arriva sul fondo a sinistra e crossa una palla che per De Rossi, già al centro dell'area di rigore, è arretrata (dalle immagini sgranate che rivedo oggi è difficile capire chi abbia crossato, anche se scommetterei che si trattava di Emiliano Moretti, terzino sinistro). Daniele fa un paio di passi dando le spalle alla porta e quando arriva sul dischetto di rigore stacca i piedi da terra ed esegue una sforbiciata perfetta di sinistro, con la palla schiacciata a terra come uno smash tennistico prima di entrare in rete. Con la seconda maglia dell'Italia, bianca con i numeri dorati, sembra vestito per la prima comunione. Peccato che la partita non sia trasmessa in diretta, il padre l'ha sentita alla radio, da Ostia: «Mi sono commosso». A ventun anni Daniele ha già realizzato uno dei gol più belli che un calciatore possa sognare, in una delle competizioni internazionali più nobili e affascinanti.

Dopo aver battuto il Mali 1-0 ai quarti, l'Italia esce perdendo 3-0 con l'Argentina di Carlos Tevez, una sconfitta così netta che un giornalista argentino alla fine si permette di chiedere a Claudio Gentile, l'allenatore dell'Italia, se il livello del calcio italiano è quello, facendolo incazzare. Daniele invece è più realista: «Per fortuna non hanno infierito troppo. Poteva finire molto, molto peggio». L'Italia batte l'Iraq nella finale per il terzo posto e vince il bronzo, l'Argentina si prende l'oro in finale contro il Paraguay.

Una decina di giorni dopo De Rossi esordisce con la Nazionale maggiore, in una partita valida per le qualificazioni al Mondiale successivo. È anche la prima partita ufficiale del commissario tecnico Marcello Lippi, che dice che non ha senso aspettare per inserirlo in squadra. Daniele inizia titolare al fianco di Gattuso, contro la Norvegia che va in vantaggio dopo quaranta secondi. Passano altri due minuti e si trova di nuovo al posto giusto al momento giusto, al centro dell'area su un cross basso che arriva da sinistra. Pareggia i conti con un gesto poco canonico, un esterno destro in spaccata con cui anticipa il difensore che ha davanti. Nelle interviste post-partita deve dire di non essere il simbolo di questa Nazionale e che se ha dato l'impressione di essere un leader è solo perché a centrocampo si toccano molti palloni. Lippi bilancia la sua umiltà precisando che se i compagni gli passano sempre la palla un motivo c'è.

La fine della Roma dello Scudetto

L'inizio della storia di Daniele De Rossi si intreccia con la fine di quella della Roma del terzo Scudetto. L'estate del 2003, quella successiva al suo esordio in campionato e ai suoi primi gol, se ne erano già andati Cafù, Antonioli e Batistuta, oltre a Aldair che aveva dato momentaneamente l'addio al calcio (in una strana amichevole Roma-Brasile, con il portiere della Lazio Angelo Peruzzi tornato a vestire in quell'occasione la maglia della Roma, squadra che lo aveva cresciuto) in mezzo ai fischi dei tifosi romanisti contro il presidente e l'allenatore. Perché dopo lo Scudetto qualcuno pensava che vincere ogni anno, o quasi, fosse diventato un obbligo, che fosse scontato. Niente più dell'addio di un giocatore rimasto molti anni in una squadra fa percepire lo scorrere del tempo in un mondo ripetitivo come quello del calcio, e Aldair aveva giocato tredici stagioni con la maglia giallorossa, dal 1990 al 2003. In suo onore è stata ritirata la maglia numero 6, quasi quindici anni dopo Kevin Strootman ha dovuto chiedergli personalmente il permesso prima di poterla usare di nuovo. Del resto, quando Aldair ha deciso che gli mancava troppo il campo ha chiesto ai tifosi della Roma, sul proprio sito, in quale squadra non gli avrebbe fatto troppo male vederlo, a conferma di un legame a filo doppio (i tifosi hanno scelto il Genoa, in Serie B).

La stagione 2003/04 in cui De Rossi comincia davvero a giocare è l'ultima di Fabio Capello in panchina, che porterà con sé alla Juve anche Zebina oltre a Emerson. E poco prima di loro, se ne era già andato Walter Samuel, «The Wall», che ancora oggi viene in mente ai tifosi romanisti quando gli si chiede quale sia stato il difensore più forte degli ultimi decenni. La Roma in cui sboccia Daniele, quindi, è sempre di meno quella dello Scudetto. Al tempo stesso, finché ci sarà Totti la Roma sarà sempre almeno un po' quella dello Scudetto, e questi sono anche gli anni in cui si parla della possibilità che Totti finisca al Real Madrid, o al Milan.

La Roma ha difficoltà a pagare gli stipendi, a ottobre 2003 il titolo in borsa viene sospeso per eccesso di ribasso. Franco Sensi non ce la fa più fisicamente e va vicino a vendere la Roma a dei petrolieri russi (e un paio d'anni dopo si parlerà di George Soros). Durante la sua ultima stagione Capello deve dire di pensare al campo e non ai problemi societari. Quando Olivier Dacourt respinge la possibilità di un piano per tagliare gli stipendi ai giocatori, il pubblico romanista inizia a fischiarlo. Guardando le cose da una prospettiva più larga: il calcio sta per cambiare radicalmente e nel giro di pochi anni i presidenti imprenditori disposti a rimetterci di tasca loro (anche più ricchi di Sensi, come Berlusconi o Moratti) spariranno quasi del tutto, o saranno costretti a rivedere le proprie ambizioni di fronte ai club di proprietà di multinazionali. Il calcio italiano in generale comincia in quegli anni il proprio declino tecnico, e dopo la morte di Franco Sensi nel 2008 la figlia Rosella faticherà a mantenere la Roma competitiva, a non farla tornare una «Rometta». Bene o male la storia si concluderà solo con l'arrivo della proprietà americana a inizio 2011 che apre una nuova epoca, molto diversa, quella del presidente Thomas DiBenedetto e poi di James Pallotta. Dal punto di vista tecnico, invece, niente è più significativo del succedersi, ai cinque anni di Fabio Capello, della stagione 2004/05, ricordata come quella «dei quattro allenatori».

Il primo, Cesare Prandelli, non allena neanche una partita ufficiale. Arriva a maggio e se ne va a fine agosto, per «seri motivi personali», formula che inizialmente ai tifosi sembrava nascondere altre ragioni ma che faceva riferimento ai gravi problemi di salute della moglie, scomparsa pochi anni dopo.

Il secondo allenatore dura poco più di un mese, siede sulla panchina della Roma per cinque partite. È il centravanti della Roma degli anni Novanta, Rudi Völler, il tedesco che volava sotto la curva. Ed era anche il mito d'infanzia di Daniele De Rossi, che nella foto citata in cui indossa la maglia Barilla ha il suo numero 9. Völler si dimette dopo la sconfitta fuori casa con il Bologna, un umiliante 3-1 dopo il quale Daniele dice che il problema non è l'allenatore ma quei giocatori che non corrono pensando «sia sufficiente la classe per fare bene». Non è chiaro con chi ce l'abbia, forse con Cassano che Völler non aveva convocato in un paio di occasioni perché fuori forma.

(Tra il secondo e il terzo allenatore la Roma gioca in Champions League al Santiago Bernabeu, contro il Real Madrid: in panchina c'è Ezio Sella, secondo di Völler, che allenerà solo quella partita. La Roma in maglia nera va in vantaggio 0-2, De Rossi segna il secondo con un inserimento perfetto alle spalle della difesa e un tocco delicato con cui scavalca Iker Casillas, poi scivola sulle ginocchia per esultare e in terra lascia dei solchi che sembrano le scie di condensazione di un Boeing. La partita finirà 4-2 per il Madrid).

Il terzo allenatore, Luigi Delneri, arriva fino a marzo e se ne va dopo un'altra umiliazione, 3-0 fuori casa, a Cagliari, la sua terza sconfitta consecutiva. Qualche anno prima aveva portato il Chievo Verona in Serie A e, alla prima stagione nella massima serie, al quinto posto dopo essere stato in testa alla fine del girone d'andata. Oggi molti tifosi faticano addirittura a ricordare che abbia mai allenato la Roma.

Il quarto allenatore è Bruno Conti, leggenda della Roma dell'83, campione del mondo nell'82, amatissimo dai tifosi e rispettato dai calciatori. Ma non riesce a dare una svolta alla stagione della squadra che da febbraio alla fine del campionato perde nove partite, ne pareggia sei e ne vince due sole. A febbraio la Roma era ancora in lotta per un posto in Champions League e alla fine si è ritrovata a dover evitare la Serie B. Arriverà ottava, ma in una classifica cortissima in cui il Bologna retrocesso e il Parma salvato dallo spareggio erano a soli 3 punti di distanza da lei.

In questa stagione (che è anche quella del derby da cui ho cominciato a raccontare questa storia) De Rossi si toglie il pensiero del contratto, che rinnova fino al 2009, con una cifra di partenza per la stagione in corso di 1,85 milioni di euro lordi e che, con degli aumenti progressivi, arrivano fino ai 3,9 previsti per la stagione 2008/09. Non male per un giovane lavoratore di ventun anni.

Quando i giornali lo pressavano chiedendogli del rinnovo, Daniele dice cose che a rileggerle oggi sono commoventi. «Non posso dire che il mio futuro sarà sicuramente giallorosso, posso solo sperarlo». Oppure: «Spero di firmare il rinnovo del contratto il più presto possibile e per più anni possibile. Se si potesse, anche a vita. Anche domani». Fin dalle sue prime interviste Daniele ringrazia i tifosi: «Perché in realtà non ho ancora dimostrato niente, mentre loro già mi vogliono bene». Le sue poche vittorie, le ha dedicate tutte a loro, i suoi pochi gol li ha condivisi – vetrate permettendo – sempre con loro.

Sono io a leggere nelle sue parole qualcosa di più delle solite frasi furbe dei giovani calciatori? In ogni caso, ammiro De Rossi perché è rimasto fedele a quello che diceva a vent'anni, ai suoi valori e al suo amore. (Io posso dire lo stesso, forse, in parte, solo per la scrittura).

La vena

Da dove viene il nervosismo di De Rossi? È una domanda che in futuro si faranno in molti e a cui faticheranno a dare una risposta. Come detto, è sostanzialmente un bravo ragazzo, ben educato e di buona famiglia. Eppure una delle cose per cui diventa famoso è quella grinta sopra le righe che in alcuni casi ha superato il confine ed è diventata violenza. Una risposta parziale, però, potrebbe essere che il nervosismo di De Rossi è il nervosismo della Roma. Questo è tanto più vero in quegli anni, nelle sue prime espulsioni rimediate nella stagione 2004/05.

Tanto per cominciare, l'estate precedente c'era stato l'Europeo in cui Francesco Totti, molestato, infastidito, provocato dal suo marcatore Christian Poulsen, gli ha sputato in faccia durante la partita d'esordio contro la Danimarca. Lo ha fatto a favore della telecamera che un canale danese gli aveva dedicato per tutta la partita e il suo gesto ha fatto il giro del mondo (e grazie al potere del calcio ha alimentato gli stereotipi sugli italiani all'estero e quelli sui romani cafoni nel resto d'Italia), definito da Totti nella sua autobiografia «la massima vergogna della mia vita» (anche se poi ha dedicato alcune righe alla descrizione di Poulsen come «personaggio pessimo»). Poi, alla prima giornata di campionato contro la Fiorentina, Antonio Cassano è stato espulso per aver messo una mano in faccia a Giorgio Chiellini. Tre giorni dopo, all'esordio in Champions League contro la Dinamo Kiev, in casa, è stato Philippe Mexès a farsi espellere per un fallo a gioco fermo. Innervosendo tutto lo stadio e in particolare quella persona che dalla Tribuna Monte Mario (la più costosa, dove ci sono la stampa e i posti d'onore) a fine primo tempo ha tirato una monetina all'arbitro svedese Anders Frisk, facendogli sanguinare la fronte e facendo perdere la Roma 0-3 a tavolino dopo che la partita è stata sospesa. Nella seconda metà della stagione, Totti se la prenderà di nuovo con un marcatore, Francesco Colonnese, colpendolo con un pugno durante la sconfitta con il Siena in casa (0-2) perché offeso, a suo dire, come padre e come marito, da una frase irripetibile.

Questo è il contesto in cui Daniele si procura il primo, il secondo e il terzo cartellino rosso della sua storia. Le prime tre di quindici espulsioni. Contro il Bayer Leverkusen, a ottobre 2004, ha lasciato la squadra in nove sul punteggio di 2-1, per un'entrata descritta dalla stampa come «plateale e piuttosto dura», e la partita finirà 3-1. A marzo contro il Cagliari, nell'ultima partita di Delneri, viene espulso per una specie di calcio da dietro, all'altezza del ginocchio, su Suazo che aveva appena segnato il gol del 3-0. Un fallo che per i giornali è «inutile» o addirittura «incomprensibile». Tre giorni dopo, in Coppa Italia contro la Fiorentina, si fa espellere per proteste nei tempi supplementari. In quel periodo dice che le pressioni di un calciatore sono tali che non augurerebbe al figlio (che deve ancora nascere, e sarà una figlia) di seguire le sue orme: «Tutto questo stress, questa ansia. Ne ha già abbastanza il papà a soli ventun anni...».

Insomma, che la Roma perdesse la testa, in partite difficili, soprattutto dopo aver subìto più di un gol, era considerata la normalità. Ci sono sempre rigori non dati a suo favore, o rigori concessi generosamente agli avversari, e c'è sempre qualcuno con i nervi a fior di pelle pronto a peggiorare le cose. Che ogni tanto fossero Totti o De Rossi a incarnare questa specie di autolesionismo teppista, in quanto romani e romanisti, sembrava la scelta di casting più sensata. Ma quello di Totti era un nervosismo più freddo, era davvero la crudeltà di un re che si sente in diritto di punire chiunque, invece Daniele sembrava semplicemente che non riuscisse a controllarsi, che nel bene e nel male perdesse la testa facilmente.

Nel tempo i tifosi hanno localizzato questo tratto interiore di De Rossi nella vena giugulare che gli spunta sottopelle quando grida, una specie di diapason rigonfio che compare in moltissime sue foto. La *vena di De Rossi*, capace di prendere vita propria e di comandare il suo padrone. In un episodio di *Rick & Morty*, una serie animata creata nel 2013 che narra le avventure fantastiche di un nonno e un nipote, il ragazzino viene dotato di un braccio senziente, muscoloso e pieno di vene, con una propria volontà, capace di trascinarlo dietro di sé per vendicarsi degli assassini del suo precedente «proprietario»: per anni abbiamo visto De Rossi come un calciatore intelligente vittima di un incantesimo equivalente, anche lui in un certo senso costretto ad obbedire agli ordini della sua vena, che lo costringeva a dare schiaffi e pugni, a entrare a piedi pari. E nella vena di De Rossi, abbiamo rivisto le nostre, anche loro causa di molti errori. In un periodo in cui ho lavorato con un'agenzia di comunicazione di Milano, dopo una riunione accesa, in cui avevano provato a tagliare il budget a disposizione del mio progetto per ragioni non dipendenti da me o dai miei collaboratori, uno dei dirigenti si è lamentato di me con un amico che poi me lo ha raccontato. «Con i romani non si può parlare» pare abbia detto. Ma il vero punto di questo aneddoto è che, da romano, io mi sono sentito orgoglioso di quella frase.

«Sono troppo generoso, non riesco a limitarmi, a controllare la foga» diceva Daniele da ragazzo. Anche Capello aveva notato fin dall'inizio che doveva «menare di meno» mentre Christian Panucci, dopo un'ammonizione (nella stagione 2005/06) lo rimprovera davanti a tutti e poi dichiara: «Deve essere meno agitato». In quegli anni giovanili si pensava che fosse una parte del suo stile di gioco su cui lavorare, in contrasto con la serietà che mostrava in qualsiasi altro momento fuori e dentro dal campo, più avanti avremmo capito che era parte di lui e basta. Che era il modo in cui giocava e forse viveva. Qualche anno dopo nello spogliatoio della Roma, il difensore argentino Nicolás Burdisso risponderà a Claudio Ranieri, che aveva appena detto che si gioca sulla base di come ci si allena: «No, mister, si gioca come si vive». Una frase che probabilmente ha fatto solleticare la vena sul collo di De Rossi.

La vena di De Rossi finirà sulla copertina del videogioco FIFA 2009, vicina al sorriso di Ronaldinho con la maglia del Milan. Ma ci sono due foto di quella stagione 2004/05 che rendono l'idea del livello energetico, sempre vicino all'esplosione, con cui Daniele giocava e viveva fin dai primi tempi. Due foto in cui si vede anche la vena.

La prima viene dalla partita con l'Inter finita 3-3 all'Olimpico, memorabile per molte ragioni. La Roma era andata sotto 1-3 e Totti aveva accorciato con il suo centesimo gol in Serie A: un'altra punizione da lontanissimo, facendo fluttuare il pallone fino all'incrocio dei pali. Daniele nel primo tempo era entrato a forbice su Oba Oba Martins, un intervento regolare che però costringe l'attaccante dell'Inter a uscire infortunato, e a un quarto d'ora dalla fine ha segnato il 3-3. Su una sponda del difensore greco Dellas, salito in area avversaria per una punizione, e dopo un liscio in tuffo dell'attaccante egiziano Mido (famoso a Roma solo perché si diceva che molti anni prima avesse tirato un paio di forbici a Zlatan Ibrahimović, una cosa in cui i romani potevano riconoscersi), la palla gli è arrivata sul petto e lui ha avuto la freddezza di controllarla, aspettare che gli scendesse sul piede e poi sbatterla dentro di collo. Poi Daniele si mette a correre verso la Sud, portandosi alla bocca lo stemma e alzandosi la maglia fino ai pettorali. Dellas prova a trattenerlo tirandogliela sulla schiena, all'altezza del numero 4 che indossa quell'anno. Nella foto Daniele ha la vena sul collo leggermente gonfia per il bacio, mentre Dellas gli tiene la sua maglia tra pollice e indice allungandola come un elastico. Poi De Rossi corre sotto la curva con un buco sulla schiena e sembra che si sia strappato la maglia perché l'ha baciata con troppa energia. «È la prima volta che ho baciato la maglia, non ne bacerò un'altra» ha detto dopo.

La seconda foto invece è successiva al gol del momentaneo 2-1 contro il Brescia, a maggio. A sei partite dalla fine del campionato la Roma veniva da quella striscia di risultati negativi che l'aveva portata sull'orlo del baratro e Daniele, quasi dal dischetto del calcio di rigore, anticipando di testa una possibile rovesciata di Montella, pensa di aver realizzato un gol liberatorio. Si toglie la maglia a maniche lunghe e corre di nuovo sotto la Sud, nella foto ha il busto bianco proteso in avanti e la faccia rossa, il corpo è inclinato in diagonale come un missile, con solo la punta del piede destro che ancora tocca terra, con la vena bene in evidenza mentre Montella allunga le mani per fermarlo, afferrando il vuoto dietro di lui (chissà perché i calciatori vicini a quelli che esultano correndo hanno sempre l'istinto di placcarli). Tre minuti dopo Caracciolo riporta la partita in parità. A fine gara De Rossi dedica il gol ai tifosi «sempre eccezionali, quest'anno non ci hanno trattato male come forse ci meritavamo». Ammonito per essersi tolto la maglia dopo il gol, un'esultanza considerata eccessiva persino da Conti, Daniele salta la partita successiva con il Parma, che la Roma perde 2-1.

Con De Rossi, ma senza Totti (ancora squalificato per il pugno a Colonnese), la squadra di Conti si tranquillizza solo dopo aver pareggiato 0-0 il derby della settimana dopo, il derby «della paura», con la Lazio che aveva un solo punto in più. Una partita così noiosa che dopo un tentativo da lontano di Antonio Filippini finito male Giuseppe Bergomi, al commento su Sky, dice sconsolato «almeno ha provato a tirare in porta». La salvezza matematica arriva con la vittoria di Bergamo, una specie di spareggio con l'Atalanta, che poi scenderà in B. «Abbiamo cominciato ad avere paura di retrocedere un po' tardi, ma alla fine abbiamo capito di aver rischiato» dichiara Daniele, specificando che, come professionista e come uomo, nei confronti dei compagni e della società, lui ha dato tutto, pur non avendo sempre giocato bene per colpa di problemi fisici (i maliziosi, al solito, pensavano giocasse male perché dopo aver firmato il nuovo contratto si era rilassato).

In qualche modo, grazie alla strana classifica cortissima, la Roma riesce a qualificarsi per la Coppa Uefa vincendo solo una delle ultime tredici partite di campionato. Bruno Conti, che in quell'unica stagione da allenatore ha vinto due partite in tutto, è riuscito anche a portare la squadra in finale di Coppa Italia. De Rossi non gioca l'andata con l'Inter, perché squalificato, e la Roma perde 2-0 all'Olimpico; torna in campo per il ritorno a San Siro e la Roma, senza gioco e senza grinta, dicono i giornali, perde 1-0.

Un'altra finale persa. Ma Daniele pensa che sia stato un bene, perché in ogni caso dopo una stagione del genere non sarebbe stato giusto finire con un trofeo.

Il vero De Rossi

La stagione 2005/06 è quella di Calciopoli e del Mondiale, l'uno dopo l'altro, il più grosso scandalo che abbia coinvolto il calcio italiano e il suo più grande successo nel Ventunesimo secolo; quella in cui Totti si frattura la caviglia, fa un recupero miracoloso e torna in campo per calciare il rigore della vittoria nella partita fondamentale con l'Australia; la prima di Luciano Spalletti in panchina, quella del record delle undici vittorie consecutive, con la Roma che inizialmente arriva quinta e poi, con la Juventus spedita in Serie B, Milan e Fiorentina penalizzate di 30 punti ciascuna (così come la Lazio), si ritrova seconda in classifica dietro all'Inter, qualificata direttamente per la Champions League della stagione successiva.

Spalletti, reduce da una stagione in cui aveva portato l'Udinese al quarto posto e ai preliminari di Champions League, si era presentato promettendo solo normalità, come fanno tutti gli allenatori arrivati a Roma dopo un periodo turbolento, ma già dopo le prime amichevoli e l'esordio positivo in campionato (3-0 alla Reggina fuori casa, in cui De Rossi segna deviando un tiro su punizione di Totti) si parlava di una squadra «trasformata» e di un calcio offensivo come non si vedeva da tempo. Tuttavia la stagione non procede benissimo: la Roma stenta e dopo otto giornate ha solo nove punti. Ha perso in casa con Udinese e Siena, poi fuori casa con l'Empoli ridotto in dieci uomini per più di un'ora, poi ha pareggiato il primo derby stagionale. Si parla di «crisi vera», i tifosi protestano fuori da Trigoria. Spalletti difende i giocatori ma ha un problema con Cassano che probabilmente destabilizza tutto lo spogliatoio. Il mio aneddoto di Cassano preferito, tra i tanti circolati a Roma e sempre al confine tra verità e fantasia, è quello secondo cui, in coda al bar del centro sportivo, infila un dito nella tazzina di Gabriel Omar Batistuta per schifarlo e bere il caffè prima di lui. Confermato anche da Totti nella sua autobiografia, c'è invece il litigio con Spalletti per il volume della musica in palestra. Con Cassano che va fino allo stereo per rialzarlo dopo che Spalletti lo ha abbassato una prima volta, Spalletti che lo riabbassa una seconda e Cassano che lo rialza di nuovo. Spalletti, un uomo alto e con il petto largo, che sa essere intimidatorio, lo abbassa un'altra volta e lo stress sale fino a che Antonio, il talento più puro dopo Totti che io abbia visto indossare la maglia della Roma, se ne va sbraitando, dicendo che quella è casa sua. Cassano passa i restanti mesi per lo più in tribuna (gioca sette partite in tutto) e a gennaio verrà ceduto al Real Madrid; senza di lui, la Roma comincerà a vincere con continuità.

Anche prima della svolta di gennaio, però, la squadra dà bei segnali, come la partita esaltante con l'Inter, in cui la Roma vince 3-2 a San Siro dopo essere stata in vantaggio addirittura di tre reti. Una partita che i tifosi romanisti, e non solo romanisti, ricordano esclusivamente per il gol del raddoppio di Totti, che parte da centrocampo palla al piede, salta secco Cambiasso, resiste a una scivolata da dietro di Zé Maria, finge di caricare il tiro di potenza e scavalca Júlio César con un cucchiaio da fuori area. Uno di quei gol che anche a distanza di anni basta chiudere gli occhi per vederlo proiettato sulle pareti della propria memoria. Il primo gol di quella partita, però, nasce da un lancio in profondità di De Rossi, che di sinistro scavalca la difesa interista e mette Taddei in condizione di servire comodamente Montella a un metro dalla porta. Un passaggio che oggi trovo quasi altrettanto bello del cucchiaio di Totti, ma che avevo totalmente dimenticato prima di rivedere la partita. Il gol di Totti è un capolavoro di individualismo: quando si dice che il calcio può essere a volte una forma d'arte, di espressione intima di una personalità, ci si riferisce a momenti speciali come questo. Il passaggio di De Rossi sembra invece la mossa brillante di uno scacchista, appena la palla parte dal suo piede è evidente cosa sta per succedere, la sua mossa determina quelle successive di Taddei e Montella, le istruzioni per fare gol erano scritte nel passaggio stesso.

La Roma torna a vincere in casa dell'Inter per la prima volta dopo undici anni, ma è una squadra ancora fragile e insicura e due settimane dopo perde malissimo in casa con la Juventus (1-4) allenata ancora da Capello, il quale in un'intervista all'«Espresso» ha confessato che quando torna a Roma per andare dal suo dentista di fiducia deve avvertire la Digos. È la partita in cui Zlatan Ibrahimović si rivela in tutta la sua mostruosità all'Italia, controllando di tacco un lancio dalla difesa – *controllando* non è la parola giusta, perché Ibra si alza la palla a campanile, si autolancia di tacco in sostanza –, umiliando in corsa, nel duello fisico, Kuffour, che prova a trattenerlo e frana al suolo come i clown che tentano di fermare i tori sbizzarriti nei rodei, e calciando infine di esterno fortissimo sotto la traversa.

Come detto, a fine dicembre comincia una striscia di vittorie che si conclude a fine febbraio. Nessuno nella storia della Serie A (dal 1929, da quando cioè si gioca con un girone unico) aveva mai vinto undici partite consecutive, un traguardo che la Roma raggiunge battendo 2-0 proprio la Lazio, nel «derby del record». Durerà poco, perché l'anno seguente l'Inter ne vincerà addirittura 17, ma per i romanisti i derby come quello valgono dei trofei. Il secondo gol, poi, lo segna Alberto Aquilani, altro talento romano, che esulta sotto la Sud: «Meno male che c'era il vetro della curva, sennò continuavo a correre» dichiara. Come si saranno sentiti quei tifosi, ad esultare per un gol così importante segnato da un ragazzo di Montesacro? In quell'esultanza c'è anche De Rossi, che sembra parlare con qualcuno oltre al vetro, il confine tra tifosi e giocatori della Roma non è mai stato così poroso.

In quelle undici vittorie ci sono altre bellissime partite, come quella in casa contro il Milan, con il gol di Amantino Mancini a dieci minuti dal termine: «Una serata così non me la può dare nessun'altra maglia» dice Daniele. La vittoria pazza con il Cagliari (4-3, con la Roma che va sotto 0-2 e poi 2-3); oppure quella sofferta di Siena (2-0), con un rigore sbagliato e due pali colpiti dai padroni di casa, prima che Daniele segnasse il vantaggio con un tiro che gira verso l'esterno da una trentina di metri. Dopo quel gol Daniele corre a festeggiare sotto lo spicchio di stadio con i tifosi della Roma, o forse sarebbe meglio dire che ci va a sbattere contro. Il momento da favola della Roma lo descrive al meglio il modo in cui i giocatori esultano a fine partita in quel periodo: un girotondo infantile, matissiano, mano nella mano, che svuota di colpo le loro menti e i loro corpi di ogni tensione.

Lì in mezzo, subito prima del derby, c'è anche la vittoria con l'Empoli in cui si infortuna Totti per un intervento da dietro di Richard Vanigli. Inondato di insulti, Vanigli dirà di aver provato l'anticipo senza prendere la palla ma senza neanche toccare la gamba di Totti, che pensa di avere solo sbilanciato, causando la torsione innaturale della caviglia. Totti dice di aver provato un «terrore indicibile, la sensazione precisa e raggelante che fosse tutto finito» e ricorda che Vanigli gli aveva già rifilato tre calci prima di quello che ha causato l'infortunio. Ad ogni modo, la Roma è andata avanti senza il suo capitano sino a fine stagione, sino alla finale di ritorno di Coppa Italia con l'Inter, persa 3-1, in cui Totti entra nel secondo tempo.

De Rossi in quella gara di ritorno era in panchina con la febbre. Aveva giocato l'andata, in cui i calciatori della Roma erano scesi in campo prima del fischio d'inizio con una sciarpa della Curva Sud che gli aveva dedicato la coreografia IN CAMPO UNDICI ULTRAS! Con l'Inter a Roma era finita 1-1, e dunque per la terza volta, da quando Daniele era parte della prima squadra, la Roma arrivava in finale di Coppa Italia ma non vinceva.

De Rossi vive una stagione densa. Per la prima volta indossa la maglia numero 16 che non mollerà più, tranne che in Nazionale. Il 16 lo ha scelto in onore del giorno in cui, quell'estate, è nata la sua prima figlia, dopo aver lasciato il suo vecchio numero al difensore ghanese Samuel Kuffour, appena arrivato dal Bayern Monaco con cui aveva vinto praticamente tutto. Kuffour gli aveva chiesto il 4 perché gli portava fortuna (e questa, probabilmente, è la cosa più rilevante che abbia fatto per la Roma). Dopo la stagione precedente, in cui per la stampa Daniele si era «perso nel complicato labirinto romanista», ci si chiede se è arrivato il momento di vedere «il vero De Rossi». Lui spera di sì, è consapevole di dover migliorare. «Devo crescere come maturità, serenità, mitigare la mia irruenza». A inizio stagione, quando le cose vanno male, è uno dei giocatori criticati dai tifosi. Si dice sia bravo solo in Nazionale, che giochi una partita bene e tre male. Piano piano però viene fuori la sua reale dimensione tecnica e tattica: finalmente si trova a giocare in una squadra funzionale, compatta ed elastica, che esalta il suo dinamismo e le sue capacità di lettura dell'azione. Senza palla le distanze con i compagni si accorciano e, di conseguenza, anche quelle con gli avversari. Con quel passo saltellante, sempre sulle punte, Daniele fa la spola da area ad area e si vede già quell'istinto ad aggiungersi alla difesa correndo all'indietro che diventerà una parte importantissima del suo gioco, in futuro. Intanto Gianni Mura ne loda l'intelligenza tattica e pure le qualità offensive.

A febbraio si fa espellere, in Coppa Uefa, per una gomitata in area a un giocatore del Bruges che lo strattonava, e mentre esce dal campo Spalletti gli grida dietro: «Sei contento adesso?». A marzo, con la maglia della Nazionale, segna un gol alla Germania in un'amichevole finita 4-1 che lascia ben sperare per il Mondiale. Poche settimane dopo indossa la fascia di capitano dall'inizio, nella partita di Coppa Uefa con il Middlesbrough (in cui mancavano sia Totti che Montella, vice-capitano), una vittoria per 2-1 che sommata alla sconfitta per 1-0 in Inghilterra elimina tuttavia la Roma. «Abbiamo lottato, con frenesia, ci siamo presi pure a calci da soli per la voglia di fare il terzo gol» dice lui alla fine, aggiungendo che avrebbe fatto tranquillamente a meno di qualche sputo da parte degli inglesi: «Ma lasciamo stare, a me il calcio inglese piace». Quattro giorni dopo quella partita segna un gol di mano al Messina, e subito dopo va dall'arbitro a farlo annullare. Un gesto che secondo il sindaco di Roma Walter Veltroni rende onore a lui e alla città, e che per qualcun altro era utile più che altro a non farsi squalificare dopo dalla «prova tv». Ad esempio il rigido Zeman dice: «De Rossi ha fatto una cosa normale. Il concetto è che avrebbe fatto meglio a non andare a colpire di mano invece di ammetterlo dopo». A propria volta, Daniele scrive sul sito del club che non pensava di scatenare tutto questo interesse, pensa solo di aver fatto una cosa normale e giusta.

A metà stagione gli chiedono se pensa che sarà lui il capitano del futuro della Roma. Daniele risponde che, al di là di quello, «adesso ho quello che ho sempre sognato».

Totti

Per quanto non necessario dal punto di vista di quei tifosi romanisti che si sono potuti godere entrambi, non si può evitare il continuo confronto fra De Rossi e Totti. Le loro storie si intrecciano ma non si influenzano. O meglio, è un'influenza unilaterale: la storia di Totti sarebbe quasi la stessa con o senza De Rossi. Nella sua autobiografia, per assurdo, si potrebbe espungere ogni occorrenza di De Rossi e non cambierebbe niente di sostanziale. Il contrario, invece, sarebbe impossibile. Perché non si può parlare di De Rossi senza parlare di Totti.

Da quando si scopre che c'è un nuovo talento romano, iniziano i paragoni. «Un decennio dopo le prime apparizioni di Totti, Roma sta regalando all'Italia un giocatore di valore assoluto» scrive su «Repubblica» Mattia Chiusano, che in altro pezzo però aggiunge: «Non è la storia di Totti perché la città venerava l'allora "Pupone" già a sedici anni. Magari c'è qualcosa di Bruno Conti, diciamo il mare». «All'inizio è tipo un sogno» ricorda De Rossi del suo primo incontro con Totti: «Perché stai vicino a uno che sta facendo quello che vorresti fare tu». È impossibile non immaginare per lui un futuro radioso, i giornali scrivono: «Da grande metterà la fascia da capitano, sperando che Totti non se la prenda». Giuseppe Giannini dice che non si scappa, gli sembra di rivedere Totti a diciotto anni, per la forza, la mentalità e la tecnica. Anche se la tecnica di Totti, ovviamente, è superiore. Al contrario, un lettore di «Repubblica» scrive acido a Vittorio Zucconi nel 2003, quando Daniele ha giocato poco più di una decina di partite: «Che palle con 'sto De

Rossi», che magari tra qualche anno ce lo ritroviamo in Serie C2 come molti altri «presunti fenomeni» prima di lui. Aggiunge pure, pessimista e quasi profetico, che «il meglio che gli può capitare se resta nella Roma è vincere uno scudetto e una Coppa Italia in quindici anni di carriera, come Totti...».

Quando Daniele ha vent'anni, Francesco ne ha ancora ventisette, ma si propone come una specie di mentore. «Può diventare un grande, ma conosco le difficoltà che può trovare a Roma: per lui verranno tempi non belli. Ci penserò io, a proteggerlo, a diffidare di chi vuole dargli troppi consigli». De Rossi conferma: «Totti mi ricorda spesso cosa è Roma, visto che la conosce bene: una città stupenda, ma anche molto pericolosa». Ci ha provato Capello, prima di andare via, a spezzare il legame tra i due, consigliando a De Rossi di non seguire l'esempio di Totti, quanto piuttosto quello di giocatori «che lavorano sodo in allenamento e fanno una vita sana, come Emerson». Ma era un vincolo che partiva da troppo lontano, da quando De Rossi era ancora un ragazzino delle giovanili e faceva il raccattapalle. Quando Totti è a fine carriera, Roma inizia a celebrarne il ricordo in anticipo con libri e dvd che raccoglievano tutti i suoi 307 gol in maglia giallorossa, in quell'occasione Daniele dice di essersi rivisto più volte corrergli dietro «vestito con la tuta da raccattapalle» piuttosto «che a fargli un assist o a festeggiare un gol con lui quando eravamo già compagni di squadra». E anche dopo Francesco è rimasto «metà idolo, metà compagno di squadra. Quando rientravamo negli spogliatogli e mi diceva "De Rossi passami la bottiglia" per me era uno shock». Se Totti si era scelto il proprio destino da sé, e con le sue qualità era in grado di cambiare – anzi, aveva già cambiato – quello della Roma, il destino di De Rossi sembrava scritto fin dall'inizio, e consisteva nel ripetere quello di Totti. «Il mio sogno è diventare il prossimo capitano della Roma, dopo Totti. Ma devo fare un passo alla volta, senza esaltarmi». Il suo destino sembrava talmente legato a quello di Totti che quando Daniele si è infortunato alla caviglia, poche settimane dopo l'infortunio di Francesco nel 2006, aveva pensato al peggio anche per sé stesso, come se fosse stato vittima di un sortilegio: «Quando le cose vanno male...».

Poi, quando Daniele ha smesso di essere un ragazzino, si è speculato su litigi segreti e intrighi shakespeariani, sulla base di un conflitto che però non si è mai mostrato nella realtà. Anzi, De Rossi e Totti si sono sempre difesi e protetti a vicenda pubblicamente, anche quando non avevano niente da guadagnare, anche quando l'altro aveva sbagliato in maniera palese. Sette anni di differenza sono troppo pochi anche per parlare di conflitto generazionale: è durato pochissimo il periodo in cui entrambi erano giovani, ma è durato altrettanto poco, tre o quattro anni, il periodo in cui Totti era già «anziano» (per gli standard calcistici) e De Rossi nel pieno delle proprie forze. Si può dire che la maggior parte del tempo l'hanno passata a invecchiare insieme. Certo, sono due persone molto diverse, come ha detto Daniele nel 2011, «ma siamo sempre andati d'accordo anche per questo». Ed è stata forse la loro diversità a spingere alcuni romanisti a preferire l'uno all'altro. In quella stessa intervista Daniele ha descritto Francesco come «il classico romano: a volte sembra di un'altra epoca. È spavaldo, si porta dietro un'altra luce». E nel 2020 ha riassunto così il loro rapporto: «Abbiamo giocato vent'anni assieme, ci siamo abbracciati dopo i gol, ci siamo frequentati fuori dal campo, abbiamo avuto anche delle sonore litigate, è capitato di non parlarci per un mese, pure l'anno scorso, ma poi è sempre finita a risate. Vita vera, non recitata». Siamo lontani dai giochi di potere che alcuni hanno immaginato anche nel video in cui Totti, in diretta sui social con l'ex compagno di squadra Luca Toni (durante l'emergenza coronavirus a marzo 2020), con un pizzico di nostalgia dice di De Rossi: «Da quando è andato via non l'ho più sentito, 'sto co... 'sto cornuto».

Totti e De Rossi sono stati per un certo verso complementari, ma da un altro punto di vista erano l'uno l'opposto dell'altro. Nel senso che l'uno rappresentava quello che l'altro non poteva essere: Totti è stato sempre il primo tra i romanisti, Daniele è stato *tutti* i romanisti. Uno viene chiamato «Capitano», senza bisogno di ulteriori specifiche, ancora oggi che non è più un calciatore professionista; per l'altro c'è stata l'invenzione giornalistica di un soprannome che nessuno usava con piacere: «Capitan Futuro». Entrambi vengono chiamati spessissimo per nome, ma se Francesco (o con confidenza Checco) ha rappresentato l'immagine ideale che i tifosi sognano di vedere nel proprio specchio, Daniele (o Danielino) gli ha fatto vedere sé stessi dall'esterno. Per questo quando Totti commetteva un errore era un'eccezione, mentre quando sbagliava De Rossi era semplicemente parte della sua natura (forse, addirittura, era un suo dovere). Emanuele Atturo, nel sito sportivo l'Ultimo Uomo (a cui lavoro anche io da anni), ha scritto che a Totti ha sempre perdonato tutto, «accettando che un dio potesse essere capriccioso», mentre a De Rossi non perdonava niente. Solo alla fine ha capito che «rappresentare la propria squadra, essere un esempio, non significa non avere debolezze, ma farci i conti».

Uno è cresciuto dentro le mura aureliane, a San Giovanni, in una zona popolare ma pur sempre nel centro di Roma; l'altro al confine, al limite estremo, quasi in una città a parte. Uno era un predestinato; l'altro si è conquistato la fiducia e l'amore dei suoi tifosi una partita alla volta. E se per Totti dedicare la propria carriera alla Roma è stato un onore e un sacrificio al tempo stesso, perché, come si è ripetuto per anni (e come qualcuno ripete ancora), chissà quanti Palloni d'Oro e Champions League avrebbe vinto se invece fosse andato al Real Madrid; per De Rossi la Roma è stata anche un lusso. Indossare per diciotto anni la maglia giallorossa (per venticinque anni se cominciamo a contare da quando ne aveva dodici, per tutta la vita se consideriamo le foto da bambino), in un'epoca in cui è sempre più raro, non ha fatto che aumentare il valore della sua storia di calciatore; nonostante anche Daniele sia un campione del mondo e, soprattutto, nonostante anche lui abbia rinunciato a delle offerte prestigiose (quando Capello è tornato al Real Madrid nel 2006 ha provato a prenderlo, poi si è parlato di Inter, Manchester United, Manchester City o destinazioni più esotiche e lucrose). Francesco è stato il messia, re e salvatore del popolo eletto, per lui la Roma è stata una chiamata divina a cui non ha potuto dire no; Daniele è stato un apostolo, per lui la Roma è stata un sogno che si è avverato, un destino che aveva ammirato proprio in Francesco e che è riuscito a emulare. Non è una mia interpretazione, ma il modo in cui lo stesso De Rossi si guarda indietro. «Vivere senza Roma» riflette quasi a fine carriera «sarebbe stata una cosa che mi avrebbe fatto più male del non aver vissuto un Real Madrid-Barcellona, o di non aver calcato gli stadi inglesi più belli, di non aver vinto determinate cose». Per Daniele la maglia della Roma è stata come «un'armatura» e quando la indossava, prima di uscire dallo spogliatoio, sentiva di avere sulla propria pelle qualcosa che lo proteggeva e gli dava forza: «Non sempre funziona, non sempre è vincente, ma è quello che sento».

Totti è stato il nostro vanto più ostentato, ma in un certo senso è stato anche un'illusione. Ci ha promesso, con la sua sola presenza, più vittorie di quelle che poi sono arrivate davvero, ma la sua grandezza non coincideva con quella della Roma, con la nostra. E alla fine siamo stati noi a consolarlo, festeggiando i suoi record individuali come fossero stati traguardi storici di tutta la squadra, come se fossero stati anche nostri (e in parte lo erano). Quando durante il suo ultimo discorso ha detto: «Adesso ho bisogno di voi», noi romanisti abbiamo risposto: «France', per te ci saremo sempre». Ma Totti ha continuato a essere il Capitano anche dopo l'addio al calcio, la sua è stata «un'eredità leggerissima», ha detto scherzando Daniele, il giorno in cui Francesco ha presentato la propria autobiografia. «In tutte le partite il coro è "un capitano". Ti guardi intorno e capisci che non stanno dicendo a te». Ridendo racconta di persone che si sentono in dovere di rassicurarlo: «Oh, ma anche te sei bravo, anche te sei il capitano». De Rossi è stato uno svelamento, ci ha permesso di vederci per come eravamo, non per come avremmo voluto essere. L'orgoglio che ci ha dato non era quello della *superiorità*, ma dell'*unicità*. L'idea che nessuno era come noi. Daniele è stato la nostra diversità, settimana dopo settimana, e averlo in campo in tutti questi anni la nostra consolazione.

La Roma poteva anche non vincere niente, ma almeno c'era De Rossi.

Orgoglio Mondiale

A ventitré anni da compiere Daniele De Rossi è nell'undici titolare della Nazionale italiana. Si è sposato il 18 maggio, quattro giorni prima di presentarsi al raduno, la fidanzata Tamara si è presentata davanti alla chiesa dei Santissimi Giovanni e Paolo «su una carrozza del Settecento rosso porpora e giallo oro, trainata da quattro cavalli bianchi», hanno scritto i giornalisti presenti. Non è il matrimonio di Totti, in diretta su Sky, con il centro di Roma pieno di tifosi, ma non è neanche un matrimonio dimesso con pochi intimi.

Per i giornali De Rossi è il «ponte» verso il futuro della Nazionale, quello che viene dopo la generazione dei trentenni (Totti, Del Piero, Nesta, Cannavaro, Zambrotta, Inzaghi) per la quale il mondiale francese sarà il canto del cigno. Lippi ha grande fiducia in lui: già più di un anno prima, quando non aveva ancora ventidue anni, gli ha dato la fascia da capitano nel secondo tempo nell'amichevole con l'Islanda (quella sera indossava la maglia numero 10, che era ancora di Totti). Nella partita di esordio del Mondiale, contro il Ghana, lo fa giocare vicino a Pirlo e a Totti, sul centro-sinistra. Con Perrotta titolare dalla parte opposta, il centrocampo azzurro è per tre quarti il centrocampo della Roma di Spalletti, due romani si giocano il Mondiale uno a fianco all'altro: riuscite a immaginare quanto fosse orgoglioso un ragazzo romanista quell'estate?

L'Italia gioca con un modulo asimmetrico con Totti che da sinistra si accentra dietro le due punte, lasciando la fascia libera alla spinta di Grosso. Daniele (che indossa ora la maglia numero 4, con Samuel Kuffour anche lui in campo con lo stesso numero) in fase difensiva deve coprire e allargarsi fino alla fascia, quando il pallone è da quel lato, mentre Perrotta si stringe per formare un centrocampo a tre. La qualità in fase di possesso sta tutta nei piedi di Pirlo, che fa uscire la palla dalla difesa, e nelle verticalizzazioni di prima di Totti, che cerca in continuazione Toni e Gilardino alle spalle della difesa. De Rossi dopo nove minuti scivola in ritardo su Essien. Dal replay si vede che è entrato *pizzicando* il piede del suo avversario con i tacchetti. Con un crestino biondo appena accennato in testa, il collo gonfio e caldo del sangue che ci transita in direzione del cervello, Daniele scandisce bene che quel fallo è «the first» che compie. L'arbitro lo ammonisce lo stesso e lui lo manda a fare in culo.

L'Italia vince quella partita 2-0, ma come tutte le altre di quel Mondiale lo fa soffrendo. Abbassandosi ancora di più dopo la sostituzione di Totti, che al sessantesimo prende un pestone e forse si spaventa pensando allo stato della sua caviglia. De Rossi gioca una partita attenta, con grande pulizia tecnica: sale di meno rispetto a quando gioca con la Roma, anche perché l'Italia attacca in verticale, con azioni fatte sempre di pochi passaggi. Già prima del mondiale Lippi era accusato di aver costruito una squadra troppo difensiva, il punto però è che anche con tre attaccanti in campo, come contro il Ghana, se la strategia offensiva prevede verticalizzazioni rapide per forza di cose la squadra finisce per abbassarsi. Dopo l'ammonizione De Rossi limita ogni entrata rischiosa che potrebbe costargli il secondo giallo e si trasforma a tratti in un difensore aggiunto. Non perché le sue qualità difensive equivalgono a quelle di un difensore vero e proprio – alcuni tiri murati al limite dell'area sembrano delle approssimative parate di piede – piuttosto perché quando Nesta o Cannavaro seguono il loro marcatore verso l'esterno, lasciando la loro posizione, De Rossi prende il loro posto garantendo sempre la solidità della struttura. A venti minuti dal termine copre le spalle di Nesta e marca un avversario fino nell'area piccola, spostandolo prima che intercetti un cross, con il Ghana che chiede il rigore.

Poco dopo, commette un altro mezzo fallo in coppia con Zaccardo: mettono entrambi il piede davanti a Asamoah Gyan, che però entrando in area si lancia a terra, inducendo forse l'arbitro a non fischiare. Insomma, è andata bene all'Italia, che respira finalmente grazie al secondo gol di Iaquinta, approfittando di un retropassaggio sbagliato del romanista Kuffour. La regia italiana inquadra prima Totti che festeggia schizzando qualcuno con la borraccia, poi Spalletti che applaude in tribuna con un pizzetto mefistofelico.

Daniele è di nuovo titolare nella seconda partita, contro gli Stati Uniti. L'Italia è sempre piuttosto pragmatica, assorbe e riparte velocemente, ma gli Stati Uniti hanno una carica agonistica maggiore. Totti si fa ammonire dopo pochi minuti, quindi Gilardino segna il gol del vantaggio in tuffo di testa. Cinque minuti dopo, però, ci pareggiamo da soli con un autogol di Zaccardo che svirgola un cross sul secondo palo. È l'unica rete su azione che l'Italia subirà in tutto il Mondiale, il solo altro gol incassato nei tempi regolamentari o nei supplementari è il rigore di Zidane in finale. Immediatamente dopo il pareggio, su una palla contesa di testa poco fuori l'area di rigore italiana, De Rossi lotta prima con Landon Donovan e poi va al duello aereo con Brian McBride. Salta più alto di lui e allarga il gomito colpendolo in piena faccia. L'arbitro lo espelle prima ancora che protesti e lui *ride*, nel modo sarcastico in cui ridono i romani quando non possono arrabbiarsi davvero. Mentre protesta forse non vede McBride rialzarsi con il volto coperto per metà dal proprio sangue. Esteticamente la scena è molto bella, il sangue è di un rosso quasi finto, McBride sembra il protagonista di un film di guerra che si è appena tolto l'elmetto. Daniele esce dal campo girandosi un paio di volte, come se ci fosse una qualche possibilità di far cambiare idea al direttore di gara, sputando un grumo di saliva grosso come una mentina e scuotendo la testa; poi si passa le mani sugli occhi e lascia definitivamente il terreno di gioco. Mi vengono in mente le parole che Plutarco usa per descrivere Demetrio, in cui «l'apparenza dell'eroe e la dignità di un re si combinavano all'irruenza della gioventù». Lì per lì ha detto di non essersi reso conto di quanto successo, prima di rivedersi in tv e capire di essersi «rovinato». Chissà se anche lui (come me), mentre usciva dal campo, ha sentito il resto d'Italia pensare: il solito romano.

Insomma, è passata mezz'ora dall'inizio della sua seconda partita e il mondiale di De Rossi sembra già finito. La sua espulsione spinge Lippi a sostituire Totti con Gattuso, un'ulteriore sanzione per i tifosi romanisti. Fortunatamente per l'Italia, tra la fine del primo tempo e l'inizio del secondo gli Stati Uniti restano in nove: prima si fa espellere Pablo Mastroeni, per un'entrata a martello sulla caviglia di Pirlo, poi Eddie Pope prende la sua seconda ammonizione. La partita finisce 1-1 e l'Italia deve battere la Repubblica Ceca (2-0) nella terza partita per essere sicura di superare il girone.

Per il Mondiale del 2006 la Fifa aveva promesso «tolleranza zero» nei confronti dei gesti violenti. Il presidente Sepp Blatter, rivisto l'episodio in tv, dice che il gesto di De Rossi è stato «di grande violenza. E alla tolleranza zero in campo seguirà la massima severità da parte dei giudici». Per il capitano della Germania, Michael Ballack, invece sono cose che capitano. «È impossibile raccontare quello che è successo, c'è stata un'azione concitata con un paio di rimpalli» si giustifica De Rossi dopo la partita, con gli occhi rossi. «Il mio gesto è stato scomposto, ma non volevo fare male» («non sono un killer, né una carogna» dirà quando gli ricorderanno quell'episodio otto anni dopo, prima del Mondiale sudafricano). A fine partita è andato negli spogliatoi degli Stati Uniti a chiedere scusa a McBride, che non se l'è presa: «Non ho sentito niente, in faccia ho sette placche di titanio. Tutto passato, De Rossi ha mostrato classe venendosi a scusare». La Figc anticipa che non farà ricorso, qualsiasi sarà la sanzione decisa. Sul «Corriere della Sera» Maurizio Sconcerti scrive che non basterà la squalifica della Fifa: Daniele dovrebbe tornare «a casa a meditare». In un editoriale in cui collega la gomitata di De Rossi con lo sputo di Totti di due anni prima, con gli arbitri italiani compiacenti e con Calciopoli, col fatto che in Serie A si fanno troppi falli, sostiene che De Rossi non è un cattivo ragazzo e il suo gesto non è dovuto a cattiveria personale, quanto piuttosto a una mentalità «truffaldina». Edmondo Berselli aggiunge che va «ricondizionato come il protagonista di *Arancia Meccanica*»; Gianni Mura gli consiglia, quando avrà smesso di piangere, di farsi spiegare la differenza tra «il bullismo stupido e l'agonismo acceso».

Di colpo, quello che prima del Mondiale era presentato sui quotidiani nazionali come un ragazzo timido e introverso – «a Roma sono abituati ai suoi silenzi» – è diventato «un ragazzo senza testa», solo contro tutti. Ci sono andati giù duro perché romano? A Roma ne eravamo certi, ovviamente. De Rossi si è lamentato del fatto che hanno criticato le sue radici («Mi hanno fatto amare ancora di più la mia città e la mia squadra») e in seguito dirà anche di non essere un tipo rissoso, «ma non sopporto che qualcuno mi stringa, mi trattenga, mi tocchi. È una questione fisica, mi dà fastidio, non ci vedo più, mi si gonfia la vena». Totti è il primo a rincuorarlo, perché lui è già passato in momenti simili in cui era diventato un bersaglio della stampa. Spalletti dice di averlo sentito dopo l'espulsione e che a Daniele «dava fastidio aver creato problemi ai compagni». Il ct Lippi dice invece che vuole lasciarlo bollire «nel suo brodo». Dopo racconterà: «Lui cercava il dialogo, ma non gli davo considerazione, manco lo guardavo».

De Rossi, sicuramente consigliato da qualcuno più diplomatico di quanto non fosse lui, scrive una lettera alla commissione che deciderà della sua squalifica, in cui si scusa di aver danneggiato l'immagine della Fifa e della Coppa del Mondo, oltre alla sua e a quella dell'Italia, perché cose di quel tipo non si dovrebbero vedere nei campi da gioco. Il che fa sorridere se si pensa che quello stesso Mondiale verrà segnato più di ogni altra cosa da un altro gesto di «grande violenza»: la testata di Zidane a Materazzi. La Fifa è magnanima e dà solo quattro giornate a De Rossi: il suo mondiale non è per forza di cose finito, mancano cinque partite e se l'Italia arriva in finale, lui potrà esserci. Lippi decide di farlo restare ma quattro giornate sono comunque un colpo duro da assorbire. In quel momento Daniele pensa: «Qui che ci resto a fare?». Marco Materazzi (che fino al diciassettesimo minuto della partita successiva con la Repubblica Ceca è rimasto in panchina, ma che da lì in poi prenderà il posto di Nesta infortunato) gli promette che arriveranno in finale: «Sappi che lotteremo per te».

Quando arriva la finale, il 9 luglio 2006, la coppia di centrocampo titolare è ormai Pirlo-Gattuso. L'Italia gioca con Perrotta e Camoranesi ai lati e Totti dietro a Toni. Andiamo sotto di un gol, pareggiamo e dopo un'ora di gioco Marcello Lippi decide di aggiungere un centrocampista e intasare ancora di più gli spazi al centro. Simbolicamente, al posto di Totti entra De Rossi: è il giocatore più giovane in campo. «Mo' entro e faccio i danni,» pensa «speriamo che vada tutto bene». Prende la posizione di mezzala sinistra, sul lato dove la Francia attacca meno, quello di Ribery, dall'altra parte Gattuso se la deve vedere con Malouda, Henry e Zidane. L'Italia gioca un'altra ora di sofferenza, quasi tutta nella propria metà campo, Buffon salva la partita nei tempi supplementari con una parata incredibile su un colpo di testa perfetto di Zidane, che poi si fa espellere perché Materazzi gli offende la sorella. Era la sua ultima partita in carriera, da capitano lascia la sua squadra in meno e soprattutto non tirerà il suo rigore. Fabio Caressa, che commenta la partita su Sky, quando vede il replay è scioccato, indignato prima che cominciasse l'epoca dell'indignazione in Italia, e con un effetto un po' comico dice: «È il giocatore che ho più amato nella mia vita!». Zinedine Zidane sfila al lato della Coppa del Mondo per rientrare negli spogliatoi e questa è la sua ultima immagine da calciatore. De Rossi deve aver pensato che almeno qualcuno, in quel Mondiale, ha fatto una cazzata più grossa della sua (anche se Zidane, per il poco che conta, prenderà una giornata di squalifica in meno rispetto a lui).

L'Italia, in mezzo ai fischi dell'Olympiastadion, arriva ai calci di rigore. I primi due li segnano Pirlo e Wiltord, poi segna anche Materazzi. David Trezeguet invece prende la parte bassa della traversa e la palla rimbalza fuori. I calci di rigore più difficili sono il primo, il quinto e quello successivo all'errore di un avversario. Si dice anzi che il primo che sbaglia vince, perché la pressione della vittoria possibile, vicina, può portare paradossalmente alla sconfitta. Una cosa che i tennisti sanno bene. Il rigore di De Rossi è un pezzetto di match point. «Ho chiesto io di tirarlo. Il Mondiale mi era sfuggito, dopo l'espulsione contro gli Usa e la squalifica. Potevo ricordarlo con gioia, come poi è successo, soltanto così». Per calciare i rigori non c'era la fila e Lippi aveva deciso che lui avrebbe tirato il terzo. Se lo segna porta in vantaggio l'Italia. Può riscattare l'espulsione con gli Usa e scrivere il proprio nome in una delle pagine più belle della storia del calcio italiano. Immaginate anche, però, cosa sarebbe successo se lo avesse sbagliato.

«La palla forse pesava un po' più per me rispetto agli altri». Se lo avesse sbagliato lo avrebbero «massacrato», come lo aveva avvertito Iaquinta prima che calciasse, ma lui non si sarebbe pentito lo stesso: «Mi sarei vergognato se non lo avessi tirato, se mi fossi cacato sotto». Daniele si avvicina velocemente al dischetto e mentre aspetta che l'arbitro fischi sembra avere fretta. Si mette le mani sui fianchi, fa un passo verso la palla, poi parte con la rincorsa e calcia forte sotto l'incrocio, con Barthez che intuisce l'angolo ma non ci arriva (i rigori con il portiere che sbaglia lato sono sempre meno belli). Dopo aver colpito la palla, fa una specie di saltello e finisce il movimento con le braccia larghe e tutto il peso sul piede, come se fosse stato in equilibrio su una fune immaginaria. L'Italia vincerà con il rigore di Grosso, ma il più bello della serie è quello di De Rossi. Ed è il suo secondo rigore da professionista, con la Roma ne aveva calciato solo uno in un ottavo di finale di Coppa Italia, quando aveva diciannove anni.

Personalmente, mi sono sentito sollevato. Per quanto possa suonare strano, mi sarei sentito in parte responsabile se lo avesse sbagliato. Daniele torna a metà campo parlando, forse a sé stesso, forse a qualcuno in particolare. Leggendo il labiale, più di un romano immagina che abbia detto: «E adesso buttace i guanti». Una frase da strada, da ragazzino sbruffone che dopo un grande gol vuole umiliare il portiere. Daniele però non lo ricorda. «In quei momenti sei in trance». Sull'aereo di ritorno, Fabio Cannavaro lo rasa a zero, un look che a Daniele piace e che terrà per anni perché, dice, è una persona pigra, non è tipo da «cremine» e gel per i capelli.

La medaglia

I funerali non sono mai semplici, figurati se hai tutti gli occhi addosso. Poco importa come si sente, Daniele sa che non può mostrare i propri sentimenti. Mentre si prepara, si chiede se è la sua natura o se è solo che ci è abituato, ci è cresciuto dentro a quel mondo ipocrita e ormai non si fida più di nessuno, neanche in situazioni di quel tipo. Si rifiuta di preparare le solite frasi di circostanza per i giornalisti, però qualcosa vorrebbe fare per dare un senso a quella fine. Sono passati dieci anni, più di dieci anni, anzi, da quando hanno vinto il Mondiale insieme. «Spazzolino» era già vecchio allora, lo chiamavano così per la cura con cui puliva gli scarpini. Lui lo chiamava semplicemente col suo nome, Pietro. Daniele ricorda bei momenti con lui, fatti di quella stessa serenità che provava d'estate da ragazzo, quando giocava a carte con i vecchi dello stabilimento balneare.

C'è una foto in cui sono seduti insieme su un gradino, c'è anche Pirlo che guarda lontano, chissà a che pensa. Daniele ride e abbraccia Spazzolino, che sta parlando o ha appena finito di parlare, con un'aria furba da ragazzino. Che gli aveva detto per farlo ridere in quel modo? Vatti a ricordare. In quella foto sembrano due coetanei. Ecco, potrebbe portare con sé la foto, che tiene su un mobile in salotto insieme ad altri ricordi, scriverci sopra una dedica e, chi lo sa, lasciarla vicino alla tomba? Lasciarla ai figli, ai nipoti? No, non è abbastanza. Ci vuole qualcosa che possa restare solo tra lui e Spazzolino. Senza neanche accorgersene, Daniele si è infilato nel taschino interno la medaglia d'oro. La sola che ha. Intanto lo fa per tenere più vicino il ricordo. Prende la macchina e guida fino a Firenze, non ci pensa più. Potrebbe anche non fare un cazzo di niente, Spazzolino non ci rimarrebbe certo male. Tutto quello che può fare, in fondo, lo farebbe per sé stesso.

Poi arriva il momento della cerimonia e dell'ultimo saluto, non sapeva che fosse ancora possibile vederlo, intendo il suo corpo, prima che la bara venga chiusa. Daniele si china per dirgli una cosa all'orecchio, perché gli è tornata in mente quella battuta che lo aveva fatto ridere quel giorno sui gradini. Mentre si sta abbassando sente la medaglia che gli si muove nel taschino interno della giacca e si ferma a metà strada, per non farla cadere. Ci pensa una frazione di secondo, che è comunque più di quanto abbia pensato dove calciare il rigore in finale, poi si sfila la medaglia dal taschino.

Tienila tu, Pietro, portala dovunque tu vada.

Qualcuno lo vede e la notizia esce sui giornali. Chissà se gli ha dato fastidio, che una cosa del genere si venisse a sapere. Sulla «Gazzetta dello Sport», nell'articolo in cui si riporta l'episodio, il giornalista mette le mani avanti: «Avrebbe preferito l'intimità, violata da una storia che merita di essere raccontata». Forse lo infastidirebbe anche il modo in cui l'ho raccontato io, per quanto benintenzionato – perché facendo parte della storia di uno che in carriera ha vinto molto poco, che verrà ricordato anche per aver vinto molto poco, mi pare che la nobiltà di un gesto così intimo metta in questione il valore della memoria affidata a Wikipedia, come cronologia di vittorie e sconfitte. D'accordo che la sua storia è quella di tutti i romanisti che lo hanno visto giocare, e che mi sento rappresentato anche da questo tipo di gesti extra-calcistici, ma chi mi dà il diritto di mettermi nei suoi panni? Di inventarmi che una foto che ha colpito me è finita nel suo salotto, oppure che ha avuto un attimo di esitazione prima di infilare la medaglia nel feretro di una persona a lui cara?

La Roma di Spalletti

A dicembre 2005 Luciano Spalletti è letteralmente senza giocatori da mettere al centro dell'attacco della Roma. Non ci sono Vincenzo Montella e Shabani Nonda, ma neanche Cassano e Mancini che avrebbero potuto essere adattati. Così decide di farci giocare Francesco Totti, un esperimento che ha replicato qualche altra volta prima dell'infortunio e che poi ha ripreso dalla stagione 2006/07 – quella in cui Totti segna 26 gol in campionato, diventandone capocannoniere e vincendo la Scarpa d'Oro.

Per Spalletti quella mossa è stata «come mettere la volpe vicina al pollaio», ed era in parte dovuta alla condizione fisica di Totti, non ancora al meglio dopo l'infortunio (e non sarebbe più tornato esattamente come prima: diverso, persino più forte sotto certi aspetti, ma sempre più statico). Il modulo che usava quella Roma, il 4-2-3-1, era diventato popolare alla fine degli anni Novanta, come evoluzione del 4-4-2 in cui la coppia d'attacco era formata da un centravanti e da una mezzapunta, ma Spalletti ha dato il suo contributo innovativo eliminando l'attaccante, trasformandolo in una sorta di 4-6-0. Come ha scritto Jonathan Wilson nella sua bibbia tattica *La piramide rovesciata,* con Totti che arretrava a fare da trequartista, si creava uno spazio «nel quale uno, o più di uno dei centrocampisti offensivi della squadra potevano inserirsi». Una squadra in cui, non solo per motivi anagrafici, non c'è più posto per un centravanti da area di rigore «classico» come Vincenzo Montella, che a gennaio 2007 va in prestito al Fulham, lasciando Totti come unico superstite della squadra dello Scudetto.

La Roma di Spalletti non è stata solo una delle squadre più originali e competitive del calcio europeo di quegli anni, ma anche una delle più spettacolari. Un gioco che i commentatori definiscono «a mano, in stile rugbistico», oppure come il «flipper di Spalletti», perché la palla viaggia rapida da giocatore a giocatore in un continuo di movimenti verticali. Anche per merito di giocatori polifunzionali come Simone Perrotta, un centrocampista non troppo tecnico ma molto dinamico e con un grande senso per gli inserimenti in area di rigore: uno dei primi a interpretare il ruolo di trequartista-incursore, diventando il «centravanti ombra» della squadra (nella stagione 2006/07 segna 13 gol). Oppure dei due esterni brasiliani, Mancini e Taddei – rispettivamente: un dribblomane che giocava a sinistra a piede invertito, venendo spesso all'interno del campo, e un'ala iper-dinamica e generosissima in fase difensiva, quasi vecchio stampo – entrambi abili soprattutto a sfruttare senza palla i buchi aperti da Totti, a trasformarsi anche loro in attaccanti quando ce n'era la possibilità.

Ma non era raro vedere partecipare alla fase offensiva uno dei due difensori centrali, Christian Chivu e Philippe Mexès, forse la coppia più forte che la Roma abbia avuto in difesa dopo lo Scudetto. Chivu, che l'anno seguente sarebbe passato all'Inter, aveva una tecnica di base che gli permetteva di giocare anche terzino o a centrocampo (il suo unico limite era la fragilità fisica), e un piede sinistro dorato con cui calciava anche le punizioni dal limite. Mexès possedeva un'esplosività e un'aggressività rarissime nei difensori dell'epoca, poteva difendere a cinquanta metri dalla porta, dominando fisicamente quasi ogni centravanti, giocando d'anticipo o coprendo all'indietro fino alla propria area.

Ovviamente il centro gravitazionale di tutta la squadra era Francesco Totti, che con la sua visione di gioco unica sapeva mettere davanti alla porta qualsiasi compagno. Anche con mezza squadra avversaria intorno che cercava di togliergli il tempo e bloccargli la visuale, anche di prima, o al volo, anche spalle alla porta, grazie al paio supplementare di occhi che aveva sulla nuca. Totti *falso nove* dava un senso diverso alle corse nello spazio dei suoi compagni, facendo fare a tutta la squadra un salto di livello, e col passare dei mesi aggiunge a queste qualità innate il senso del gol e i movimenti di un attaccante vero.

De Rossi, con i capelli rasati e il collo che sembra più largo, con qualcosa del monaco tibetano e insieme di un pitbull, si trova alla perfezione in un sistema aggressivo in cui la palla deve scorrere velocemente. Adesso la sua posizione è stabilmente davanti ai due difensori centrali: se Totti è al tempo stesso un centrocampista e un attaccante, Daniele fa da terzo difensore centrale ma è anche il primo regista: è lui a ordinare il possesso con il suo calcio semplice, a pochi tocchi, come gli aveva insegnato Pep Guardiola quando si erano incrociati durante il suo primo anno da professionista. È un giocatore solido, preciso la maggior parte delle volte, l'unico un minimo «conservativo» in squadra. Vicino a lui inizialmente sta Alberto Aquilani, giocatore incredibilmente moderno, alto quasi un metro e novanta e con un istinto offensivo da trequartista; e dalla stagione 2006/07 Spalletti inserisce in squadra il cileno David Pizarro. Un ex trequartista trasformato in playmaker davanti alla difesa, con una capacità straordinaria di avanzare palla al piede dribblando, ipertecnico e imprevedibile ma con scarse doti atletiche. Quelle le compensa proprio Daniele, che gli fa da guardaspalle coprendone i buchi e recuperando le eventuali palle perse dal cileno. Insieme formano quella che, già dopo pochissime settimane, i giornali chiamano la «coppia perfetta».

La prima Roma di Spalletti era un insieme di giocatori dalle caratteristiche peculiari e diversissime, tutti capaci di svolgere più compiti, che da soli magari avrebbero comunque avuto una buona carriera ma che insieme, in quel sistema di scambi a pochi tocchi e corse nello spazio, si esaltavano a vicenda.

Per capire la brillantezza ma anche la fragilità di questa squadra basterebbe la Supercoppa italiana del 2006, disputata un mese dopo il Mondiale. Con la Juventus mandata in Serie B, la giocano Roma e Inter, che in estate ha comprato Ibrahimović, Vieira, Maicon, Grosso e Crespo: una campagna acquisti impossibile per qualsiasi altra italiana. Si gioca a San Siro e la Roma dopo mezz'ora si ritrova meritatamente sopra di tre gol. Il terzo è esemplare: Chivu vince il duello con Ibrahimović su un lancio lungo e recupera palla sulla linea di fondo, poi anziché spazzare la passa al terzino sinistro, Leandro Cufré. Davanti a lui c'è Adriano, ma gli va incontro Aquilani (che aveva già segnato il gol del 2-0) con cui triangola di prima intenzione. Aquilani ha così portato fuori posizione Vieira, mentre Totti, anche lui venuto incontro alla palla, si trascina dietro Cambiasso. Zanetti affronta Cufré, lasciando solo alle sue spalle Mancini, che viene servito rasoterra e ha molto campo davanti. Mentre Perrotta spinge in basso la difesa, attaccando la profondità, Mancini converge verso il buco centrale dell'Inter, scarica in orizzontale per Aquilani che ha seguito l'azione e cambia gioco di prima, di sinistro, per Taddei. Tagliando fuori un avversario alla volta la Roma è arrivata nell'area di rigore interista. Taddei ha davanti Grosso e mette pausa per un secondo aspettando il movimento giusto: Perrotta taglia sul primo palo portandosi via Materazzi e aprendo lo spazio dove si infila Aquilani, che servito rasoterra da Taddei segna da pochi passi di piatto la sua doppietta personale. È un'azione in cui né Totti né De Rossi toccano palla, in cui il calciatore che segna tocca palla due volte in tutto: la prima vicino alla propria area, la seconda a un paio di metri dal portiere.

È un gioco semplice ma raffinato, a tratti superbo, che funziona anche con calciatori non eccezionali ma che, al tempo stesso, richiede grandi sforzi atletici e mette in conto uno spreco altrettanto grande di occasioni da gol. Soprattutto, è un gioco coraggioso e ambizioso, che dipende molto dalle capacità decisionali dei singoli, dalla loro coordinazione, dal loro senso dello spazio e, infine, dalla sintonia di gruppo (non a caso Spalletti, nel suo secondo passaggio alla Roma, dieci anni dopo, reciterà un mantra diventato meme che esprime bene la sua mentalità: «A uomini forti, destini forti; a uomini deboli, destini deboli»). Va da sé che quel sistema non prevede le lunghe fasi di controllo – con o senza palla – tipiche del calcio italiano, fasi che garantiscono energie fisiche e mentali per tutta la partita. La Roma non può mai stare tranquilla e lo si capisce benissimo in quella stessa gara, in cui nel secondo tempo si farà rimontare i tre gol di vantaggio prima di subire quello del 4-3 definitivo nei supplementari. «Quella sconfitta ci ha fatto molto male, ma ci è servita da insegnamento» dice Daniele.

Il duello tra Roma e Inter, già iniziato con le finali di Coppa Italia delle due stagioni precedenti, continua teoricamente anche in campionato, ma in pratica la Roma si trova già con 11 punti di ritardo a gennaio, e alla fine saranno 22. Meno di un mese dopo la Supercoppa, l'Inter vince all'Olimpico (0-1), ma quantomeno la Roma si toglie lo sfizio, ad aprile, di non fargli festeggiare a San Siro la vittoria anticipata dello Scudetto, andando a vincere 3-1. Quella tra l'altro è l'unica sconfitta in campionato dell'Inter 2006/07, e sarebbe stata una bella impresa per la Roma se una settimana prima non fosse uscita dalla Champions League, eliminata ai quarti dal Manchester United nella notte del 7-1, la peggior sconfitta europea della storia della squadra.

Insomma è una stagione senza vie di mezzo, di vittorie esagerate e sconfitte difficili da dimenticare. La Roma vince 7-0 col Catania; 4-0 in trasferta contro il Palermo terzo in classifica, giocando il miglior calcio d'Italia; 2-1 con il Milan a Milano, per la prima volta dopo diciannove anni, con un gol di Totti su un'azione nata da una rabona di Aquilani; 4-0 con la Sampdoria. Ma perde malamente il derby di andata (3-0), a dicembre, e l'allenatore laziale Delio Rossi a fine partita punzecchia Perrotta: «Siete una squadra presuntuosa, vi abbiamo dato una lezione» (poi per festeggiare si tuffa con il costumino nella fontana del Gianicolo). Nei 22 punti di ritardo dall'Inter, alla fine, ci sono anche pareggi come quelli con Chievo e Ascoli (all'andata e al ritorno), la sconfitta di Bergamo con l'Atalanta, quella di Empoli, quella di Reggio con la Reggina.

In Champions League, la Roma elimina il Lione di Juninho Pernambucano, pareggiando 0-0 in casa (una partita con undici ammoniti, di cui otto romanisti) e vincendo poi 2-0 in Francia. Totti segna il primo di testa come un vero centravanti; Amantino Mancini raddoppia con un gol che per i tifosi romanisti è la madeleine di tutto quel periodo: una serie di doppi passi, con cui ipnotizza il difensore francese Réveillère prima di calciare di sinistro sotto l'incrocio del primo palo (in quella partita, tra l'altro, a De Rossi viene annullato un gol per un fallo di Totti precedente il suo colpo di testa). Nel sorteggio per i quarti di finale pesca il Manchester United, una delle squadre più forti al mondo, ma la sensazione è che la Roma di Spalletti se la possa giocare alla pari con qualsiasi squadra.

L'andata all'Olimpico è purtroppo caratterizzata da scontri tra tifosi con feriti e accoltellati prima della gara e con la polizia italiana che prende a manganellate gli inglesi *dentro* lo stadio. La partita conferma in parte l'ottimismo dei romanisti. La Roma è arrembante e schiaccia più volte il Manchester nella propria trequarti, tenendo palla e pressando in alto. Dopo poco più di mezz'ora Totti salta secco Paul Scholes, che prende il secondo giallo e lascia lo United in dieci. Prima dell'intervallo Taddei porta in vantaggio la Roma, e nel secondo tempo la squadra gestisce la gara, continuando a creare occasioni. La partita sembra totalmente sua, ma fedele alla propria ingenuità la Roma prende il gol del pareggio in contropiede, dopo una punizione battuta male da Totti.

Sono cose che i tifosi sentono prima che accadono: il portiere, van der Sar, la passa velocemente a Cristiano Ronaldo che parte palla al piede inseguito da Marco Cassetti. In quel momento ogni singolo romanista sta pensando: «Fai fallo, fai fallo, fai fallo». E Cassetti ci prova anche a tenerlo per la maglia, ma non è abbastanza maleducato. Perrotta invece tenta di abbatterlo in scivolata, ma Ronaldo lo sorvola e la passa a Solskjaer che crossa al centro dell'area per Wayne Rooney. Quando sei piccolo e giochi in difesa, una delle prime cose che ti dicono gli allenatori è che non devi mai, in nessun caso, dare le spalle all'attaccante. Ma Daniele non è un vero e proprio difensore e dare le spalle è esattamente quello che fa, provando a murare il possibile colpo di testa di Rooney, che invece controlla di petto mandandolo a vuoto e poi calcia con tutta calma.

Sei minuti dopo Mirko Vučinić segna il 2-1, sfruttando con un grande riflesso una respinta centrale di van der Sar su un tiro di Mancini. La Roma continua a giocare e va vicina al terzo gol. Certo, peccato aver preso il gol di Rooney, ma a conti fatti è sembrata la squadra più forte. Se gioca così anche a Manchester, pensiamo noi romanisti, sarà impossibile perdere.

Una partita che non si cancella

Manchester United-Roma 7-1 è viva nell'immaginario dei tifosi romanisti più di molte vittorie. I grandi dolori fanno parte dell'autonarrazione romanista, anche se non si può parlare di culto della sconfitta, né riassumere con il refrain *mai 'na gioia*, tanto famoso quanto impreciso. I romanisti sono anche quelli che si precipitano al Circo Massimo e lo riempiono fino ad arrampicarsi sui lampioni e sulle rovine quando vincono il campionato, sono quelli che festeggiano anche un derby o una partita di coppa difficile come se valesse un trofeo. Ma – questo è il punto che ci ripetiamo e che suona un po' consolatorio, mi rendo conto – non vogliamo vincere sempre, ad ogni costo, perché tifando Roma abbiamo vinto comunque. Anzi, perché *chi tifa Roma non perde mai*. Il fatto incontrovertibile, però, è che le sconfitte sono più delle vittorie: quando ho raccolto delle voci di romanisti autentici di tutte le generazioni, per una rivista di calcio interessata al fenomeno chiamato *romanismo*, uno di loro mi ha detto: «Parliamo delle sconfitte come i reduci parlano della guerra. Credo che la logica sia: abbiamo passato questa, questa e questa; eppure guardaci, siamo ancora tifosi». L'orgoglio e l'immedesimazione nascono proprio dal fatto che la Roma non vince sempre.

Essere romanisti a Roma è una parte non trascurabile della nostra identità. In una città in cui ogni bar ha i quotidiani sportivi aperti sul frigo dei gelati, in cui dai finestrini dei taxi e dei furgoni da lavoro escono le voci delle radio che parlano tutto il giorno della squadra, va persino al di là della classe sociale di appartenenza, del genere, delle idee politiche e morali. Anche se ovviamente non è del tutto così, anche se in mezzo alla settimana tra romanisti ci odiamo, ci picchiamo, ci rubiamo l'un l'altro, a noi piace pensare – magari solo per pochi minuti, subito dopo che la partita è finita e gli altoparlanti dell'Olimpico (in caso di vittoria) sparano a tutto volume *Grazie Roma* di Antonello Venditti – che essere romanisti «ci fa sentire amici anche se non ci conosciamo».

Un sentimento, se di questo si tratta, che ci rifiutiamo di spiegare a chi non è romanista e che ci fa sentire speciali: perché se *noi* non possiamo spiegarlo, *voi* non potete capire. E che senza nessuna contraddizione comprende il positivo e il negativo, l'illusione e la disillusione, l'ingenuità più infantile e il pessimismo più nero. Un tifoso più anziano di me, quando stavo scrivendo quell'articolo di costume, mi disse con il tono con cui si parla di un vecchio amore: «Purtroppo sono tifoso della Roma, è una vita di sofferenze». Ma il sottotesto era che è persino bello soffrire, per la Roma.

Ogni romanista ha un ventaglio più o meno grande di partite che ricorda praticamente a memoria (a cominciare dalla prima volta che è entrato all'Olimpico) ma sono le sconfitte eccellenti quelle che ci accomunano tutti. Io ero troppo piccolo per avere ricordi di prima mano, ma sono cresciuto in un'aria in cui si respirava ancora la finale di Coppa Campioni del 1984 persa contro il Liverpool, ai rigori, in casa, con il portiere avversario, Bruce Grobbelaar, che faceva il buffone sulla riga di porta per innervosire i giocatori romanisti. Così come ero triste anche io quando dieci anni dopo si è saputo del suicidio del capitano eterno Agostino Di Bartolomei. Ero ancora troppo piccolo la sera di Roma-Bayern Monaco, ritorno dei quarti di finale di Coppa delle Coppe del 1985, quando con la Roma ormai eliminata (aveva perso 2-0 in Germania e avrebbe perso 1-2 anche all'Olimpico) dalla Curva Sud si è alzato un coro nuovo, «che sarà sarà» (adattando, accelerando, il ritornello della canzone *Que sera sera*), cantato ininterrottamente per l'ultima mezz'ora di gara. Mi sembra di averla vissuta, ma solo perché ne ho sentito parlare fino allo sfinimento, Roma-Lecce 2-3 del 1986, con la squadra di Eriksson che aveva compiuto un'eroica rimonta sulla Juventus solo per perdere lo scudetto in casa, contro l'ultima in classifica, con bomber Pruzzo che segna il gol del 2-3, il suo duecentesimo con la maglia della Roma, e non festeggia.

In prima persona ho vissuto le delusioni di Roma-Slavia Praga (Coppa Uefa 1996, la Roma eliminata dal gol del 3-1 ai supplementari dopo aver recuperato il 2-0 dell'andata ed essere passata in vantaggio), i quattro derby persi da Zeman nella stagione 1997/98, Lecce-Roma dell'anno successivo allo Scudetto (1-1: con la Roma che viene scavalcata in classifica da Juventus e Inter) e il già citato pareggio con il Venezia già in B. Ma niente di tutto questo mi ha fatto arrivare preparato alla notte di Manchester. A quella partita del 10 aprile 2007, Valerio Mastandrea, attore tifoso e amico personale di Daniele, ha dedicato una poesia romanesca. Una poesia d'amore alla Roma, che si chiude con l'intimazione, rivolta al proprio figlio, di essere orgoglioso «de prova' emozioni davanti a undici leoni a vorte un po' cojoni». Perché in serate come quella di Manchester, un romanista non si vergogna.

La speranza irrazionale di farcela in qualche modo, che quella della Roma fosse una favola e non un film dell'orrore in cui un mostro ci inseguiva per le scale di casa, era tale che sul 4-0 facevamo calcoli mentali sul possibile passaggio del turno. Poi è arrivato il gol del 5-0 di Ronaldo, a inizio secondo tempo. E per quanto debba essere stato duro vivere dal campo quella partita, Daniele De Rossi non si è vergognato di essere romanista, neanche per un minuto. Anzi, dopo un altro gol dello United, lui ha trovato la forza per realizzare il gol del 6-1, in un momento in cui ormai neanche il più folle dei tifosi della Roma pensava che si potesse fare qualcosa. Ha segnato il gol che lui stesso definirà come il suo più bello, aggiungendo, anche lui, «purtroppo». Quanti altri giocatori hanno segnato il loro gol più bello nella partita forse più terribile della propria storia calcistica?

Quella notte è rimasta nella memoria anche per i racconti di Cristiano Ronaldo, forse poco eleganti, ma sicuramente interessanti dal punto di vista umano, secondo cui un giocatore della Roma gli chiese di «farla finita», un altro di cambiare fascia e un altro ancora, «decisamente con meno senso dell'umorismo», arrivò persino a minacciarlo. La stampa inglese ha ipotizzato che a chiedere a Ronaldo di fermarsi fu Panucci, che si lamentò pubblicamente del poco rispetto dello United quella sera, mentre per le minacce c'erano fin troppi candidati. Tra cui ovviamente Totti e De Rossi (e pure Mexès, francese ma di fatto diventato romano e romanista in pochi anni, al punto da vincere nel 2007 il premio locale «Er Meglio Fico Del Bigonzo» per la sua «dimostrata romanità»). «Secondo me si ricorda male» commenterà in ogni caso Daniele. Parlando di umanità in campo quella sera, però, ci dobbiamo chiedere anche con quale spirito De Rossi si spingeva ancora nell'area di rigore del Manchester United sul 6-0? Con quale immaginazione ha pensato ed eseguito sul cross basso di Totti una specie di piatto no look, che gira a filo del primo palo stupendo van der Saar e tutto il pubblico di Manchester? Che tipo di uomo è quello che non perde la propria fantasia neanche in una situazione del genere? De Rossi ha segnato il gol più bello in una partita che non poteva fare niente per cambiare da solo, perché non è mai stato il tipo di giocatore che cambiava le partite da solo, ma si è tolto la soddisfazione di segnare un gol più bello dei sette segnati dai suoi aguzzini.

«Un gol così inutile non l'avevo mai segnato» dichiara. E poi: «È come se fosse stato cancellato: nei giorni successivi sentivo dire che avevamo perso sette a zero». Ma resta un gesto a suo modo nobile, per quanto superfluo. Quel gesto non poteva fare davvero altro che ricordare a sé stesso, ai propri compagni e ai tifosi, che la Roma era ancora viva e che nessuna tempesta l'avrebbe affondata. In fondo esprime il senso stesso della carriera di De Rossi, quell'orgoglio che ha tenuto alta la testa dei tifosi romanisti negli ultimi diciotto anni.

«È una partita che purtroppo non si cancella» dice De Rossi un anno dopo, aggiungendo che ogni tanto ci pensa ancora, ma insomma non è un incubo ricorrente. Quella sera, subito dopo la partita, mi chiama una ragazza francese con cui stavo uscendo in quel periodo, per chiedermi se ci saremmo incontrati. Era in Erasmus a Roma da qualche mese e a malapena parlava qualche parola di italiano, come facevo a spiegarle che ero ancora in quella fase dell'innamoramento in cui anche io volevo vederla ogni giorno, ma che non ce la facevo a uscire di casa, fisicamente proprio, come se mi fosse salita improvvisamente la febbre, perché la Roma aveva perso male, in modo assurdo, ancora una volta?

Quella ragazza francese, poi, è diventata mia moglie ed è rimasta a vivere a Roma. Dopo ogni brutta sconfitta della Roma sente i lamenti miei e dei miei amici e una volta mi ha chiesto: «Non capisco perché ve la prendete così? Non cambia niente alla vostra vita, no?». In un certo senso, però, in un modo che non riesce a razionalizzare, ormai anche lei sa come funziona. Adesso quando mi vede sospirare in giro per casa, senza ragione apparente, mi fa: «Cos'hai? Ah, certo, ancora la Roma...».

Vincere

Nella stagione 2006/07 Daniele gioca 55 partite con la Roma (più 6 con l'Italia) e conferma quanto di buono si era visto nelle stagioni precedenti. «Biondo, bionico, infaticabile» sintetizzano i quotidiani. Ma anche lui passa da un estremo emotivo a un altro.

Contro il Livorno, all'esordio, sblocca la partita con un tiro da lontanissimo, un collo pieno che parte centrale ma gira violentemente verso l'esterno, come un disco che si allontana dal centro della pedana di lancio, finendo sul palo più lontano dal portiere. Un tiro simile a quello di un paio di mesi dopo, che parte ancora da più lontano, ancora più improvviso, contro la Fiorentina. L'urlo della Curva Sud è impressionante in questo secondo caso, perché la Roma stava perdendo 1-0 e De Rossi ha cominciato una rimonta finita 3-1. Quel gol lo ha festeggiato andando ad abbracciare il massaggiatore Giorgio Rossi, che gli prestava la cinta della divisa quando Daniele dimenticava la sua e che aveva festeggiato settantasei anni da poco, di cui più di quaranta lavorando nella Roma. L'unico uomo a comparire sia nella foto dello Scudetto dell'83, sia in quella dello Scudetto del 2001. Quando, anni dopo, Giorgio Rossi starà male, Bruno Conti gli scriverà un messaggio di auguri: «Forza Giorgio, cioè la Roma. Perché tu sei la Roma». Ci tengo a ricordarlo, a conferma del fatto che in una squadra la cui storia non è scritta dai trionfi, ci si identifica con gli uomini.

In quel periodo Daniele vive comunque momenti difficili. Il primo, quando «L'Équipe» racconta di un suo insulto razzista ad Abidal, dopo la partita di andata con il Lione, per il quale poi sarebbe andato a scusarsi negli spogliatoi. Bruno Conti nega e Spalletti dice che Daniele ha avuto un «eccesso di disponibilità» nell'andare a chiarire con Abidal situazioni normali di ogni partita. Il secondo momento viene subito dopo la sconfitta di Manchester. Qualche giorno dopo, fuori dal centro di allenamento di Trigoria, i calciatori trovano delle ceste di carote, un modo per dargli dei «conigli». «Qualcuno non è romanista» dice Spalletti. «Siamo usciti da situazioni peggiori, due anni fa si parlava di serie B» ricorda De Rossi, e poi precisa: «Abbiamo perso 7-1 ma in un quarto di finale di Champions, non in uno spareggio per la B». Prima della partita successiva con la Sampdoria (che la Roma vince 4-0), parte dello stadio fischia il riscaldamento della squadra, ma la Sud applaude e mostra lo striscione: ORA E PER SEMPRE ROMA MIA TI AMO. Nei Distinti c'è scritto anche: DE ROSSI UNO DI NOI. Poi però, dopo il pareggio 0-0 nel derby di ritorno, la squadra esce dal campo senza andare a salutare la Curva Sud, mentre i giocatori della Lazio stanno già sotto la Nord. Quando i giocatori della Roma si ricordano dei tifosi sono già nel tunnel che porta agli spogliatoi, allora tornano indietro ma sotto la curva vengono accolti da fischi e insulti.

Qualcuno dà a Daniele del «venduto» e del «buffone», qualcun altro gli dice «vattene». Poche persone, ma lui la prende male, anche perché non è né l'uno né l'altro. Nelle interviste dopo la doccia dice: «Se è così la prossima volta non ci vado». Magari i tifosi si aspettavano che vendicassero contro la Lazio la sconfitta di Manchester, ma «se guardiamo sempre al passato, non usciamo mai da quel labirinto». I fischi non hanno mai ammazzato nessuno e non è un problema se i giocatori sono criticati, «ci mancherebbe altro», ma dirgli di andarsene, a lui, da sotto la Sud... I giornalisti gli chiedono anche del rinnovo (con due d'anni d'anticipo sulla scadenza del contratto) e in quel momento lui risponde che non si può mai sapere. Le sue parole vengono interpretate come l'allusione a un futuro lontano da Roma e nei giorni successivi, per placare la rabbia dei tifosi, Daniele deve intervenire in alcune trasmissioni radio e chiarire che il suo sogno è restare a vita in giallorosso, ma che il rinnovo di un contratto dipende da molti fattori. «L'ipotesi che io lasci la Roma è remota, ma per onestà intellettuale credo che nessuno possa avere certezza del proprio futuro. Fine». Un discorso chiaro che i giornalisti non hanno voluto capire appositamente, riportando le sue parole in modo strumentale. D'altra parte, aggiunge, non ha mai «leccato il culo» a nessuno. Né ai giornalisti, né ai tifosi. «Con la gente bisogna rapportarsi in maniera schietta».

Si dice spesso che la piazza romana sia troppo «calda», che sia colpa «dell'ambiente» se non si riesce a costruire niente di durevole. Eppure c'è una strana sintonia tra l'umore dei tifosi e quello della squadra, è difficile stabilire quale dei due venga prima. In una stagione complicata in cui la Roma di Spalletti sembrava destinata ad accontentarsi del premio di consolazione di «squadra più bella del campionato», in modo tutto sommato coerente arriva invece una vittoria. La Roma conquista la sua ottava Coppa Italia. Batte addirittura 6-2 l'Inter nella partita di andata: segna tre gol nel primo quarto d'ora e riesce a non farsi rimontare, a giocare fino alla fine, anzi la sesta rete arriva al novantesimo. Totti fa il primo gol e De Rossi il secondo, deviando da pochi passi un tiro al volo di Mexès, servito fuori area da Pizarro, direttamente da calcio d'angolo. Qualcuno pensa che l'abbia presa con la mano, ma lui dice di coscia e dopo il gol che si è annullato da solo con il Messina l'anno prima è difficile mettere in dubbio la sua parola. Dopo il 6-2, Spalletti preferisce comunque non sbilanciarsi sulla vittoria della Coppa – se prima dell'andata avevano il 50% delle possibilità adesso hanno il 51% delle possibilità, dichiara – ma la partita di ritorno, vinta 2-1 dall'Inter, è praticamente una formalità. La Roma può festeggiare a San Siro (stracolmo di tifosi romanisti) il primo trofeo della storia di De Rossi. La vittoria della Coppa Italia è un lieto fine che lo riappacifica anche con i tifosi: «Era stata detta qualche parola di troppo, ma io non sono permaloso, è stato solo un incidente di percorso». I giornali riportano la dichiarazione: «Con la Roma non avevo mai vinto, neanche con i Pulcini». Dichiarazione strana, forse trascritta male, dato che De Rossi non ha fatto i Pulcini nella Roma.

Nel libro *Che sarà sarà*, dedicato alla Roma tra secondo e terzo scudetto, alla «Rometta» degli anni Ottanta e Novanta, Stefano

Faccendini riporta la voce di un tifoso secondo cui la Coppa Italia «è sempre stata la nostra Coppa Campioni, e per alcuni romantici continua a esserlo». Ovviamente questo non vale quando la vince la Lazio, allora per tutti diventa «il portaombrelli» (per via della sua forma, che effettivamente è quella di un portaombrelli). Ad ogni modo, in quel periodo la Coppa Italia sembra davvero un assaggio di vittorie più importanti che verranno. Totti spera si tratti del primo di molti trofei, e un secondo arriva già pochi mesi dopo, ad agosto 2007, con la Supercoppa vinta di nuovo a San Siro contro l'Inter. A un quarto d'ora dalla fine della partita ancora ferma sullo 0-0, proprio Totti riceve palla sull'esterno sinistro, entra in area e punta il suo futuro compagno di squadra Nicolás Burdisso, che si pianta in orizzontale come un principiante e allunga la gamba quando lui sterza verso destra. Ovviamente quel rigore dovrebbe calciarlo Totti, ma nel contatto ha sentito dolore alla coscia e preferisce non rischiare (l'anno prima, oltretutto, ha sbagliato sette rigori su tredici). Per questo – per caso – sul dischetto ci va Daniele. Sceglie lo stesso lato in cui ha tirato il rigore in finale dei Mondiali, il tiro è più basso ma talmente angolato che sebbene Júlio César intuisca la direzione, la palla tocca il palo ed entra in porta. Poi De Rossi esulta sotto i tifosi della Roma, che a fine partita toccheranno la coppa con le loro mani prima di restituirla ai giocatori (quando lo raggiunge Totti, leggenda vuole che De Rossi lo ringrazi, per avergli lasciato la responsabilità di calciare quel rigore, con un affettuoso «tacci tua»).

La rabbia giovanile di Daniele gli arriccia il naso, gonfia i muscoli delle cosce e i dorsali (non è ancora l'epoca dei calciatori iperprofessionalizzati: Cristiano Ronaldo è già lì ma non è ancora il Ronaldo culturista che si rigenera con la crioterapia, i calciatori come De Rossi sono ancora uomini grossi tenuti sotto controllo da una vita atletica), mentre la vena sul collo gli slabbra la fettuccia gialla della maglietta attillata. Lui ha detto che a rivedersi, nelle sue esultanze, sembra «un po' troppo esagitato» e a volte si vergogna persino. «Ma io faccio quello che sento dentro». Dice che quando segna la Roma gli scatta una molla. Sarà che in quel momento la conosciamo, quella rabbia, sarà anche che bisogna aspettare altri tre anni perché prenda un nuovo cartellino rosso, ma pare un'emozione che Daniele può usare a suo piacimento, come se avesse un rubinetto con cui controllare l'equivalente emotivo di uno tsunami. Fa parte di lui e noi romanisti non ci chiediamo più da dove viene, perché De Rossi è consapevole, a fuoco, come pochi altri calciatori e atleti lo sono a ventiquattro anni. E poi, anche qui, la *sua* rabbia è la *nostra* rabbia.

Rosicare

Quella 2007/08 è la stagione più vincente della storia recente della Roma, ma è anche avvelenata dalle polemiche sui presunti «aiuti-ni» arbitrali all'Inter, che vince alcune partite con dei rigori dubbi mentre alla squadra di Spalletti non ne assegnano altri che sembrano più evidenti, o annullano dei gol senza apparente ragione. La Roma non era così competitiva da anni: ha perso sì Chivu, ceduto proprio all'Inter e sostituito al centro della difesa da Juan o Panucci; ma ha Aquilani che, infortuni a parte, sembra pronto per diventare uno dei centrocampisti più completi in Europa; e Ludovic Giuly a dare un'alternativa sulla trequarti. Per De Rossi la squadra è diventata «un esempio»: tre anni prima non lo avrebbe detto, adesso invece è ottimista.

A punteggio pieno dopo le prime tre partite in campionato, la Roma pareggia con la Juve risalita in A e con la Fiorentina, poi perde in casa con l'Inter, 1-4. Nelle pagelle del giorno dopo De Rossi «fa tenerezza», perché Spalletti «lo crede una specie di Godzilla» e gli lascia compiti che di solito eseguono tre giocatori, non uno. Da quel momento in poi, la stagione diventa un lungo inseguimento all'Inter. A metà ottobre la Roma pareggia 4-4 in casa con il Napoli, dopo aver rimontato lo 0-1 iniziale ed essere andata in vantaggio tre volte; Daniele segna il gol del 3-2 con un tiro da fuori e per poco non salva sulla linea il gol del pareggio definitivo di Zalayeta: invece raccoglie la palla in rete e la calcia il più forte possibile verso il cielo. «Facciamo errori banali» commenta Pizarro. A dicembre perdono all'esordio in Coppia Italia, 3-1 con il Torino, e De Rossi dice che è meglio non parlare di arbitri: «Se lo fanno loro non succede niente, mentre in romanesco fa più effetto». Qui non si capisce se il vittimismo dei romani è una forma perversa di orgoglio (e la nostra paranoia, invece, un modo per sentirci ancora il centro del mondo) o se è solo lo stress della competizione a spingere tutti verso il racconto sportivo più trito: quello in cui sei solo contro tutti (ricordo benissimo il mio umore da tifoso in quella stagione). Al ritorno, in ogni caso, la Roma vince 4-0 e passa il turno.

Tra gennaio e febbraio l'Inter va in difficoltà, per poco non perde in casa con il Parma (vince 3-2 nei minuti di recupero, segnando il 2-2 al novantesimo con un rigore fischiato per fallo di mano di Fernando Couto che però aveva colpito la palla con la testa), poi pareggia con l'Udinese e la Roma si avvicina a 5 punti di distanza. Una settimana dopo, però, spreca tutto perdendo 3-0 a Siena. E prima dello scontro diretto di fine febbraio la squadra di Spalletti perde anche a Torino con la Juventus. Nella partita di Milano con l'Inter, la Roma va in vantaggio nel primo tempo e regge fino a cinque minuti dalla fine, poi l'arbitro espelle Mexès con un secondo cartellino giallo immeritato: lui arriva dietro a Crespo per mettergli pressione ma non lo tocca, quello salta in aria come se il piede gli fosse finito in una trappola per orsi e l'arbitro ci casca. Subito dopo Javier Zanetti segna l'1-1, quasi allo scadere, uno di quei gol che fanno pensare ci sia una maledizione sulla Roma, con la palla respinta dall'area che cade esattamente sul piede del capitano dell'Inter, il quale con tre uomini attorno controlla e calcia al volo senza neanche potersi coordinare bene, forse senza guardare, e trova l'angolino.

La Roma vince partite difficili (1-0 con la Fiorentina, 2-0 fuori casa con il Napoli, 2-1 con il Milan) e si suda anche partite sulla carta più abbordabili (tipo quelle in casa con Empoli e Genoa). De Rossi dice che anche quando non giocano benissimo dimostrano di saper soffrire come le grandi squadre e ogni volta che l'Inter perde un punticino tornano a sperare; ma anche nel mezzo del proprio momento migliore, quando ha solo 4 punti di ritardo, la Roma riesce a perdere il derby con la Lazio che, di punti, ne ha 25 in meno. Poi pareggia in casa con Cagliari e Livorno, nella partita in cui Totti si rompe i legamenti.

Stare al passo dell'Inter è dunque impossibile, ed è «frustrante». Anche se De Rossi è troppo intelligente per parlare di complotti (specialmente così poco tempo dopo Calciopoli) e a fine stagione ricorda che l'Inter è piena di campioni, aggiunge anche che alcune partite «gliele hanno fatte vincere, pur se in buona fede».

Dopo quello della Supercoppa, De Rossi tira altri quattro rigori in stagione, ognuno a suo modo significativo. Sbaglia quello contro il Milan, provando un cucchiaio che finisce sopra la traversa. Ci pensava dal giorno prima, lo aveva provato in allenamento e comunque, anche dopo aver sbagliato, ritiene sia un buon modo per calciare un rigore perché il portiere non se lo aspetta. «Però bisogna prendere la porta, mi pare chiaro...». Mirko Vučinić dice che quando ha visto De Rossi fare il cucchiaio ha pensato che si trattasse di un grande giocatore. La Roma vince lo stesso, per cui fa niente e Spalletti alla fine loda la personalità di Daniele.

Segna, poi, il rigore contro il Catania, chiedendo a Pizarro di batterlo perché ci teneva. E dato che quel giorno non ci sono né Totti né il suo vice Panucci, il rigore lo trasforma con la fascia al braccio. «Il capitano è un altro» precisa Daniele, sempre rispettoso delle gerarchie (in quel periodo persino quando andavano alla cena di Natale della squadra i giornali erano attenti a riportare che Totti era al volante e De Rossi nel posto del passeggero). «Ma è una bella sensazione segnare con questa fascia all'Olimpico. Mi incornicerò la foto».

E segna anche, ad aprile, il rigore importantissimo con il Genoa, a dieci minuti dalla fine di una partita in cui la Roma si era fatta rimontare due gol e che blocca definitivamente il risultato sul 3-2, riportando la Roma a 4 punti dall'Inter (Totti, in tribuna, ha chiuso gli occhi mentre Daniele calciava). Stavolta non aveva scelta, dopo Totti e Pizarro il rigorista è lui (e lo calcia esattamente come nella finale del 2006). In quella stessa partita Taddei esulta mettendosi la mano sotto la maglietta, all'altezza del cuore, mimando il battito; Daniele dopo il rigore se la tira su mentre grida verso la tribuna, si spoglia quasi per baciare la maglia, finendo a coprircisi la faccia.

Quattro giorni dopo, durante il ritorno dei quarti di finale di Champions League, di nuovo contro il Manchester United, mette ancora il viso nella maglietta, stavolta però per nascondercisi dentro. La Roma aveva eliminato agli ottavi il Real Madrid, vincendo 2-1 in casa e 2-1 al Santiago Bernabeu, in una notte indimenticabile in cui era sembrata di nuovo in grado di vedersela anche con le migliori d'Europa (il gol dell'1-0 è un incredibile colpo di testa di Taddei quasi dal limite dell'area, un altro dei pochissimi gol che ogni tifoso della Roma può ricordare come se fosse stato lui a segnarlo). Poi la Roma aveva perso 2-0 la partita di andata con lo United, all'Olimpico, pur giocando bene. Cristiano Ronaldo aveva segnato di testa con un'elevazione irreale, da pallavolista che schiaccia dalla seconda linea, mentre Rooney aveva approfittato di un pasticcio di Doni su un cross lento. E quelle erano state le sole occasioni che il Manchester aveva costruito. Per il ritorno all'Old Trafford non c'erano le speranze dell'anno prima, ma Spalletti aveva chiarito alla vigilia che «chi non ci crede è meglio stia a casa». In fin dei conti, e per quel che può valere, la Champions League dell'anno precedente l'aveva vinta il Milan, che aveva anche eliminato lo United con un secco 3-0 in casa: la Roma con il Milan non ci aveva perso l'anno prima e in quello corrente lo aveva battuto già due volte. Alla mezz'ora, poi, arriva il rigore che avrebbe potuto cambiare la partita: Wes Brown scivola in area e finisce sul piede di Mancini che gli copre la palla, l'arbitro fischia e dato che Totti non c'è e De Rossi ha appena segnato quello con il Genoa, sul dischetto si presenta di nuovo lui. Daniele prova di nuovo a calciarlo come al Mondiale, forte di collo interno, mirando all'incrocio, ma stavolta prende la palla troppo sotto e il tiro finisce in tribuna. Si mette le mani nei capelli rasati, che in controluce sembrano tante piccole gocce, e si tira dietro la maglia, ci si infila dentro come una tartaruga nel proprio carapace. «Tutti i romanisti vorrebbero levargli la maglia dal viso, perché lui ha sbagliato un rigore, non ha perso la faccia» scrive «Repubblica» il giorno dopo. A fine partita va a scusarsi con i tifosi che hanno seguito la squadra, dice che è il momento più difficile della sua carriera, ma che quello è un grande gruppo di giocatori e la distanza dal Manchester United (che quell'anno la vincerà la Champions

League) non è poi così grande. Bruno Conti cerca di consolarlo dicendogli che anche lui ha sbagliato un rigore importante, nella finale di Coppa dei Campioni dell'84, ma che l'anno dopo aveva vinto la Coppa Italia. Daniele non ha molto tempo per disperarsi, in ogni caso, c'è da pensare alla fine del campionato. Già dopo la sconfitta dell'andata con il Manchester, l'Olimpico aveva incitato la squadra cantando «vinceremo il Tricolor».

Perché la Roma ci crede fino all'ultimo, ma anche l'Inter ci mette del suo. Nelle ultime dieci giornate la squadra di Roberto Mancini vince solo quattro volte: pareggia con Genoa e Lazio, poi perde contro Juventus (che al primo anno di nuovo in Serie A arriva terza) e Milan, e a due giornate dalla fine pareggia in casa con il Siena, con il gol del 2-2 senese segnato dall'ex giocatore della Roma (e futuro giocatore dell'Inter) Houssine Kharja, a cui De Rossi telefona subito dopo la partita per ringraziarlo. Dopo l'infortunio di Totti Daniele si è messo la squadra sulle spalle, come si dice in questi casi. Si arriva all'ultima giornata con 1 solo punto tra prima e seconda. La squadra di Spalletti va in vantaggio a Catania mentre quella di Mancini chiude il primo tempo col Parma senza reti: la Roma è di nuovo campione finché Ibrahimović non la riporta con i piedi per terra con una doppietta. Nel frattempo a Catania, dove c'è troppa gente a bordocampo e dopo il gol del vantaggio romanista iniziano a sentirsi minacce (si racconta anche di gente che mostrava cacciaviti) perché con una sconfitta la squadra di casa retrocederebbe, arriva il pareggio. «Sarò un rosicone, come si dice a Roma,» dichiara De Rossi a fine gara «ma non dimentico quei due mesi di difficoltà in cui l'Inter ha vinto come tutti sanno...». I giocatori dell'Inter se lo sono sudato, aggiunge, ma «lo scudetto morale lo abbiamo vinto noi». Il presidente Moratti è magnanimo, non vuole giudicare un giocatore stanco e dispiaciuto: «Non c'è nessuna critica nei suoi confronti, anzi c'è comprensione».

Una settimana dopo la fine del campionato, Roma e Inter si giocano nuovamente la finale di Coppa Italia. Stavolta all'Olimpico, una partita secca. In Curva Sud c'è scritto: CO' LEALTÀ E ONORE...

È GIALLOROSSO IL VERO TRICOLORE, seguito da un ringraziamento a giocatori, staff e società. Con Totti ancora infortunato e Panucci in panchina, la fascia da capitano in finale la indossa di nuovo Daniele che, dopo il portiere, Doni, è il giocatore giallorosso con più minuti in campo in tutta la stagione. La Roma vince 2-1, dopo essere stata sopra 2-0 e aver rischiato di subire il pareggio nei minuti finali, in una partita in cui è sembrata superiore alla squadra campione d'Italia, alimentando il dubbio che in quella stagione avrebbe potuto fare di più, meglio di così. Difficile dirlo, ormai. La coppa la alza Francesco Totti, con i pantaloni della tuta e la maglietta da gara bianca, diversa da quella rossa di chi ha giocato la finale, e la fascia da capitano al braccio sinistro. Nelle foto ufficiali, con Giorgio Napolitano vicino a Totti che alza la nona Coppa Italia della storia della Roma, con alle spalle l'esplosione di coriandoli verdi, bianchi e rossi, Daniele De Rossi non si vede. Ricompare in quelle di gruppo, a torso nudo, e poi nelle immagini che testimoniano il giro di campo vicino a Totti e Rosella Sensi, con Daniele che prende la base della coppa in mano e la porge simbolicamente ai tifosi.

La stagione 2007/08 si è aperta e chiusa con un trofeo, ma è l'ultima in cui la Roma vince qualcosa. Fino a quando De Rossi ne vestirà la maglia. Anzi, fino a oggi. Ad un certo punto, quell'anno, Daniele aveva detto: «A Roma puoi essere un re anche se non vinci il campionato o la Champions League». Ed è impossibile capire se questo accontentarsi sia una forma di realismo – una forza uguale e opposta a quella che ci fa pensare ogni volta, dopo un paio di belle vittorie, che magari è la «stagione buona» – o sia semplice mancanza di ambizione, incapacità di immaginare la Roma vincitrice. Probabilmente è entrambe allo stesso tempo: riflessione sullo stato delle cose e profezia che si autoavvera.

Ricco

Dopo il Mondiale, Totti si prende un anno di riflessione dalla Nazionale, non giocando le qualificazioni per l'Europeo, prima di mollare del tutto perché continua ad avere problemi alla caviglia e «la Roma ha la priorità». Quando lascia ufficialmente nell'estate 2007, lo fa lamentandosi delle polemiche che si erano create nel frattempo. «Perché Totti è romano. È questo il problema principale. Se fossi un giocatore del nord non avrebbero scritto tutte queste cose contro di me». E a cominciare dall'ottobre 2006, nella partita contro l'Ucraina disputata allo stadio Olimpico, De Rossi eredita la sua maglia numero 10. Forse è iniziata come mossa per compiacere il pubblico romano, perché si sa che la Nazionale a Roma non ha lo stesso sostegno dei due club («Non potrà esserci la vera Curva Sud. Essere romanisti è un culto» dice Daniele), ma quel numero lo conserva fino all'Europeo dell'estate 2008. La Federazione e il nuovo allenatore Roberto Donadoni dimostrano la stima che provano per lui anche quando a ottobre 2007 gli danno la fascia da capitano dal primo minuto, nell'amichevole contro la Lituania giocata a Firenze (nessun pubblico da compiacere, quindi). A soli ventiquattro anni, Daniele diventa il sesto capitano «romanista» della Nazionale, un onore che non hanno mai avuto né Totti, né Giannini, né Conti.

Tuttavia l'Europeo del 2008 è un mezzo disastro. A posteriori possiamo consolarci con l'idea che l'Italia sia uscita, ai quarti, contro la Spagna che avrebbe vinto non solo quella competizione ma anche il Mondiale e l'Europeo successivi. Abbiamo dato il via a un ciclo che avrebbe portato lo stile spagnolo al centro del panorama calcistico mondiale, e siamo anche stati gli unici a non subire dalla Spagna neanche un gol in 120 minuti di gioco in quell'Europeo. E però, le partite dell'Italia erano noiose e l'allenatore spagnolo, José Luis Aragones, pensando di farci un complimento, ha definito la Nazionale italiana «brutta, sgradevole, faticosa da interpretare». Una di quelle squadre di cui la cosa migliore che si possa dire è che rende difficile alle altre giocarci contro, insomma. L'Italia di Donadoni non aveva convinto nessuno neanche nelle tre partite del girone, perdendo malissimo con l'Olanda di Sneijder, van Nistelrooy, Robben e van Persie; pareggiando 1-1 con la Romania, anche grazie a Mutu che fallisce il rigore del possibile 2-1; vincendo solo l'ultima contro la Francia ridotta peggio di noi, e qualificandosi perché nel frattempo l'Olanda batte anche la Romania. Donadoni cambia ogni volta modulo e interpreti e ogni volta è criticato: contro l'Olanda, per qualche ragione decide all'ultimo momento di tenere fuori De Rossi per Ambrosini, giocando con tre punte come piaceva a lui; contro la Romania cambia difesa (fuori Materazzi e Barzagli, dentro Chiellini e Panucci) e inserisce De Rossi vicino a Pirlo con Perrotta in posizione di trequartista-attaccante ombra dietro a Toni, con due esterni offensivi come giocava la Roma (e fuori Gattuso); contro la Francia aggiunge Cassano vicino a Toni e Perrotta dietro, con De Rossi, Pirlo e Gattuso tutti insieme. Contro la Spagna deve rinunciare a Pirlo e Gattuso, squalificati, facendo così esordire Aquilani dal primo minuto insieme a Ambrosini e De Rossi.

Daniele viene dato come uno dei giocatori più in forma, Gattuso lo aveva messo insieme a Pirlo tra i migliori centrocampisti d'Europa. Dopo l'infortunio di Cannavaro, che salta tutto l'Europeo, e quello di Panucci che salta solo l'esordio, si dice che Donadoni possa provarlo centrale di difesa. Questo serve anche per capire quante responsabilità gli venissero date. Nelle tre partite che gioca è il giocatore più influente, con un po' di smania eccessiva, come se avesse qualcosa da dimostrare (il peso della 10? Chissà). Un eccesso di responsabilità che secondo me si deduce anche dalle descrizioni che ne facevano i giornali: «Dovrebbe essere un mediano, ma confonde le aspettative portando il 10 sulla maglia.

Dovrebbe avviare l'azione, ma va a concluderla. Qualche volta batte i calci d' angolo, qualche altra va a riceverli per incornare». Contro la Francia segna il gol del 2-0 con una punizione da lontanissimo, che entra solo perché deviata da Henry in barriera, poi però sbaglia il rigore contro la Spagna, calciandolo sempre dalla stessa parte in cui ha calciato tutti i suoi rigori finora (a sinistra) ma né forte né alto, sui guanti di Casillas. «Quando arrivi sul dischetto la porta è sempre piccola» ha detto dopo. «Non basta sentirsela, devi essere il più freddo possibile».

Finito l'Europeo, Daniele va in vacanza, si isola, spegne il telefono, i giornali scrivono che ha «zero voglia di parlare». A inizio luglio si presenta a Trigoria con lo scooter, in pantaloncini e maglietta, e i custodi faticano a riconoscerlo. Firma il nuovo contratto, per altre quattro stagioni, con uno stipendio a salire che sarebbe partito da 7,2 milioni lordi in quella 2008/09 (quasi il doppio di quanto aveva guadagnato in quella appena conclusa) per arrivare a 8,1 milioni in quella 2011/12. Un totale di 31 milioni di euro lordi in cinque anni. Sono cifre che sforano il tetto ingaggi imposto da Rosella Sensi (2,5 milioni netti a stagione) e superiori alle eccezioni che la Roma si permetteva (rare, tipo Mexès): adesso Daniele è il secondo giocatore più pagato della Roma, dopo Totti. Per questo, ormai, per i giornali è «l'erede». Lui mette le mani avanti: «Magari un giorno prenderò la fascia da capitano, ma mai la maglia numero 10, quella verrà ritirata». Ringrazia la famiglia Sensi che lo ha reso ricco, ma se è rimasto a Roma è per vincere uno scudetto o una Champions League. È una sfumatura nuova nel discorso che fa da sempre, adesso che il sogno di giocare per sempre nella Roma si fa più concreto, adesso che sta diventando una leggenda, deve pensare anche alle responsabilità che un simile potere si porta dietro. Sta per compiere venticinque anni ma è sempre stato più maturo della sua età, e ormai ragiona sul lunghissimo termine. «Voglio rimanere fino a trentasette anni, ma voglio trofei. Il tifo e l'amore per la squadra rimarrà sempre, ma in quindici anni di carriera non voglio sempre veder vincere gli altri». Forse ha anche un cattivo presentimento. «Rimanere senza vincere sarebbe brutto» dice, ma non pensa che le pressioni aumenteranno seguendo la progressione del suo stipendio.

Speravo in un po' di umanità

Il 31 luglio 2008, M.P. entra in una filiale del Credito Cooperativo vicino al santuario del Divino Amore per rapinarla. Ha quarantotto anni ma ne mostra di più, con una stempiatura profonda e la fronte segnata da una ruga orizzontale. Indossa una camicia scura e dei jeans. È a volto scoperto con un paio occhiali da sole ovali, cosa che potrebbe significare che si tratta di un colpo improvvisato, oppure semplicemente M.P. non pensava di poter essere identificato dalle immagini delle telecamere di sorveglianza. Con un taglierino alla gola di una cliente si fa mettere dei contanti in una busta e poi si fa aprire le porte automatiche per uscire insieme al complice, un trentenne con la camicia bianca fuori dai pantaloni, anche lui a volto scoperto con un paio di occhiali da sole. Nella busta ci sono 9600 euro in contanti.

Fuori dalla banca li aspettano altri due complici, per garantirgli la fuga oppure, secondo successive ricostruzioni, per tenerli d'occhio. La rapina doveva servire a coprire un debito contratto dal trentenne con la camicia bianca, il complice a cui M.P. aveva fatto da garante per l'acquisto di droga. Qualcosa però va storto, forse i 9600 euro non bastano oppure spariscono anche quelli. Per una ragione di questo tipo i due che aspettavano fuori dalla banca chiedono a M.P. di partecipare a un'altra rapina così da saldare il debito. Gli danno appuntamento alla stazione ferroviaria di Campoleone, vicina a Aprilia, M.P. evidentemente si fida di loro e si presenta all'appuntamento, o magari non ha scelta. Come in un film di Scorsese viene prelevato da qualche parte su una macchina a noleggio, sale sospettoso ma tutto sommato pensando di potersela cavare con le parole. I due criminali, più criminali di lui, gli hanno invece teso una trappola: lo fanno scendere in quel parcheggio e lo ammazzano con due colpi di fucile a canne mozze, il primo alla schiena, il secondo in faccia. E lo lasciano in una stradina sterrata poco lontana, al sole e al caldo per non si sa quanti giorni, finché lunedì 11 agosto un pendolare non trova il suo cadavere. M.P. indossava pantaloncini e maglietta. Non aveva documenti né cellulare, in tasca aveva le chiavi di una delle sue due auto, entrambe sparite. Al collo portava una collanina con un ciondolo contenente la foto di una donna anziana.

Sulla stampa circolano versioni diverse per questa parte della storia: secondo alcuni articoli la famiglia ne aveva denunciato la scomparsa da una settimana, secondo altri M.P. aveva chiamato una delle figlie pochi giorni prima dell'11 agosto. Inizialmente si segue sia la pista del crimine organizzato, perché l'Agro Romano è terreno fertile per i clan, sia quella passionale, perché si dice che M.P., separato dalla moglie, abbia una o più donne. Ad un certo punto si parla di altre due rapine, più grosse di quella del Divino Amore. Nella seconda, effettuata alle Poste di Aprilia pochi giorni prima del ritrovamento del corpo, sono stati portati via centoventimila euro in contanti. Si dice che negli ultimi tempi M.P. avesse a disposizione molti soldi, che arrivasse a spendere anche duemila euro al ristorante. Al tempo stesso, pare cambiasse spesso nascondiglio. Dal Trullo, periferia Sud di Roma, era finito in un camping a Castel di Guido, non lontano da Fiumicino. Dove aveva preso quei soldi, da cosa scappava, si chiedono i giornali. Si racconta il suo passato: a diciotto anni ha rubato un'auto e la polizia gli ha sparato ferendolo gravemente e, qualche anno prima della morte, era sfuggito a un altro agguato. Si parla di droga, di estorsione, ma come fidarsi di articoli che cominciano come se stessero parlando di un film appena uscito: «C'è quasi sempre un delitto da raccontare, a Ferragosto»? Che dicono che un corpo somigliava a «un mucchio di stracci» e descrivono la scena con i cliché di un set western, con «cani randagi, sole a picco, il fischio lontano d'un treno che passa»?

Alla fine la sola rapina in cui M.P. pare fosse davvero coinvolto era quella coi taglierini che ha fruttato meno di diecimila euro. Un mese dopo il ritrovamento del corpo vengono arrestati i due assassini, entrambi con precedenti. Nel garage di uno di loro trovano un kalashnikov di produzione cinese, un fucile a canne mozze e uno a pompa, cinque pistole di cui due semiautomatiche, tre revolver, esplosivo al plastico, cocaina, documenti di identità falsi e in bianco, travestimenti da metronotte e da forze dell'ordine. Uno dei due confesserà altri tre omicidi, entrambi verranno condannati all'ergastolo. Il complice della rapina del 31 luglio, invece, sembra estraneo all'omicidio, ma poi verrà incriminato a gennaio dell'anno seguente. Per gli inquirenti il movente dell'omicidio «rientra nel degrado sociale nel quale erano soliti vivere questi soggetti». A loro giudizio, ricorda gli anni sanguinosi della Banda della Magliana, quando si uccideva «alla minima provocazione, per rabbia o follia».

In molti titoli dei giornali M.P., Massimo Pisnoli, viene chiamato direttamente «il suocero di De Rossi». Troppo forte il contrasto tra i sette milioni annuali che guadagna il calciatore e i 9600 euro della rapina. Tamara Pisnoli, figlia di Massimo e moglie di Daniele, in un'intervista al Tg1 successiva al delitto dichiara: «Noi non ci vergogniamo di niente». Le voci di quei giorni non sono vere: «Lui è mio padre e gli vogliamo bene. Abbiamo sempre cercato di cambiarlo per quello che potevamo, però non ci siamo riusciti».

Daniele, per ora, non dice niente.

Una settimana dopo il ritrovamento del corpo del suocero, il 17 agosto, muore Franco Sensi, malato da tempo, presidente della Roma degli ultimi quindici anni. Totti dice che ogni giorno trascorso con lui è stato «indimenticabile» ma che il ricordo «maggiormente impresso nella memoria in questo momento è quel giorno al Circo Massimo e la sua felicità». Il giorno dello Scudetto. Aquilani, Taddei, tutti dicono che sarebbe bello se la Roma vincesse proprio quell'anno un nuovo Scudetto, in suo onore. Viene preparata una camera ardente al Campidoglio, trentamila persone vanno a salutare il presidente e De Rossi «appoggia con la mano un bacio sul feretro». Maria Sensi, la vedova, è forte ed è lei a consolare Daniele, «il più provato».

La settimana dopo ancora, il 24 agosto, la Roma gioca la Supercoppa contro l'Inter, a Milano. Non è la stessa squadra di qualche mese prima: quest'anno l'ex passato all'Inter è Amantino Mancini, Totti è solo in panchina, Taddei è infortunato e ci si chiede se la Roma di Spalletti non sia già a fine ciclo. In estate si era parlato di Spalletti come futuro allenatore del Chelsea, De Rossi ci aveva persino fatto una battuta sopra durante l'Europeo, in diretta tv, con Spalletti presente in studio aveva detto: «Ma chi, l'allenatore del Chelsea?». L'allenatore non l'aveva presa bene e Daniele allora si era giustificato dicendo che lo faceva ridere l'idea di Spalletti che parlava con giocatori come Ballack, senza volerne sminuire il valore o la professionalità: una presa in giro alla romana insomma.

Contro l'Inter anche il vice Panucci è in panchina, De Rossi è capitano e presumibilmente sotto la fascia gialla ha quella nera del lutto che portano anche i suoi compagni. Per Sensi, ma nel suo caso anche per Pisnoli. La Roma subisce un gol dopo neanche venti minuti e stavolta non sembra in niente superiore all'Inter, che in panchina ha per la prima volta in una partita ufficiale José Mourinho. «Mai infatti avevamo visto i giallorossi costretti a rannicchiarsi nella propria metà campo per periodi così insistiti» scrive il «Corriere della Sera» il giorno dopo. E De Rossi «annaspa», secondo la «Gazzetta». Però poi Daniele realizza il gol del momentaneo 1-1, con un tiro da venti-venticinque metri, sempre con quel suo collo-esterno che gira verso destra. Il tiro è centrale, ma Júlio César forse lo vede all'ultimo e quando arriva a toccarlo con la mano è troppo tardi. L'esultanza è rabbiosa e fuori controllo, stavolta è la rabbia di una persona che si sente sola: prima indica il cielo, poi salta, poi si porta il dito al petto e grida verso la tribuna, ce l'ha con i tifosi avversari, con i giornalisti, con tutti gli italiani tranne i romanisti, forse.

Mario Balotelli segna il 2-1 direttamente su rimessa lunga di Júlio César – esiste squadra più fragile di quella che prende gol con i difensori che bucano a ripetizione gli interventi su un lancio dall'area di rigore opposta? Con un po' di fortuna la Roma pareggia al novantesimo con un colpo di testa debole di Vučinić, su angolo, deviato da Stanković. In qualche modo si arriva ai rigori e De Rossi calcia quello successivo all'errore di Stanković, che aveva preso la traversa. Daniele calcia verso destra, di piatto, Júlio César va dalla parte opposta. Ma il rigore successivo della Roma lo sbaglia Totti (entrato nel secondo tempo), anche lui colpisce la traversa, e l'ultimo lo sbaglia Juan. Zanetti, il capitano interista, segna il suo e l'Inter festeggia.

Il 10 settembre successivo, il giorno in cui sui giornali esce la notizia dell'arresto degli assassini di Massimo Pisnoli, l'Italia gioca una partita di qualificazione per i Mondiali sudafricani del 2010, a Udine, contro la Georgia. In panchina è tornato Marcello Lippi che definisce De Rossi «uno dei più grandi centrocampisti al mondo, ai livelli di Gerrard e Lampard». Daniele (che nel frattempo ha scelto di cambiare numero, passando dal 10 al 6) segna entrambi i gol del 2-0 finale. Il primo con un tiro di sinistro, da una trentina di metri di distanza. Stava caricando il destro ma ha sentito un avversario arrivargli da dietro, così ha sterzato sull'altro piede. Prima di tirare ruota la testa come un periscopio per vedere se ci sono passaggi utili, poi improvvisamente l'abbassa, la testa, e carica quel tiro che va dritto sotto l'incrocio alla sinistra del portiere. Dalle immagini televisive non si vede se esulta con rabbia oppure no, quando lo inquadrano dopo il gol è letteralmente sepolto sotto l'abbraccio dei compagni di squadra, poi si bacia la mano e con l'indice punta il cielo. Il secondo gol, a partita quasi conclusa, lo segna con un diagonale da attaccante dopo un inserimento in area che Del Piero serve rasoterra. Di nuovo indica il cielo, ma stavolta si apre in un sorriso, prima che gli sparisca la faccia nel petto di due compagni venuti a esultare con lui. A fine partita, in diretta su Rai Uno, dedica i due gol a suo suocero – al padre di sua moglie, al nonno di sua figlia – «che non c'è più, al quale tutti noi volevamo tanto bene». Il sindacato autonomo di Polizia in un comunicato scrive che quella dedica è una caduta di stile. Daniele criticherà i giornalisti che hanno speculato su quella vicenda: «Capisco il diritto di cronaca, ma speravo in un po' più di umanità».

Un anno dopo, il 13 settembre 2009, la Roma recupera una partita in cui era andata sotto di un gol e vince 2-1 a Siena, grazie a una punizione di Riise a tempo quasi scaduto. Il pubblico della Curva Robur negli ultimi minuti ripete il coro: «Dov'è il suocero?» (oppure, secondo alcuni giornali, «*Come* il suocero», augurandogli quindi una morte violenta). I tifosi del Siena sentivano di avere un conto in sospeso con De Rossi, per dei fallacci passati, per delle espulsioni che aveva causato di giocatori senesi forse accentuando degli scontri. Daniele aspetta la fine della partita poi grida – ed è un grido in cui scompare il resto della faccia, resta solo la bocca, come in quei gridi disumani dipinti da Francis Bacon, che diceva di voler far somigliare a dei tramonti di Monet –, camminando verso i tifosi avversari, finché due compagni lo stringono e finisce con la faccia nell'incavo della spalla di un compagno. Quando torna in superficie ha la pelle e gli occhi rossi di chi ha appena pianto, la bocca chiusa adesso va verso il basso, il mento trema appena. Subito dopo, per non farci vedere le sue lacrime, si tira la maglia sulla faccia. Tutti i calciatori possono baciarla dopo un gol. Quasi tutti, anzi, lo fanno. Ma solo chi ci ha pianto dentro può dire di aver amato quella giallorossa.

In quegli anni cominciano a circolare leggende criminali su De Rossi, il ragazzo di buona famiglia diventa un personaggio sulla scia di quelli di *Suburra* o della Banda della Magliana raccontata in *Romanzo criminale*. Daniele e Tamara si separano nel 2009 e l'ex moglie torna alle cronache anni dopo, finita in mezzo alla storia di un altro prestito non restituito e di un imprenditore sequestrato e pestato. I quotidiani riportano una sua presunta frase: «Sai quanto ci metto a fa' ammazza una persona?» e citano il giudice per le indagini preliminari che la descrive come «una persona di indole violenta, con un'abitudine a rapporti improntati alla sopraffazione e all'intimidazione, che gestisce la sua enorme ricchezza», cioè i soldi di De Rossi, con cui dicono fosse in regime di comunione dei beni, «appoggiandosi ad ambienti criminali» Alcuni giornali, poi, riportano il desiderio di Daniele di non averci più niente a che fare, se non per le ragioni strettamente necessarie alla figlia avuta insieme. In ogni caso, ha continuato a frequentarla dopo essersi risposato, andando addirittura in vacanza tutti insieme come una vera famiglia allargata. Ma sapete che c'è, io non so che rapporti abbia avuto o abbia ancora Daniele con la famiglia della prima moglie e in fondo sono solo affari loro. Non ritenevo allora che le vicende drammatiche del suocero dicessero qualcosa di nuovo, o rivelatore, su di lui, né mi sembra oggi qualcosa più di un «dramma privato», che purtroppo ha fatto parte della sua vita e che una parte della stampa e i suoi detrattori hanno usato per distorcerne l'immagine pubblica. A cui peraltro De Rossi non ha mai dato nessuna importanza.

A questo punto, però, sento il dovere di aggiungere che anche se la rappresentazione estremizzata di film e serie tv come *Romanzo criminale* è lontana dalla realtà della maggior parte delle persone cresciute a Roma, riproduce il modo in cui i romani vedono e raccontano sé stessi. Roma è una città nervosa, con le vene del collo a fior di pelle, in cui i codici del machismo tribale sono ancora validi per moltissime persone a cui *piace* scendere dalla macchina e fare a cazzotti per banali liti nel traffico, o quantomeno che ritengono sia necessario atteggiarsi *come se*. Una città, insomma, di *coatti* per cui la figura culturale, diciamo così, del gangster, è un modello di virilità come lo possono essere i calciatori. Ma sarebbe sbagliato pensare che un coatto sia per forza di cose anche un criminale almeno quanto lo sarebbe pensare che sia anche un calciatore visto che indossa i pantaloni della tuta del Chelsea o di un'altra squadra inglese. (Lo stesso vale per i calciatori che ci sembrano coatti in campo. Mia sorella quando ha saputo che stavo scrivendo un libro su De Rossi mi ha detto: «Ma è un coatto! Ha dato un pugno a un americano nel Mondiale, gli ha spaccato la faccia!». Le ho risposto che magari se mi avesse visto giocare avrebbe pensato che anche io sono un coatto). È vero anche, però, che a Roma c'è una maggiore permeabilità sociale rispetto ad altre città italiane e la presenza di piccoli o grandi criminali è magari più sentita e in alcune zone, tipo il litorale, è sentita anche la presenza dei clan. Massimo Pisnoli aveva legami con qualche famiglia mafiosa, era il grande criminale che hanno descritto i giornali in quei giorni, con una morte violenta che hanno fatto sembrare quasi inevitabile per uno come lui? O piuttosto era uno dei tanti che a Roma campano di espedienti talvolta oltre la legalità, finito in affari con le persone sbagliate? Non so neanche questo. La mia esperienza, in queste cose, non va oltre le partite di calcetto finite in rissa o con qualcuno che minacciava di tirare fuori «il pezzo», la pistola; ma anche se non conosco nessuno con un parente morto ammazzato, sono cresciuto con storie di persone buttate di notte giù dal Pincio, il punto panoramico di Villa Borghese da cui i turisti fotografano le cupole di Roma. A sedici anni avrei potuto fare la mappa dei bar o delle sale scommesse che si diceva fossero di proprietà di qualche famiglia mafiosa, o una mappa con i nomi dei boss di quartiere, che spesso erano piccoli rapinatori e nella maggior parte dei casi semplicemente persone fuori controllo. Non voglio dire che Roma sia effettivamente pericolosa, non più di altre metropoli almeno, o che questo tipo di storie siano considerate «normali», ma è uno dei modi in cui la città racconta sé stessa, un genere locale, che probabilmente deriva dal rapporto ambiguo che la città conserva con il proprio passato decadente e criminale, che le cronache di oggi e le serie tv raccontano come fosse una cosa nuova.

Anche le voci su De Rossi ricordano quelle della Roma degli anni Settanta in cui i calciatori di Roma e Lazio giravano armati, e persino Agostino Di Bartolomei, il capitano più amato dai romanisti anche per il suo spessore morale, per il rigore persino eccessivo, teneva un revolver dentro un borsello. Ma ho l'impressione che il mito di De Rossi vicino agli ambienti criminali nasca più che altro dalla confusione dell'aspetto sportivo – l'agonismo con cui gioca, l'aggressività che a volte supera il limite e diventa violenza – con quello sociale, cioè con il fatto che è cresciuto in una città e in un quartiere in cui non è certo cosa eccezionale frequentare una ragazza il cui padre vive a cavallo tra il mondo «normale» e quello della criminalità.

L'inizio della fine

«Spero che questa stagione finisca il prima possibile» dice De Rossi a maggio 2009, quando mancano appena una manciata di partite in campionato. La Roma ha pareggiato 0-0 con il Chievo Verona, in casa, in un Olimpico più vuoto del solito (in partite di questo tipo, in stagioni di questo tipo, può esserlo anche per metà) per via della protesta dei gruppi organizzati della Curva Sud, che anziché assistere alla gara si sono riuniti nel piazzale antistante l'ingresso e hanno organizzato un mini-torneo di calcetto tra di loro. Il messaggio era: il calcio vero è questo, non quello dei calciatori «mercenari». Al loro posto, in curva, otto striscioni con su scritto VATTENE, all'attenzione di Rosella Sensi. Una protesta «goliardica» per alcuni, «ingenerosa» per Spalletti. I tifosi comunque presenti hanno accolto con il solito coro «andate a lavorare» il riscaldamento della squadra. Dai fischi si erano salvati, come (quasi) sempre, solo Totti e De Rossi. A fine partita Daniele, che nelle pagelle prende i voti più bassi e viene definito «svuotato», dice pure che Sorrentino, il portiere del Chievo, «ha fatto il fenomeno»: un altro grande classico romanista, quello secondo cui i portieri avversari giocano sempre meglio del solito contro di noi. Daniele non sa più con chi prendersela, ha passato la stagione a litigare con gli arbitri, a lamentarsi della sfortuna, degli infortuni. Adesso, semplicemente, non vede l'ora che la stagione arrivi alla sua conclusione, si accontenta persino del sesto posto in classifica, che significa preliminari di Coppa Uefa, ovvero iniziare a rigiocare a fine luglio.

Ricapitolando. La Roma viene dalle sue due stagioni migliori dopo quella della Scudetto. Ha vinto due Coppe Italia consecutive – adesso ne ha nove in totale, ne manca una sola per poter cucire *per sempre* sulla maglia la stella d'argento – e una Supercoppa. È arrivata seconda ad appena tre punti di distanza dietro all'Inter di Mourinho. Sembrerebbe, quindi, all'inizio della stagione 2008/09, che la Roma stia trovando un po' di *costanza*. Ma quella è una parola maledetta nella città eterna, ed eternamente umorale, pigra e impaziente, pronta a passare dall'esaltazione alla depressione, dalla depressione all'esaltazione, in un battito di ciglia. Anzi, nel tempo che ci vuole a fare una battuta o a riportare in basso chi ha provato a elevarsi. È un luogo comune, lo so, d'altra parte è un'inquietudine con delle ragioni profonde, che forse ha una qualche corrispondenza con quello che di Roma ha scritto Flaiano nel suo *Diario degli errori*: «Non è una città, [ma] un bivacco sulle rovine, aspettando tempi migliori, che non vengono mai».

La squadra di Spalletti comincia la nuova stagione 2008/09 con una serie terrificante di risultati negativi: nove sconfitte nelle prime tredici partite giocate; appena due vittorie nelle prime dieci giornate di Serie A. Perdendo in casa con la sconosciuta rumena Cluj e con l'Inter (0-4); perdendo a Palermo, a Genova con il Genoa, a Udine, a Londra con il Chelsea, perdendo persino a Siena. Quando viene rimandata la partita con la Sampdoria, perché piove troppo e la palla non rimbalza sul terreno da gioco, i tifosi romanisti accompagnano con «olé» sarcastici la palla che non rimbalza. Come a dire, meglio se non giochiamo. La curva inizialmente è divisa tra chi protesta e chi continua a sostenere la squadra nonostante tutto, ma a novembre hanno perso la pazienza quasi tutti e dopo la trasferta di Torino con la Juventus (2-0 per i bianconeri) cantano «la nostra fede non va tradita, mercenari, mercenari», tirando delle monetine contro il pullman della squadra. Luciano Spalletti è nervoso fin dalle prime partite storte, in conferenza tratta i giornalisti da nemici o, peggio, da «laziali». In estate non è arrivato Adrian Mutu (corteggiato anche da Totti in persona), il giocatore che Spalletti voleva per sostituire Amantino Mancini, e ci sono stati così tanti infortuni che a gennaio la società licenzierà il medico sociale. In alcune partite la coppia di difensori centrali è stata Juan e Loria, forse i due giocatori più lenti in rosa, e persino i terzini Cassetti e Riise (che a ventotto anni era arrivato a Roma dopo aver vinto tutto tranne il campionato inglese con il Liverpool) sono stati riadattati a centrali di difesa in partite importanti. Ad un certo punto, per trovare una soluzione alla crisi, Spalletti ha persino dovuto rinunciare a quel 4-2-3-1 che aveva fatto storia, passando al 4-3-1-2 con un trequartista di inserimento (spessissimo Matteo Brighi, un ex scarto della Juventus che dopo due anni in prestito trova finalmente la sua dimensione) dietro a due punte atipiche (due tra Baptista, Vučinić e Totti) che si allargano e vengono incontro, oppure nelle partite di maggiore sofferenza al 4-1-4-1, con De Rossi davanti alla difesa e due mezzali ai suoi fianchi.

Prima di giocare il derby di andata, con la Lazio che nel frattempo ha 14 punti in più in classifica, la Roma pareggia all'Olimpico con il Bologna per colpa di un autogol di Cicinho – un altro acquisto tipico di quel periodo della Roma, arrivato un anno prima dal Real Madrid semi-nuovo, un usato-di-lusso che in teoria avrebbe dovuto far fare alla Roma un salto di qualità e che invece indossando la maglia giallorossa inizia la parte declinante della propria parabola calcistica: insomma, Roma come inizio della fine. De Rossi dice che «manca un pizzico di fortuna. Ma mancano anche altre cose». Nota che «qualcosa effettivamente ci sta succedendo», nega però la voce secondo cui avrebbe litigato, venendo alle mani, con il proprio allenatore. Si fa pure male a un polso in allenamento, infrazione allo scafoide carpale, e il derby lo deve giocare con una fasciatura semi-rigida, una specie di gesso. La Lazio è quarta in classifica e fino a qualche settimana fa era addirittura prima, eppure esultano i giallorossi grazie a un gol di Júlio Baptista, trequartista brasiliano soprannominato «la Bestia». De Rossi dice che dopo quella partita nel pubblico ha visto persone «ubriache di felicità». Il derby per la Lazio segna un cambio di passo, Delio Rossi dirà mesi dopo che «pesa come un macigno» e la sua squadra finirà la stagione al decimo posto.

A marzo 2009 la Roma affronta l'Inter per la quarta volta in stagione. E ci arriva con un conto in sospeso salatissimo: deve vendicare la Supercoppa persa ai rigori, lo 0-4 di ottobre all'Olimpico e, infine, l'eliminazione dalla Coppa Italia di gennaio. In quest'ultima occasione, l'Inter di Mourinho aveva segnato il gol del 2-1 con un fuorigioco non fischiato dall'arbitro, la Roma era «furibonda». Grazie al derby di novembre, però, aveva ritrovato morale, giocando una parte centrale di stagione onorevole, riavvicinandosi alla cima della classifica e soprattutto al quarto posto, l'obiettivo dichiarato. «La Roma è una grande squadra e quando ce ne ricordiamo possiamo vincere contro chiunque» aveva detto De Rossi poche settimane prima (dopo aver vinto 3-0 col Napoli al San Paolo), e la trasferta di Milano è di pochi giorni precedente il ritorno dei quarti di finale di Champions League con l'Arsenal, in cui la Roma, in casa, avrebbe provato a ribaltare la sconfitta con un solo gol di scarto subita a Londra (1-0). Insomma, nel giro di una settimana la stagione romanista avrebbe potuto prendere una piega insperata. Certo, c'erano sempre troppi giocatori indisponibili e con l'Inter sarebbe mancato ancora una volta Totti.

In campo c'è Panucci, che però ha litigato mesi prima con Spalletti e quindi la fascia da capitano la indossa Daniele. Quell'anno De Rossi inizia a curare con maggiore attenzione la fase difensiva, meritandosi anche i ringraziamenti di Mexès per l'aiuto, ma segna di meno. Nelle partite in cui però la Roma gioca al meglio delle proprie possibilità e riesce ad alzare il baricentro lui torna a farsi vivo nei pressi dell'area di rigore. Al ventesimo del primo tempo è lui a inserirsi come ai vecchi tempi su un cross del terzino destro, Marco Motta (arrivato in prestito a febbraio), saltando altissimo sulla schiena di Javier Zanetti e colpendo di testa con le gambe rigide come se fosse stato sparato da un cannone. Salta così in alto che non ha neanche bisogno di dare forza alla palla, gli basta deviarne la traiettoria sul secondo palo per lasciare di ghiaccio Júlio César. La porta in cui segna è quella sotto ai tifosi della Roma, quindi per festeggiare deve compiere una distanza brevissima, in cui avvicina alla bocca lo stemma per baciarlo ma finisce per morderlo.

La Roma va avanti 2-0 nel primo tempo, con un grandissimo inserimento di Riise, che entra in area controllando di testa un lancio dalla difesa e conclude calciando in scivolata con un angolo strettissimo. All'inizio del secondo tempo l'Inter accorcia con Balotelli, ma la squadra di Spalletti sembra chiudere di nuovo la partita poco dopo con il gol del 3-1 di Brighi. Poi però, quando manca meno di mezz'ora, Balotelli cade in area tra De Rossi e Motta e l'arbitro Rizzoli fischia rigore. Balotelli segna ed esulta con la famosa «linguaccia» rivolta ai tifosi romanisti e a Panucci. La Roma si abbassa e prova a chiudersi ma subisce il 3-3. Prima che finisca la partita De Rossi ha la palla del possibile 4-3: si butta in area e Ménez gli passa una palla morbida che però è leggermente indietro rispetto alla sua corsa, Daniele, di spalle, esegue un controllo pazzesco, facendola scorrere sotto le gambe e controllandola in corsa con l'interno del piede destro. Davanti alla porta però ha la palla sul sinistro e incrocia male il tiro. Sarebbe stato uno dei suoi gol più belli e più *sentiti*, probabilmente.

In tv Mourinho si lamenta del terzo gol della Roma, su cui a suo dire c'era un fallo di Baptista che ha lasciato sfilare la palla per Brighi; due giorni dopo dirà che se si parla degli errori arbitrali che hanno favorito l'Inter è per «prostituzione intellettuale», per togliere meriti all'Inter e non parlare del fatto che la Roma anche quella stagione chiuderà con «zero tituli». Spalletti nel post-partita sostiene che Balotelli si è buttato, e mentre parla dagli spogliatoi dell'Inter arrivano le grida di felicità dei giocatori interisti: «Ora ci prendono anche per il culo». Totti è furbo e resta freddo, forse perché non ha giocato, e dichiara solo che non si può negare l'evidenza dei fatti. Daniele invece esce dagli spogliatoi in versione kamikaze: dice che non è certo il primo episodio a favore dell'Inter, che l'arbitro gli ha detto di aver visto che lui non aveva toccato Balotelli con la gamba, ma che aveva fischiato un contatto con l'anca di Motta, ma adesso dai replay il contatto non lo vede. Ok anche gli arbitri sbagliano, ma possibile sbaglino sempre in un senso e non nell'altro? Daniele aggiunge che ormai dubita di poter vincere uno scudetto con la Roma e chiude con la frase veramente grave, quella che gli costerà un deferimento del procuratore federale e una multa di ventimila euro. Che però è anche una dichiarazione d'amore: «Di giocare con il cuore per la Roma non me lo leverà nessuno, Rizzoli o Collina o la loro banda». E aggiunge: «È ancora più bello essere romani e romanisti oggi». Possono sembrare frasi di una persona impulsiva, tuttavia Daniele non tornerà indietro neanche giorni dopo, aggiungerà anzi che sa benissimo quello che rischia quando dice cose del genere e che non ha bisogno di essere difeso dalla società (i tifosi, in quei giorni, criticavano Rosella Sensi perché non aveva rilasciato nessun comunicato).

Il giorno dopo le radio romane commentano: «Siamo tutti De Rossi». Nella partita successiva, contro l'Udinese, De Rossi si fa espellere per proteste e sconta due giornate di squalifica, l'ultima delle quali lo costringe a fare da spettatore nella sconfitta dell'Olimpico (1-4) subita contro la Juventus.

Ricordo bene quel giorno, ero allo stadio. Come dimenticare il dolore di quando mi sono reso conto, nel momento stesso in cui Nedved colpisce al volo di sinistro la palla del quarto gol juventino, che già dopo un paio di stagioni tra inferno e purgatorio la Juventus era tornata più forte della Roma (in realtà ci sarebbero voluti ancora un paio d'anni, la mia sensazione più che un'epifania era un cattivo presagio). Ricordo di essermela presa anche con De Rossi. Totti era infortunato, ma lui dov'era nel momento del bisogno, che scuse aveva? È stata la prima volta che ho sentito la sua mancanza.

Soltanto per la Roma

A gennaio 2009 si era parlato di un forte interesse del Manchester City allenato da Roberto Mancini, diventato da poco di proprietà del principe di Abu Dhabi, ma Daniele aveva risposto di essere «troppo innamorato» della Roma. Quando invece gli avevano chiesto, in un'intervista sul «Romanista», se restare sempre nella stessa squadra, sempre nella Roma, non fosse un limite nello sviluppo di un calciatore, aveva risposto che gli sembrava di sentire «una bestemmia». Totti al Real Madrid avrebbe vinto trofei e Palloni d'Oro, magari. «Poteva farlo. Ma non ha voluto. E così anche io. Il mio amore per la Roma nasce prima di aver cominciato a giocarci. Non sarei altrettanto felice a giocare con un'altra squadra». Non sarebbe cambiato niente se avessero comprato undici campioni o nessuno: «Io gioco per la Roma, non per la società».

Dopo la partita con l'Inter finita 3-3, la Roma esce dalla Champions League, vincendo 1-0 la partita con l'Arsenal ma perdendo poi ai rigori. De Rossi era squalificato per somma di ammonizioni e non ha giocato neanche quella gara. Totti ha stretto i denti ed era in campo ma la Roma era così a corto di giocatori che Riise ha fatto i primi venti minuti da esterno alto, per poi passare al centro della difesa in coppia con Souleymane Diamouténé (arrivato a gennaio in prestito dal Lecce, all'esordio da titolare nella Roma), dopo l'infortunio di Juan, autore del gol del vantaggio. Un'altra partita agrodolce, in cui la Roma avrebbe potuto ottenere di più. I tifosi in quel momento sono dalla parte della squadra e si riversano in cinquemila a Trigoria durante l'allenamento successivo. Spalletti dice di non aver mai visto una cosa del genere in vita sua, sembra quasi commosso: «I nostri tifosi meritano soddisfazioni pari all'amore che hanno per la Roma» (si illude, però, quando afferma che attraverso questa «simbiosi» si può sopperire al divario finanziario con squadre come l'Inter). I tifosi espongono uno striscione con la data della partita contro l'Arsenal, l'11 marzo 2009, e il commento: IL VOSTRO CORAGGIO PREMIATO, PER NOI NESSUNO HA SBAGLIATO. Non contestano neanche Vučinić e Tonetto che hanno sbagliato i rigori decisivi, o Baptista che ha sbagliato un gol incredibile nel secondo tempo.

Ancora oggi, rivedendo quell'azione, non capisco come abbia fatto «la Bestia» a lisciare il passaggio di Totti, una palla che arriva piano piano in orizzontale, da destra, su cui va con l'esterno destro, anziché il piatto o il collo, cadendo a terra a pochi metri dalla porta e senza nessun difensore a ostacolarlo. Al tempo stesso, mi chiedo ancora perché Spalletti non abbia inserito un esterno elettrico come Jérémy Ménez, quando ormai l'Arsenal era stanco, per fargli sfruttare gli spazi aperti palla al piede, preferendo invece puntare tutto sui rigori e perdendo. Sono dei rimpianti che in un tifoso restano come piccoli screzi personali, momenti che ricordi come se ti fossero accaduti in prima persona, come se non ci fosse barriera, fisica o mentale, tra spettatore e attori in campo. Come dirà qualche tempo dopo Daniele, perché anche per Daniele quella barriera non è mai esistita: «Io la crisi della Roma me la porto dentro. Ci convivo anche quando vado a casa».

Il ritrovato amore dura poco. Una decina di giorni, diciamo. Il 21 marzo la Roma perde in casa con la Juventus e tornano i malumori. Si ricomincia a parlare del conflitto tra Spalletti e parte dello spogliatoio, in particolare tra Spalletti e Totti. L'allenatore dice che il problema a Roma è che si pensa di non poter giocare a calcio senza Totti e De Rossi, Daniele difende il tecnico sostenendo che sono frasi normali, che se Spalletti avesse detto il contrario sarebbe stato offensivo nei confronti degli altri suoi compagni. Totti in realtà ha problemi indipendenti dai rapporti di potere con il proprio allenatore, è stato spesso infortunato, o non al massimo della forma per gran parte della stagione e sente già di dover dimostrare di non essere «finito» (lo dice esplicitamente dopo la doppietta su rigore al Bologna). A metà aprile la Roma perde il derby di ritorno 4-2. Pochi giorni prima c'era stato il terremoto dell'Aquila, e Daniele dice che è difficile parlare di calcio. Anni prima Spalletti aveva rivelato che in vista del derby bisognava dargli «una pasticca grande come un camion» per farlo dormire, ma adesso Daniele sente di viverlo meglio, non sarà mai una partita come le altre ma si sente più calmo. De Rossi segna in quell'occasione il suo primo gol alla Lazio, quello del momentaneo 1-3, senza poter neanche esultare come al solito, limitandosi a raccogliere la palla in rete e tornare a centrocampo il più velocemente possibile imprecando.

La stagione 2008/09, come detto, finisce male, e come se non bastasse, la Lazio vince la Coppa Italia. Rosella Sensi obbliga la squadra al ritiro dopo la sconfitta con la Fiorentina (4-1) ma dopo pochi giorni Totti e De Rossi la convincono che non serve a niente e i giocatori tornano ognuno a casa propria. Francesco e Daniele, poi, vanno a cena con Spalletti e lo persuadono a restare anche per la stagione successiva, nonostante la società sia in difficoltà economiche e già si sappia che dovrà vendere qualche giocatore importante per fare cassa. Pare sempre che Real Madrid e Chelsea siano interessati a De Rossi, inutilmente: Daniele in vacanza legge cifre alte e si chiede se la società vorrà venderlo, ma finché la società lo dichiara «incedibile» lui non ha dubbi. «Ho giurato fedeltà alla Roma e a differenza di altri io non cambio idea». Anche se la società decidesse di accettare un'offerta, aggiunge Daniele, lui sarebbe disposto a lasciare Roma solo se fosse estremamente necessario, solo per «salvare» la Roma. Alla fine viene ceduto Alberto Aquilani al Liverpool: la Roma rinuncia al terzo figlio della città, quello arrivato per ultimo, ma anche quello che fa dubitare di più sul suo futuro per via dei problemi fisici. La cosa che però fa arrabbiare un po' tutti è che non compra praticamente nessuno durante la sessione di mercato estivo, limitandosi a riscattare la metà di Marco Motta ancora dell'Udinese, oltre a prendere in prestito il difensore dell'Inter Nicolás Burdisso e la giovane promessa Fabio Zamblera dal Newcastle (che nel giro di pochi anni si ritroverà a giocare in

Eccellenza). A luglio ricominciano gli allenamenti, sempre tra le contestazioni dei tifosi. La Roma passa agevolmente le qualificazioni di Europa League – pur pareggiando una partita 3-3 contro gli slovacchi del Košice, giocatori definiti dai giornali italiani dei «dopolavoristi» – ma perde all'esordio in Serie A contro il Genoa, 3-2, contestando all'arbitro la mancata espulsione del difensore Biava, poi autore del terzo gol rossoblu. Spalletti, prima della partita, aveva in qualche modo messo le mani avanti, affermando che a Roma «si naviga a vista».

Il 30 agosto la Roma affronta di nuovo la Juventus, all'Olimpico, una partita che «gratta nei sentimenti» di Luciano Spalletti (l'estate prima si diceva anche che proprio la Juventus volesse prenderlo). I discorsi dell'allenatore sono sempre più sibillini: in conferenza stampa loda De Rossi e al tempo stesso punzecchia Totti, che a suo dire «conosce i segreti del calcio» ma contro il Genoa ha perso troppi palloni e deve anche migliorare sui colpi di testa. La Juventus va in vantaggio con il suo nuovo acquisto, il brasiliano Diego, che approfitta di un errore di Cassetti per correre dritto per dritto fino alla porta e poi calciare di esterno destro. De Rossi segna quindi uno dei gol più belli della sua carriera, quello del momentaneo 1-1, con un missile improvviso che prende di sorpresa Buffon e anche le telecamere di Sky: la Juventus stava ancora protestando per un fallo a centrocampo, Pizarro gli passa la palla e Daniele senza pensarci due volte calcia di collo esterno sotto l'incrocio. Durante la stagione precedente si era lasciato crescere di qualche centimetro i capelli, ma adesso è di nuovo rasato *a pelle*, con un collo larghissimo e delle guance piene che gli si deformano mentre esulta (sta assumendo le sembianze di un adulto ma ha ancora i capelli di un ragazzino), diventa più rosso della maglia che lo stringe e agita i pugni chiusi, nelle foto sembra un wrestler incazzato: i compagni che provano ad abbracciarlo danno l'impressione di bloccarlo per evitare che picchi qualcuno. Comunque un'altra costante della sua carriera – ormai ve ne sarete accorti – sono i gol stupendi ma inutili: in questo caso finisce che la Juventus vince 3-1, Diego segna una doppietta che sembra anticipare un grande futuro nella Juventus (e invece a fine stagione tornerà a giocare in Germania), mentre Felipe Melo segna uno dei quattro gol delle sue due stagioni in bianconero. Spalletti dichiara che la Roma è una squadra in difficoltà, «senza sostanza». Nella sua ultima conferenza, con grande senso della teatralità, dice che lui sono cinque anni che parla di equilibri e invece «il tacco... la punta... il numero» e dopo ogni parola sbatte il dorso della mano sul tavolo con forza e tutti ci vedono un'altra frecciata a Totti. Intanto Daniele commenta amaramente che forse è il caso di smetterla di confrontare la Roma con le grandi squadre, piuttosto bisogna iniziare a paragonarla con quelle di medio livello.

(Certo, aiuterebbe un'intera tifoseria a liberarsi delle frustrazioni autoinflitte, a vivere forse più serenamente la reale dimensione della società e della squadra per come sta cambiando in quegli anni, a godersi i successi e le imprese europee per quello che sono: delle splendide eccezioni. Ma, sia detto di passaggio, è una cosa che non faremo mai. Sembra che i romanisti, almeno quelli nati dopo gli anni Settanta, abbiano costruito una propria epica attorno a questa specie di fatica di Sisifo che consiste nell'alternare ambizioni immotivate a delusioni cocenti. E che la consolazione del «che sarà sarà», del «chi tifa Roma non perde mai», chiuda il cerchio con quella forma di orgoglio che diventa talvolta mitomania e autolesionismo. Come se questo amore privato – che non ha bisogno di conferme esterne per esistere, che non si nutre di vittorie e trofei ma dell'esistenza stessa del suo oggetto d'amore – si basasse ormai su un'interpretazione letterale del sentimento di fondo: la Roma è grande a priori, la Roma *non si discute, si ama*. Mi chiedo se il bisogno quasi carnale di vittorie, che brucia sulla pelle dei romanisti in questi anni, sia una questione passeggera o se in realtà lo Scudetto abbia esasperato qualcosa che fa parte della nostra natura da sempre. Qualcosa di cui si trova traccia anche in *Roma Roma Roma*, l'inno di Venditti che l'Olimpico intero con le sciarpe tese da una mano all'altra, e chissà quanti salotti con le finestre aperte per farsi sentire dai vicini, cantano prima di ogni partita. Proprio nel momento più sentito della canzone, quello in cui gli altoparlanti si azzittiscono e il pubblico va avanti da solo, con un boato che segue le parole: «Nun te fa inganna', tu sei nata grande, e grande hai da resta'». In quel momento non posso fare a meno di credere e non credere al tempo stesso alla predestinazione romanista per la vittoria, che trascende i singoli tifosi, i giocatori e gli allenatori, ma che contribuisce nel quotidiano ad alimentare un senso di ingiustizia e di persecuzione, ovvero la vittoria costantemente negata dal «vento del nord». La verità, penso nei momenti di sconforto, è che non abbiamo un'immagine chiara di noi stessi, del nostro posto nel mondo – e questa è anche una delle ragioni per cui le altre tifoserie ci prendono per il culo rinfacciandoci l'assenza di trofei, a cominciare da quella laziale, che ha utilizzato questo aspetto dell'identità romanista per distinguersi in contrasto, dicendo: «Noi siamo quelli che parliamo dopo»).

Due giorni dopo la sconfitta con la Juve Luciano Spalletti dà sul serio le dimissioni, il nuovo allenatore per il resto della stagione 2009/10 diventa Claudio Ranieri. Andando via da Villa Pacelli, sull'Aurelia, un palazzetto di inizio Novecento che la famiglia Sensi aveva trasformato da abitazione in ufficio, Spalletti struscia la fiancata della macchina sul cancello, sotto gli occhi dei giornalisti. Totti dice che avrebbe voluto chiudere la carriera con lui e De Rossi lo difende un'ultima volta: Spalletti era diventato il capro espiatorio delle difficoltà della Roma, che lascia comunque in uno stato di salute migliore rispetto a come l'aveva trovata. Daniele aggiunge anche: «Comunque una cosa dev'essere chiara: noi non giocavamo per Spalletti e non giocheremo adesso per Ranieri. Giochiamo soltanto per la Roma».

Scordatevi il bel gioco

Claudio Ranieri era stato esonerato dalla Juventus a due giornate dalla fine della stagione precedente, con la squadra ancora al secondo posto dopo otto partite senza vittoria. Romano di San Saba, un rione vicino a Testaccio, e soprattutto romanista, come prima cosa dice ai suoi giocatori di scordarsi il bel gioco e i colpi di tacco (di nuovo i colpi di tacco: forse a questo punto come metonimia del peccato originale della Roma, quella mania di grandezza di cui parlavo poco fa che si esprime nello scarto che c'è tra desiderare di vincere e vincere *giocando meglio* degli altri). Ranieri chiede, ai giocatori «di buona volontà», che vogliono uscire dalla brutta situazione in cui era finita la Roma (ultima in classifica a zero punti dopo due partite), «l'abc del calcio: non subire gol, determinazione e voglia di lottare su ogni palla». I tifosi da una parte sono delusi per come è finita con Spalletti e temono che non vedranno più una Roma divertente come prima, dall'altra si augurano di non prendere più quattro gol a partita. Il fatto che sia romano è un vantaggio come molti danno per scontato, o Ranieri sarà troppo coinvolto? «È normale emozionarsi» dice lui. «È troppo bello essere qui, anche se so che da romano è ancora più difficile».

La faccia di Ranieri starebbe bene sul busto di un antico romano, con gli occhi piccoli e duri incassati in una struttura ossea solida e severa, l'attaccatura profonda e i capelli appiccicati come piccole virgole sulla fronte, sopra tre rughe orizzontali segno di saggezza, che sembrano i solchi di un rastrello. A Roma lo chiamano «minestraro», forse perché nella minestra ci si può mettere un po' di tutto, o magari perché è un piatto semplice ma sempre buono, che nutre e riscalda. O forse è solo una presa per il culo perché ha sessant'anni ed è un tipo un po' all'antica. Ma ha viaggiato, ha allenato Valencia, Atletico Madrid e Chelsea e alla tigna testaccina ha aggiunto una disinvoltura da cosmopolita. Non potrebbe esserci un contrasto più forte tra il modo in cui Ranieri vive la partita, in piedi al limite della propria area tecnica, in stato di perenne tensione, incazzandosi, battendo le mani, incitando, gridando indicazioni o rimproverando, e quello di Spalletti, che negli ultimi tempi rimaneva impassibile, appoggiato al vetro della panchina, leggermente ingobbito con le braccia conserte e lo sguardo perso nel vuoto anche dopo un gol fatto.

Sul piano tattico, la Roma di Ranieri è una versione semplificata di quella di Spalletti, con trame di gioco più comuni (la palla sui due attaccanti del 4-4-2 per far salire il baricentro; il lancio lungo dalla difesa per cercare gli esterni se il centro è bloccato; i terzini che salgono fino a trequarti per crossare) e una difesa meno aggressiva, che preferisce la compattezza tra le linee al recupero alto, anche a costo di schiacciarsi a ridosso della propria area di rigore. De Rossi e Pizarro, in coppia a centrocampo (raramente insieme a una mezzala e a un centrocampista per creare un rombo più offensivo) devono prima di tutto dare equilibrio, anche se Ranieri dice che cercherà di far tirare Daniele più spesso, perché è pericoloso quando si avvicina all'area avversaria. Dopo la vittoria all'esordio in panchina, in rimonta con il Siena (la partita dei cori sul suocero di De Rossi), e una brutta sconfitta con il Basilea in Europa League, la Roma vince 3-1 con la Fiorentina, chiudendo il primo tempo 3-0 con un gioco brillante. Il terzo gol lo costruiscono interamente De Rossi e Totti (che aveva segnato il primo su rigore e il secondo chiudendo una mischia in area). Daniele lancia per Francesco sull'esterno sinistro e si butta in area, Francesco controlla di collo al volo, si gira e poi fa una di quelle cose che può fare solo lui: un cross di mezzo esterno sulla corsa di Daniele, che stacca dal limite dell'area di rigore e schiaccia la palla in direzione del palo più lontano dal portiere, facendola rimbalzare tra dischetto e area piccola. De Rossi esulta saltando sulle spalle di Totti, come se a segnare fosse stato in realtà il numero dieci. Ma i tifosi sono ancora arrabbiati per come stanno andando le cose e perché la squadra, dopo la sconfitta di Basilea, non è andata a salutarli: a fine partita Totti tira la maglia in curva e, mentre è di spalle, chi l'aveva ricevuta gliela ritira indietro, sulla pista d'atletica.

In ogni caso la vittoria con la Fiorentina è un'illusione, la Roma non è magicamente risorta dalle proprie ceneri, ci vuole più tempo perché l'albero degli insegnamenti di Ranieri dia qualche frutto. Dopo il pareggio con il Catania, che segue il pareggio con il Palermo, Daniele dice che la Roma non è «né carne né pesce»: non possono tenere insieme la leggerezza di Spalletti e la concretezza che vuole Ranieri. I giornali scrivono che anche lui è in crisi, che non è più lo stesso, ma De Rossi non è mai stato superiore né inferiore alla Roma in cui giocava: «Vivo il momento della squadra: non faccio la differenza, ma non sono neanche una zavorra». A inizio ottobre Totti si infortuna nuovamente al ginocchio e subito dopo arrivano tre sconfitte consecutive in campionato: con il Milan a Milano, dopo essere andati in vantaggio con Ménez e aver giocato un grande primo tempo, fallendo un paio di occasioni per chiudere la partita; in casa con il Livorno, «la peggior prestazione» da quando Ranieri allena la Roma, a suo dire; e infine a Udine, con De Rossi che segna il momentaneo 1-1 di testa e Doni, rientrato proprio in quel ciclo di partite dopo un infortunio al ginocchio che lo aveva costretto all'operazione e a stare fermo da aprile, che sbaglia sul gol che vale la sconfitta, finendo poi in panchina per il resto della stagione. Ed ecco che il nervosismo torna ai massimi livelli.

Alla fine della partita con il Milan, che aveva pareggiato su rigore pressoché inesistente, Burdisso e De Rossi cercano un contatto fisico con l'arbitro e vengono portati via; mentre David Pizarro rompe con un pugno il cartellone di Sky con i loghi degli sponsor per le interviste e dice che se non sta zitto gli danno dieci anni di squalifica. Anche per Ranieri «è una vergogna» e racconta che i giocatori glielo avevano detto negli spogliatoi – quindi prima della partita, oppure a fine primo tempo quando erano in vantaggio – che tanto sarebbe finita in quel modo, ma che lui non voleva crederci. Ranieri si giustifica in parte con l'assenza di Totti, l'unico che sa tirare fuori «conigli dai cilindri», in parte dicendo che non si esonera un allenatore se le cose vanno bene, che se Spalletti era arrivato sesto l'anno precedente qualche problema c'era.

A inizio novembre, dopo la sconfitta con l'Udinese, la Roma ha 11 punti in classifica, solo 2 in più del Bologna, sua prossima avversaria, che è in zona retrocessione. Prima della partita la squadra viene messa di nuovo in castigo, cioè in ritiro dentro Trigoria. È passato un mese e mezzo da quanto è arrivato Ranieri, che interrompe l'allenamento del venerdì qualche minuto in anticipo perché da fuori arrivano troppi insulti. E a mezzanotte, mentre alcuni giocatori già dormono, qualcuno fa esplodere due «rudimentali ordigni», come scrivono i giornali, due bombe carta sulla strada fuori dal centro di allenamento. La domenica il pullman della squadra viene colpito da sassi e uova e all'ingresso dell'Olimpico dei tifosi mettono in scena un funerale, con una corona di fiori che vorrebbero consegnare a tecnico e giocatori, ma l'autista tira dritto. Il Bologna passa in vantaggio e quando Vučinić pareggia poco dopo (non segnava da luglio) il pubblico reagisce fischiando. «All'Olimpico, in cinquantotto anni, non avevo mai sentito i fischi dopo un gol di un giocatore della Roma» commenta Ranieri. «Tutti siamo bravi quando le cose vanno bene. Ma la Roma si distingueva perché il suo pubblico l'aiutava sempre». Nel secondo tempo, Perrotta segna il 2-1 e festeggia spaccando con un calcio la bandierina del calcio d'angolo.

Toccato il fondo, comincia la risalita della Roma di Ranieri. Una settimana dopo la vittoria sofferta con il Bologna, gioca una grande partita a Milano con l'Inter. Vučinić segna un grandissimo gol di testa, saltando in anticipo su Lúcio in terzo tempo, e mettendo la palla sotto l'incrocio dal limite dell'area – poco prima, però, aveva fallito un'occasione solo davanti a Toldo, temporeggiando finché da dietro non era sopraggiunto Lúcio togliendogli palla: questo era Mirko Vučinić, l'idea che potesse essere un attaccante unico, tecnico come un trequartista con la palla al piede e decisivo in fase di finalizzazione, coesisteva con l'idea che fosse un lusso, un buco nero di occasioni da gol, un centravanti sciatto e con troppa poca fame di gol: nessuna delle due idee di Vučinić durava troppo a lungo. Nel secondo tempo la Roma subisce il pareggio di Eto'o – ecco un centravanti con classe e fame inesauribili – che controlla di spalle in area e senza neanche sapere dove si trovano porta e portiere incrocia un tiro perfetto sul secondo palo. La Roma esce con un punto da San Siro contro la squadra prima in classifica e Ranieri è felice che l'Inter abbia fatto il doppio dei falli della Roma: «Ci hanno picchiati, vuole dire che stavamo giocando molto bene». Uno di questi falli, però, è quello di Patrick Vieira che saltando di testa con De Rossi allarga il gomito e gli rompe lo zigomo. Daniele esce dal campo con la mano sulla guancia come se avesse un ascesso, non sembra neanche soffrire granché. «Ho avvertito un dolore terribile» dice dopo «e quando ho visto la Tac mi sono messo proprio paura: all'altezza dello zigomo è tutto un insieme di curve e dossi, un tracciato da rally». Deve essere operato per ridurre la frattura scomposta e salta le due partite successive.

Sono due vittorie, contro Bari e Atalanta, con Totti che è tornato a giocare. Il Capitano non aveva rinnovato il proprio contratto, anche se a suo dire si trattava solo di una formalità e anzi provocava i giornalisti chiedendogli come facevano a sapere che non avesse già firmato. Si parla di cinque anni a più di cinque milioni netti a stagione (in realtà saranno 4,5 per quella in corso e 4,3 per le successive, fino al 2014) e dato che aveva già trentatré anni qualcuno sosteneva che fossero troppi. Per questo, dopo la tripletta al Bari, Totti si sente ancora una volta di ricordare ai suoi detrattori che no, non è ancora «finito». Si dice anche che non corresse più buon sangue con De Rossi, che però rilascia ancora una volta dichiarazioni che sono attestati di lealtà e stima. Secondo Daniele i discorsi sul contratto di Totti sono futili. Bisognerebbe piuttosto chiedersi: «Lo trovi un altro così forte? Forse fra venti, trent'anni».

De Rossi torna a giocare nel derby di inizio dicembre, con una mascherina a X nera che gli protegge le ossa della faccia. Agli occhi di un ragazzo cresciuto leggendo gli X-Men, come me, un calciatore con la faccia coperta da una maschera può essere alternativamente un supereroe o un supervillain. Daniele, con la testa a punta rasata e i deltoidi a spiovente come un tetto, gli occhi che fuoriescono dalle cavità della mascherina, sembra Juggernaut, uno dei primi cattivi della Marvel, che dagli anni Sessanta è arrivato fino ai blockbuster dei nostri giorni. Un distruttore dotato di forza sovraumana, capace di bucare le montagne correndoci contro, o di spezzare in due Deadpool come una bambola, nel secondo film dell'omonimo franchise. Anche prima di avere dei poteri (ottenuti grazie a una gemma, mentre combatteva la guerra in Korea), Juggernaut era un bullo violento con l'unica giustificazione di essere stato il figlio di un bullo violento. In *X-Men – Conflitto finale*, uno dei film peggiori della serie, Juggernaut è interpretato da Vinnie Jones, un ex calciatore diventato attore, che era stato uno dei più scorretti e gratuitamente violenti nella violentissima Premier League a cavallo tra gli anni Ottanta e Novanta, espulso dodici volte e immortalato in una celebre foto mentre stringe con la mano i testicoli di Paul Gascoigne. Ancora una volta, quindi, De Rossi torna a ricalcare nel mio immaginario la figura del coatto violento, anche se come ho già scritto non penso gli corrisponda veramente.

La Lazio stava vivendo una stagione ancora più difficile di quella della Roma, in campionato non vinceva dal 30 agosto, cioè da dodici partite (ma prima aveva vinto la Supercoppa con l'Inter), e anche in Europa League era praticamente eliminata. Daniele entra in campo per il riscaldamento e calcia una palla altissima, che arriva dall'altra parte del campo, poi saluta la Sud mulinando le braccia. «Ero un po' trascinato dal momento, in effetti» dice in un'intervista al «Romanista» di qualche tempo dopo. Come sempre il derby è una partita tesa e a un quarto d'ora del secondo tempo la Lazio va vicinissima al gol: Zarate prende il palo calciando da sinistra e la palla arriva sui piedi di Mauri, solo al centro dell'area di rigore, con la maggior parte della porta spalancata. Sul suo tiro a botta sicura arriva Júlio Sérgio con un colpo di reni miracoloso (perdonate le espressioni trite, ma è andata proprio così). Poco dopo, Marco Cassetti segna l'unico gol della partita, il più importante della sua carriera. Al momento del triplice fischio finale Totti si gira in direzione della Curva Nord facendo il pollice verso con entrambe le mani, mentre De Rossi si aggrappa alla maglia di Cassetti trascinandolo a terra.

«A bordocampo c'era anche un mio amico, inutile che ti dica il nome» racconta Daniele al «Romanista». «È molto romanista, ma forse più mio amico che romanista. Lui mi dice sempre che dovrei andar via da Roma e vivere certe emozioni tipo Real-Barcellona o Manchester-Liverpool. A fine partita l'ho incrociato, non sapevo neanche che stesse lì, ci siamo abbracciati e gliel'ho detto: "Lo vedi, lo vedi perché resto qui, lo vedi?". Adesso finalmente ha capito».

Dell'amore reciproco

Una decina di giorni dopo quel derby Daniele va alla presentazione del libro *Daniele De Rossi. Il mare di Roma*, scritto da Tonino Cagnucci, giornalista del «Romanista». Non è una biografia tradizionale, anzi la mano dello scrittore è molto presente, ma a Daniele è piaciuto molto e ne parla quasi fosse la sua autobiografia. «Parla di me, quindi magari sono anche condizionato. Secondo me lui scrive benissimo, è molto bravo. Al di là del fatto che uno ami il calcio, o la Roma, o me in particolare, penso sia piacevole leggerlo» (e più di dieci anni dopo io non posso fare a meno di chiedermi se leggerà questo mio libro e se gli piacerà altrettanto; a dire il vero non è una cosa necessaria o un pensiero molto presente in me adesso che scrivo, ma lo sarà dopo, quando tornerò a essere solo un tifoso di De Rossi).

Sommersa nella scrittura vulcanica di Cagnucci c'è la frase che meglio di qualsiasi altra definisce Daniele De Rossi, quando dice che «rappresenta gli altri quando è sé stesso». E il giorno della presentazione del libro Daniele fa la sua dichiarazione d'amore più famosa. In quei giorni si parla di un'offerta del Chelsea da sessanta milioni e gli chiedono se anche lui, come Totti che ha appena formalizzato il rinnovo del contratto, resterà a Roma «a vita». Lui risponde di averlo già detto in miliardi di altre occasioni: «È l'unico posto dove voglio lavorare... non ci sono altri discorsi che devo fare». Ha le sopracciglia aggrottate, scuote la testa e sembra quasi volerla chiudere lì, la sua risposta. Poi però quando aggiunge «non c'ho rimpianti...» le sopracciglia gli si sciolgono, il volto gli si illumina e quasi sorride, come se cercare parole nuove per esprimere il suo amore per la Roma non fosse solo parte dei suoi doveri ma anche del suo talento, qualcosa che sa fare bene come le cose che fa in campo. Come se si rendesse conto che sta per dire una cosa che sarebbe stata ricordata. E dice: «L'unico rimpianto è avere una sola carriera da donare alla Roma».

Guardando il video, oggi, mi chiedo come abbiano potuto, le persone presenti, andare avanti a fargli altre domande, tornando alla banalità quotidiana. «Daniele, lo vuoi Totti in azzurro?» gli chiedono subito dopo, dato che con Lippi in panchina si parlava di un possibile ritorno del Capitano in Nazionale. Mi stupisco che non si siano fermati per applaudirlo, che nessuno gli sia saltato addosso come faceva lui con i suoi compagni dopo un gol, abbracciandolo e colpendolo con pacche affettuose ma toste, baciandolo sulle guance come se si fosse appena sposato e loro fossero tutti suoi testimoni.

De Rossi ripeterà ancora molte volte, sempre con una forma diverse, questo stesso concetto. Dirà che «Roma ti strega, da qui è quasi impossibile partire. I tifosi ti amano, ti seguono, se cadi, aspettano il tuo riscatto». Dirà che il suo «rapporto coi tifosi, da quelli della Sud alle signore anziane che incontro per strada, è lo stesso, cioè fantastico. E questo è dovuto a una cosa: abbiamo in comune l'amore per la Roma. Io sono come tutti loro, nel senso che sin da piccolo ho seguito questa squadra, andando allo stadio. Poi ho avuto il privilegio di viverlo da dentro, ma so bene quello che vivono e provano perché è quello che vivo e provo io. Dentro». Dirà che restare a Roma non è stato un vero e proprio sacrificio: «La mia scelta è stata molto egoista, perché io avevo proprio bisogno di giocare con la Roma. Ho il piacere fisico ed emotivo di giocare con questa maglia». Dirà, anzi, che non è stata neanche una vera e propria scelta: «Lo sai che vuol dire essere una bandiera della Roma? Significa una responsabilità enorme che ti porti sempre addosso. Significa che non hai scelta. Che quando in passato ho avuto offerte o quando stavamo sull'orlo del fallimento o quando le cose non andavano, quando ti chiama semplicemente qualcuno non sei tu che rispondi, perché tu, io sono della Roma nel senso di proprietà della Roma, "dei" tifosi della Roma. Io, Daniele De Rossi, sono di proprietà dei tifosi della Roma».

Quello che rende unico il rapporto tra De Rossi e i suoi tifosi non è solo il tempo che ha passato vestendo quella maglia, ma il modo in cui l'ha fatto. L'idea di campione sportivo, oggi, è sbilanciata e asimmetrica come quella di celebrità; mettiamo la nostra felicità nelle loro mani, vogliamo che loro siano felici per poterlo essere un po' anche noi. Siamo come quegli uomini e quelle donne che proiettano nel proprio partner la loro stessa identità, che lo guardano da sotto un piedistallo, illudendosi della sua perfezione, ignorandone i difetti, lo ammirano fino ad annullarsi. È un amore mai veramente corrisposto, non nella stessa misura almeno. È un amore che cuciniamo per settimane e mesi, ma di cui mangiamo le briciole. È un amore che non riempie, che ci lascia con un senso di vuoto interiore. Quello che abbiamo vissuto con Daniele De Rossi, invece, è stato un amore che ci ha dato pienezza.

In diciotto anni di carriera da professionista Daniele ha dato ai suoi tifosi un bene raro: la reciprocità. Non stava scritto in nessun contratto, eppure ce ne ha fatto dono. Non abbiamo solo amato la stessa cosa, la Roma, ma noi abbiamo avuto l'impressione che stavamo amando lui quanto lui ha amato noi. Che non stavamo perdendo il nostro tempo e la nostra voce dietro a dei simboli irraggiungibili di eccellenza, successo, virilità. Perché cantavamo per qualcuno che ci ascoltava, eravamo lì per qualcuno che sentiva la nostra presenza. E questo pochissimi altri tifosi possono dirlo, di pochissimi altri calciatori.

Padroni del proprio destino

Un minuto.

Quello che va dal settantunesimo al settantaduesimo.

L'Inter ha pareggiato da poco la rete di De Rossi con un gol di Diego Milito, viziato da un fuorigioco non segnalato all'inizio dell'azione, e adesso sta di nuovo schiacciando la Roma al limite della propria area di rigore. Cambiasso la passa a Maicon, Maicon a Cambiasso. D'altra parte è la stessa Inter che di lì a poco avrebbe eliminato il Barcellona di Messi, Iniesta, Xavi e Ibrahimović e vinto la Champions League in finale con il Bayern Monaco. De Rossi, con la fascia da capitano al braccio perché Totti è ancora in panchina, ha accorciato sull'esterno, vicino alla linea laterale. Sta con le braccia tese e larghe e il culo basso, pronto per esplodere sulle cosce nel caso in cui provassero a saltarlo. Ma Pizarro, che dovrebbe coprire lo spazio alla sua destra, è troppo lontano e quando Cambiasso si accentra può portare palla fino alla trequarti.

Cambiasso la passa a Pandev, che gli è venuto incontro. A pochi metri dall'area di rigore Pandev controlla e si gira, minacciando i centrali di difesa della Roma che fanno un passo avanti, mentre Taddei a destra corre verso la propria porta tenendo in gioco Milito. Pandev scucchiaia alle spalle di Burdisso e Juan; Milito, solo davanti a Júlio Sérgio, sbaglia il controllo e il portiere gli piomba addosso senza fare fallo.

Júlio Sérgio la passa a Riise, che accelera per qualche metro poi si ferma. Da Riise a De Rossi, che potrebbe lanciare per Luca Toni, che la Roma ha preso in prestito a gennaio dal Bayern Monaco apposta per avere un riferimento, una «torre», sul gioco lungo, ma così facendo rischierebbe di restituirla all'Inter e tornare subito a difendere. Meglio salire con calma, passandola a Pizarro che poi può farla scorrere in orizzontale verso destra, a Taddei.

Appena ricevuto palla, Taddei aumenta la velocità e lo stadio Olimpico alza la voce. Quando Thiago Motta scala sulla sua fascia Taddei prova a giocare un uno-due con Vučinić, che però è contrastato da dietro da Samuel e gliela ridà male, costringendolo a tornare indietro.

Taddei la passa a Cassetti che è salito fino alla trequarti, Cassetti la ripassa a Taddei, che la ripassa ancora una volta a Cassetti. Sembra che nessuno voglia prendersi la responsabilità di saltare un avversario, di spezzare le linee con un filtrante. Certo non starebbe a Cassetti farlo, un terzino robotico di grande corsa, non esattamente un funambolo. È pressato da Javier Zanetti che lo spinge verso la metà campo, ma invece di ricominciare passando palla alla difesa Cassetti prova un cross di sinistro per Toni, senza sperarci davvero. La Roma attacca, senza attaccare veramente.

La difesa dell'Inter respinge e De Rossi va al duello aereo con Pandev. A volte non serve colpire la palla di testa per vincere il duello, basta togliere l'equilibrio all'avversario e farla colpire male a lui. De Rossi spinge col corpo Pandev, che riesce solo a spizzare la palla all'indietro. Juan ci arriva facilmente, passandola di prima a Perrotta. Perrotta la passa a Riise lì vicino, Riise crossa da trequarti di campo, pigramente, giusto perché non si sa mai cosa può accadere.

De Rossi vede il cross partire e si butta in area, perché in fondo è vero, che non si sa mai cosa può nascere da una palla buttata dentro a caso.

Lúcio anticipa Toni, facendo tornare la palla sulla fascia destra, quella di Taddei, che sarà stato anche un esterno un po' vecchia scuola, di sacrificio, ma aveva i suoi momenti di genio. Con la respinta di testa di Lúcio che gli cade davanti Taddei pensa al gol quasi impossibile, al volo, di destro, quasi dall'angolo dell'area di rigore. Perché, anche in questi casi, non si può mai sapere. Se puoi pensarlo, puoi anche farlo, no?

Taddei colpisce la palla malissimo, ne viene fuori quella che a Roma chiamano «ciabattata», ma la ciabattata è anche un involontario splendido passaggio per Toni, magicamente rimasto solo al centro dell'area. Lúcio e Samuel sono andati sul tiro di Taddei, stupidamente, come attratti da un magnete. Toni al contrario è scivolato all'indietro, in modo furbo, avvicinandosi al dischetto.

Dietro di lui c'è Thiago Motta che però è preoccupato solo di De Rossi, ancora dietro, e quando si accorge che la palla è arrivata a Toni è troppo tardi.

Toni controlla il tiro di Taddei con il piatto destro, sembra quasi non averlo fatto apposta, che si sia trovato la palla sul piede e gli serva una frazione di secondo per realizzare il da farsi. Poi gira su sé stesso come un enorme compasso che ruota sulla punta, e calcia sempre col destro, cadendo culo a terra, tenendo bassa la palla sul primo palo, mettendola lì dove Júlio César non fa in tempo ad arrivare.

De Rossi salta tre volte, come i bambini che hanno troppa energia da scaricare prima di andare a letto, spingendo le braccia verso il basso. Poi corre fino alla porta e si aggrappa alla traversa, dondolando.

Luca Toni è l'italiano cubista, tronista, con i capelli bagnati, il sorriso rimorchione e un'esultanza iconica, sempre quella. Che è la mano destra che ruota intorno all'orecchio, un gesto che gli aveva fatto una volta un amico per fargli notare una cosa bella che aveva appena detto. *Hai capito, sì?* Per i tifosi romanisti è la cosa più vicina alla mitraglia con cui festeggiava Gabriel Omar Batistuta, il numero 9 dello Scudetto, sparando ai suoi stessi tifosi, facendoli morire dal piacere. Toni ha vinto un Mondiale, un campionato e due coppe in Germania, è alto quasi due metri e si muove come lo scheletro di un dinosauro appeso con un filo al soffitto, è un lottatore, uno che protegge la palla dagli avversari facendo scudo col proprio corpo, con le sue gambe e braccia che sembrano allungabili. Toni è l'italiano sempre in camicia bianca, che gode a far vedere agli altri italiani la sua grandezza letterale e simbolica (tanto non è l'unico italiano del genere e finché ci si mostra la propria grandezza a vicenda non c'è dolo). Dopo aver portato la mano all'orecchio Toni si ferma sotto la Curva Sud, guarda tutta quella gente impazzita, allarga le braccia e muove le mani verso l'alto. *Di più, di più. Ne voglio di più.*

Subito gli arriva sopra il resto della squadra, compreso De Rossi che salta in cima alla montagna umana. Prima, quando aveva segnato lui, aveva preso con una mano lo stemma con la lupa e con l'altra l'aveva indicato, mentre faceva lo slalom tra i compagni e gridava. Ha corso, baciato lo stemma e portato avanti quel discorso tra sé e sé, o forse tra sé e il resto del mondo, che ha iniziato la prima volta che ha fatto gol e però dimentica sempre un attimo dopo che è finita la partita, e se gli chiedete in cosa consiste non sa dirvelo.

Poi Daniele ha fatto una scivolata sulle ginocchia, è scivolato poco, perché è pesante e l'erba non è bagnata. Infine, inginocchiato com'era, da sotto il calzettone nero ha tirato fuori il parastinco su cui è raffigurata sua figlia Gaia e l'ha baciato. Dopo aver provato cosa significa vincere il Mondiale con l'Italia, la Coppa Italia e la Supercoppa con la Roma, l'emozione più grande per lui restava entrare in campo con sua figlia, davanti al pubblico dell'Olimpico.

«Amo troppo la Roma, viene dopo mia figlia. Quando segno non posso fare le orecchie alla Toni, non ci riesco. Mi viene da baciarla la Roma».

Con il gol del 2-1 di Toni, la Roma si avvicina a un solo punto dall'Inter di Mourinho. Sta finendo marzo ed è difficile credere a quello che sta succedendo. La stagione 2009/10 era iniziata come un incubo e adesso invece si ritrovano a vivere una specie di sogno. Di solito le cose vanno nel modo opposto, alla Roma.

Toni dice che si tratta di un momento «bellissimo, emozionante, impareggiabile, magico». A quaranta secondi dalla fine della partita con l'Inter Milito aveva avuto la palla del 2-2, su un lancio lungo (simile a quello che aveva portato al gol di Toni) che gli era finito sul sinistro a pochi metri dalla porta; Milito aveva calciato fortissimo ma la palla aveva timbrato il palo. Totti dice di aver perso dieci chili su quel tiro. Il Capitano aveva giocato pochissimo da inizio gennaio e Ranieri lo aveva messo in campo a pochi minuti dal termine, per tenere palla, dei minuti che Ranieri ha definito «una delizia assoluta». L'allenatore da una parte dice che devono crederci, ormai, nello scudetto, ma ricorda a tutti che la Roma è ancora seconda in classifica. Sono stati «cinque mesi di sacrifici», hanno lottato e sofferto quasi ogni partita, non è il caso di lasciarsi andare proprio sul più bello. Anche perché in quei cinque mesi ci sono state partite incredibili, eccezionali – come quella con la Juventus, battuta 2-1 a Torino, grazie al gol di testa di John Arne Riise al terzo minuto di recupero – ma anche partite in cui la squadra ha dato segno di fragilità. Giusto un mese prima la Roma si era fatta eliminare malamente dal Panathinaikos, in Europa League, subendo due gol negli ultimi cinque minuti della gara d'andata in Grecia (finita 3-2) e addirittura tre in otto minuti alla fine del primo tempo di quella dell'Olimpico (finita sempre 3-2 per i greci).

Certo, nell'Inter c'è molta tensione, è la stagione in cui Mourinho litiga con Balotelli e pensa che ci sia un complotto per far vincere il Milan, alza i pugni incrociati al cielo simulando di essere stato ammanettato e alla tv inglese dice: «Non mi piace il calcio italiano e io non piaccio al calcio italiano». Ranieri poi ha il dente avvelenato con Mourinho, che ha preso il suo posto al Chelsea e non perde occasione per umiliarlo (come quando ha detto che in cinque anni in Inghilterra sapeva a malapena dire «good morning» e «good evening»). Ma l'Inter è una squadra pazzesca, che potrebbe benissimo vincere tutte le partite che restano, di tutte le competizioni a cui sta partecipando.

Due settimane dopo, però, a metà aprile, la squadra di Mourinho pareggia con la Fiorentina, quella di Ranieri vince con l'Atalanta, e per la prima volta dal 2002 – per la prima volta con De Rossi in campo – *la Roma è prima in classifica*.

E la settimana dopo ancora c'è il derby di ritorno.

La Lazio di Edy Reja è in un buon momento, non perde da sei partite. Ma è ancora al sedicesimo posto in classifica, la Serie B non è lontana, la Roma invece è in striscia positiva da 23 partite (Fabio Capello nell'anno dello Scudetto si era fermato a 21) e deve vincere per forza dato che l'Inter ha giocato il giorno prima e ha battuto la Juventus. Il derby del 18 aprile 2010 è annunciato dal centrocampista laziale Ledesma come quello dello «sgambetto della vita», perché far perdere lo scudetto ai rivali cittadini equivale quasi a vincerlo. La Lazio ci va vicina. Tommaso Rocchi, capitano e numero 9, uno di quei centravanti italiani sempre sottovalutati che fanno della capacità di muoversi negli spazi vuoti delle difese avversarie un'arte, la porta in vantaggio scappando dietro a Burdisso, servito proprio da un lancio di Ledesma. Dopo il gol laziale, dalla Tribuna Tevere (dove vanno anche gli ex curvaroli che magari vogliono stare più comodi, o che non si rivedono più nei gruppi organizzati, dove in quegli anni ci sono sempre scontri durante i derby) si alza il coro: «Noi non ti lasceremo mai», ma la Roma ha giocato un primo tempo orribile e Ranieri deve fare qualcosa per cambiare l'inerzia.

Sorprendendo tutti, l'allenatore romano decide di togliere i due soli giocatori romani in campo, Totti e De Rossi. La Roma torna in campo con Perrotta che indossa la fascia da capitano e dopo due minuti del secondo tempo Kolarov salta Taddei e Cassetti sul lato destro dell'area di rigore romanista e si prende il rigore. Totti ha raccontato che sia lui che De Rossi avevano «rosicato» ed erano rimasti negli spogliatoi più del dovuto, vestendosi con calma come per prendere tempo prima di risalire e guardare il derby da spettatori. Quando hanno sentito il primo boato pensavano che la Roma avesse pareggiato. Sul dischetto va l'altro attaccante laziale, Sergio Floccari, che calcia dalla parte in cui si tuffa Júlio Sérgio.

La partita si ribalta e diventa il suo negativo. Meno di cinque minuti dopo il rigore di Floccari è Taddei a saltare in area di rigore Kolarov e a procurare il rigore che Mirko Vučinić trasforma. Totti e De Rossi a quel punto si sbrigano a risalire e con la pettorina gialla assistono a bordo campo al gol del 2-1, sempre di Vučinić, che calcia forte e centrale una punizione da venticinque metri che fa venire giù lo stadio.

Neanche Ranieri può essere sicuro che aver tolto Totti e De Rossi sia stata la mossa vincente – a conti fatti è contato di più il rigore sbagliato da Floccari – ma di certo solo un romano avrebbe potuto prendere una decisione del genere. Non succederà più e Totti, che a fine carriera sarà il giocatore della Roma con più presenze (45), gol (11) e vittorie (16) nei derby, nella sua autobiografia dirà che Ranieri si è preso «rischio mai visto»; Zucconi su «Repubblica» ipotizza addirittura che se fosse finita male avrebbe fatto la fine di Giordano Bruno. L'allenatore ha detto di averli visti nervosi già nei giorni precedenti e di aver deciso di sostituirli anche perché erano entrambi ammoniti. La forza della Roma fin lì era stata quella del gruppo e su quello aveva deciso di puntare. La Roma era una squadra unita «come le dita della mano», aveva detto Mexès qualche settimana prima, e la vittoria nel derby – in rimonta, senza i due capitani – ne era la prova.

A fine partita, il centrocampista della Lazio Roberto Baronio insulta Totti dicendogli che è un giocatore «finito», Totti reagisce mostrando i pollici rivolti verso il basso alla Curva Nord, come all'andata. La Lazio rischia davvero di andare in B e in quegli anni ogni derby è occasione di scontri violenti fuori e dentro lo stadio, con accoltellamenti e macchine date alle fiamme. Per questo l'esultanza di Totti viene considerata una provocazione pericolosa. Ledesma dice che è un gesto «indecente» mentre Reja pensa che Totti meriti dieci giornate di squalifica. In compenso Paolo Di Canio, ormai commentatore in tv, lo difende dicendo che sono cose normali anche se antipatiche, che solo chi è di Roma può capire. Totti chiede scusa e paga ventimila euro di multa.

A quel punto mancano solo quattro partite. Trecentosessanta minuti e la Roma potrebbe tornare a essere campione d'Italia. E Claudio Ranieri potrebbe diventare il primo allenatore romano a vincere lo scudetto con la Roma. Metà dei romanisti scuote la testa e dice che tanto lo vince l'Inter, l'altra metà immagina già il Circo Massimo colmo di gente. Anzi, diciamo che è lo stesso romanista, ogni romanista, a vivere entrambi gli stati d'animo.

Prima però deve affrontare l'altra sorpresa del campionato, la Sampdoria degli ex Delneri e Cassano, che occupa il quarto posto in classifica e vuole andare in Champions League. Il primo tempo con la Sampdoria è il più bello da quando Ranieri siede sulla panchina della Roma. La squadra non sembra sotto pressione, gioca con libertà e determinazione. Juan va vicino al gol in rovesciata, così come Perrotta con una sforbiciata dal limite dell'area. Totti segna il gol dell'1-0 con un diagonale di sinistro da fermo; poi Vučinić lo smarca con un colpo di tacco e solo Storari gli nega la doppietta con una parata felina. Sempre Totti va vicino al gol calciando fuori, con una specie di rovesciata, un tiro respinto di Ménez. Storari gioca una delle sue migliori partite in assoluto, tra i fischi dell'Olimpico (un anno dopo, da portiere della Juventus, farà di nuovo sbroccare Totti, che gli griderà «pezzo di merda» dopo una parata; «Che dovrei fare?» chiederà il povero Storari in un'intervista. «Non parare per fare un favore alla Roma?». La risposta, per i tifosi della Roma che come me ricordano quella partita con la Samp, ovviamente è: sì, dovresti). Cassano sostiene che se il primo tempo fosse finito 5-0 per la Roma non sarebbe stato strano. All'inizio del secondo, però, è proprio Cassano a portare a spasso Burdisso sulla fascia sinistra, con una delle sue finte di bacino se l'allunga sul sinistro e crossa per Pazzini, appostato sul secondo palo. Quando la Sampdoria segna il gol dell'1-1 manca più di mezz'ora, il tempo per segnare di nuovo ci sarebbe, ma come spesso capita (come era capitato con il Panathinaikos) qualcosa sembra essersi rotto nella testa dei giocatori della Roma. Lo stadio canta «che sarà sarà» e Ranieri mette dentro Toni sbilanciando la squadra in avanti, dalla panchina dice ai suoi che «un punto o zero punti è uguale». Ma a cinque minuti dal termine Pazzini segna il suo secondo gol, su un cross basso di Mannini, che l'attaccante aggredisce come se stesse giocando l'ultima partita della sua vita, come se non potesse più fare altri gol dopo quello. Ed è ironico che l'esultanza di Pazzini, l'indice e il medio portati sotto gli occhi, che oggi i tifosi romanisti non possono rivedere senza soffrire, sia nata in risposta all'esultanza di Toni quando i due erano compagni di squadra a Firenze (e Pazzini faceva la panchina a Toni): se la mano all'orecchio era un modo per essere sicuro che tutti lo stessero a sentire, Pazzini voleva che tutti lo guardassero.

«Non siamo più padroni nel nostro destino» ha commentato Ranieri dopo la partita. «Noi siamo qua perché l'Inter ha perso qualche punto di troppo in campionato, onestamente. Perché l'Inter è un'armata bellissima da vedere, compatta, difficile da superare». Personalmente tanto gli avevo voluto bene in quella stagione dopo la partita con l'Inter, dopo il derby, quanto mi sono sentito tradito dalla sua aria tranquilla quella notte, come se in fondo fosse stato più giusto così. Mi sentivo molto più vicino alle lacrime di Mexès in panchina. E quando qualche anno dopo Ranieri è riuscito a portare davvero a termine un miracolo, quello in Premier League del Leicester di Vardy e Mahrez, è stato impossibile non provare ancora un po' di dispiacere: perché con noi non ci è riuscito? Era quello il modo in cui si affrontavano le delusioni, facendo spallucce, come se il nostro *vero* posto fosse stato quello di eterni secondi? E anche se fosse stato così, proprio adesso Ranieri aveva deciso che doveva starci bene? «Non si aspettava altro che veder piangere la Roma» ha commentato De Rossi. Delle tre partite mancanti, solo quella con la Lazio avrebbe potuto mettere in difficoltà l'Inter, di certo non ci avrebbe pensato il Chievo che era già salvo, né il Siena che era già retrocesso. C'era ancora una speranza, d'accordo, ma visto che la Roma avrebbe giocato in anticipo Daniele ha detto che il giorno di Lazio-Inter avrebbe preferito andare al mare con la figlia. Si è risparmiato, almeno in diretta, lo striscione dei tifosi laziali che a me invece ha rovinato il pomeriggio, OH NOOOOOO, che stava a significare quanto gli dispiaceva perdere quella partita (finita 2-0). Perché, come aveva detto Daniele: «Le loro gioie ormai sono le nostre disgrazie». Cose normali, anche se antipatiche.

Prima che finisca il campionato, dopo la sconfitta con la Sampdoria, la Roma perde anche la finale di Coppa Italia. Sempre con l'Inter, all'Olimpico. Segna di nuovo Milito, che su una palla persa della Roma, giocata in verticale velocemente da Thiago Motta, corre palla al piede una metà campo intera e calcia di collo destro a incrociare sul palo lontano. Una partita nervosa, cominciata con un fallo di Burdisso che finisce coi tacchetti sulla coscia di Sneijder dopo neanche venti secondi, costringendolo a chiedere la sostituzione. In cui la Roma è dominata dall'Inter per lunghi tratti e in cui Totti (tenuto in panchina da Ranieri nel primo tempo, anche se aveva giocato molto bene sia con la Samp che con il Parma) a due minuti dalla fine insegue Balotelli e lo centra più forte che può sulla gamba d'appoggio, da dietro, non solo per colpirlo ma «a fargli proprio male», come ha detto Totti stesso. Per vendicare, dirà dopo, offese «dirette a infangare una città e un intero popolo». Come sempre, ci sono degli episodi arbitrali dubbi su cui arrabbiarsi, ma Ranieri è dispiaciuto perché la Roma ha perso per un episodio e soprattutto perché la squadra non era stata tranquilla: «Non abbiamo giocato, eravamo slegati». Si continua a dire che la stagione non sarebbe finita prima dell'ultimo minuto dell'ultima gara, che qualche speranza di vincere il campionato c'è ancora. Ma le ultime due partite non sarebbero servite a niente, se non a mantenere il vantaggio sul Milan terzo in classifica; così come non servono a niente né l'assist né il gol di De Rossi nel 2-0 al Chievo, l'ultima giornata: un tiro da trenta metri che gira sempre verso l'incrocio alla destra di Daniele, una palla violentissima che se non ci fosse stata la rete di porta si sarebbe incastrata nel cemento sotto le tribune. È l'ultimo gol di quella incredibile stagione, il suo undicesimo in totale, considerando anche le coppe (a cui vanno aggiunti otto assist). Non ha mai segnato così tanto, non segnerà mai più così tanto, ma Daniele non esulta neanche, torna a metà campo con la testa leggermente bassa. Durante quella partita i tifosi in trasferta espongono lo striscione: CHI TIFA ROMA NON PERDE MAI. Anche stavolta l'Inter aspetta il secondo tempo per segnare il gol con cui vince il campionato (stavolta non è Ibrahimović ma Milito l'autore) e la Roma arriva seconda per la terza volta in quattro anni. Ma non c'è neanche più il vittimismo furioso dell'anno prima, stavolta «la delusione l'avevamo già metabolizzata,» dice Daniele «le nostre lacrime erano per quella gente così innamorata della Roma che era sugli spalti».

Nel corso di quella stagione è cresciuto, invecchiato, non è più il De Rossi rasato e rosso di rabbia. A maggio ha i capelli più lunghi e mossi, di un biondo meno acceso rispetto a quattro o cinque anni prima, e si sta facendo crescere la barba. Se ai tempi del suo esordio sembrava un bambino vicino alla versione più platinata di Mexès, adesso potrebbe essere suo fratello maggiore. Chissà se tornando a metà campo, dopo aver segnato al Chievo, ha pensato che si trattava di un altro gol inutile, che nessuno se lo sarebbe ricordato.

E invece, per me, è uno dei suoi più belli e significativi.

Non c'è soluzione di continuità tra la fine della stagione 2009/10 e l'inizio di quella successiva. La Roma passa dalla sconfitta in finale di Coppa Italia con l'Inter di Mourinho alla sconfitta in Supercoppa con l'Inter di Rafael Benítez (3-1). A maggio De Rossi si era complimentato con l'Inter e aveva detto: «Se continuiamo a giocare così, prima o poi uno scudetto lo vinciamo»; ad agosto dopo aver perso la sua Supercoppa (l'ultima che giocherà in carriera) si limita a una constatazione: «I nerazzurri hanno una rosa più ricca e fanno investimenti più robusti». Daniele sembra semplicemente rassegnato. Anche se, a dir la verità, la Roma la perde praticamente da sola la finale di Supercoppa. Costruendo dal nulla, ad esempio, dopo essere passata in vantaggio, il gol del pareggio di Pandev, con un ridicolo passaggio di Vučinić al centro dell'area di rigore, dall'esterno sinistro, per Juan che sta guardando da un'altra parte e lascia passare la palla.

In mezzo c'è la delusione del Mondiale sudafricano, in cui De Rossi ha ancora un ruolo importante, da leader del centrocampo, e che dice di sentire più suo rispetto a quello del 2006. In ritiro però crea un caso nazionale dichiarandosi contrario alla «tessera del tifoso», voluta dal ministro dell'Interno Roberto Maroni. Già dopo l'ultima partita con il Chievo, di fronte ai trentamila tifosi romanisti venuti in trasferta aveva detto che purtroppo non ci sarebbe più stato uno spettacolo del genere per colpa della tessera. Con la Nazionale aggiunge che non è giusto, secondo lui, schedare qualcuno prima che abbia commesso una qualsiasi infrazione. Allora ci sarebbe voluta anche una tessera per i poliziotti, come quelli che avevano pestato un ragazzo solo perché indossava una maglietta rossa e passava in motorino nella zona dello stadio durante la finale di Coppa Italia. Ovviamente i sindacati di polizia si incazzano e lo chiama persino il presidente della Federazione, Abete, per sgridarlo.

Poche ore dopo Daniele chiede scusa per l'espressione «infelice» e conferma il rispetto per le forze dell'ordine.

Gli chiedono anche, per l'ennesima volta, cosa ne pensa delle voci che lo vedevano lontano da Roma. Nel caso specifico si diceva che José Mourinho, dopo aver vinto tutto con l'Inter ed essere diventato allenatore del Real Madrid, lo volesse a tutti i costi. De Rossi risponde come sempre, solo che stavolta aggiunge che se proprio la Roma lo volesse vendere per non fallire non sarebbe la fine del mondo per lui: «Non andrei a soffrire. Il Real Madrid non è il Pizzighettone». Basta quello per far scrivere titoli come «De Rossi: "Se la Roma accettasse, andrei al Real"». Rosella Sensi aveva già detto che considerava «offensivo» anche solo che continuassero a chiederle se sarebbe stata disposta a venderlo a una cifra oppure a un'altra e De Rossi a un certo punto è così scocciato che ricorda quando Totti gli disse che, come era successo a lui, la stampa nazionale gli avrebbe fatto «pagare il fatto di essere romano».

Tempo prima Daniele aveva riflettuto sull'ironia del fatto che anche se gli Azzurri avessero vinto quel Mondiale non avrebbero comunque fatto meglio di quattro anni prima. Qualsiasi altro risultato, va da sé, sarebbe stato una delusione. Il Mondiale sudafricano però è un autentico disastro, l'Italia viene eliminata con due soli punti in un girone con Paraguay, Nuova Zelanda e Slovacchia (unica consolazione: anche la Francia finalista dell'edizione precedente esce al primo turno). Del resto, già l'anno prima, dopo la brutta eliminazione in Confederations Cup, Marcello Lippi aveva messo in guardia tutti: «Pensavate che dopo aver vinto il Mondiale l'Italia avrebbe vinto la Confederations e rivinto il Mondiale 2010? Nel calcio si passa anche attraverso ridimensionamenti».

L'Italia aveva pareggiato le prime due partite con Paraguay e Nuova Zelanda, andando in svantaggio in entrambi i casi, ma se avesse vinto con la Slovacchia (che aveva fatto persino peggio perdendo con il Paraguay e pareggiando con la Nuova Zelanda) avrebbe passato il turno. Non meritandolo, si sarebbe comunque ritrovata agli ottavi di finale e da lì in avanti chi lo sa cosa sarebbe potuto succedere: in fondo giocare male nel girone è una tradizione italiana, nel '94 siamo passati come terzi e poi siamo arrivati in finale. Ma l'Italia perde 3-2, De Rossi non sembra in giornata e sbaglia quasi tutti i lanci, anche i cambi di campo sul terzino dalla parte opposta. Prima della partita si sentiva tranquillo, dopo non si capacitava di quell'ennesima sconfitta: «Non c'è una spiegazione logica». L'attaccante slovacco che ha segnato i primi due gol, Vittek, invece a fine gara sostiene: «Eravamo la squadra migliore, per questo siamo passati noi».

Daniele entra in quasi tutti i gol fatti e subiti di quella spedizione. È lento a reagire sul colpo di testa di Alcaraz che porta in vantaggio il Paraguay, poi pareggia su calcio d'angolo («Il gol più importante della mia carriera in azzurro insieme a quello della finale di Berlino») giocando un gran secondo tempo. Contro la Nuova Zelanda procura lui il rigore del pareggio di Iaquinta, che festeggiano insieme, con Daniele che suona il naso del compagno come una delle vuvuzele che fanno da colonna sonora di quel Mondiale. Contro la Slovacchia si fa intercettare un passaggio sulla trequarti per Montolivo che porta al tiro dell'1-0; poi non riesce a seguire l'inserimento di Kopúnek, appena entrato e quindi più fresco, nel cuore dell'area di rigore italiana (lasciata sguarnita, a dirla tutta, da Cannavaro, che va a raddoppiare su Vittek già marcato da Chiellini vicino al fallo laterale) per il gol del 3-1. Infine, dopo aver calciato contro un avversario, riesce a servire in scivolata Quagliarella che con un cucchiaio da fuori area segna il gol del 3-2 finale.

Giorgio Forattini disegna sulla prima pagina del «Giornale» un campo da calcio con undici bare e Gattuso pensa che se quattro anni prima li avevano fatti cavalieri del lavoro adesso sarebbero diventati «cavalieri della vergogna». A Fiumicino, di ritorno dal Sudafrica, l'unico giocatore italiano che non riceve insulti dalle poche persone venute ad accogliere la Nazionale è De Rossi, a cui anzi qualcuno grida: «A Danie' prendili tutti a pizze».

Una parte per il tutto

Siamo arrivati al punto in cui la storia di De Rossi – e quindi quella della Roma – si piega su sé stessa, dimenticando le sue premesse, dimenticando che c'era una storia da raccontare, e anzi sembra tornare indietro. Soprattutto, dovrebbe essere chiaro che siamo già entrati in quegli undici anni della sua carriera in cui non avrebbe vinto più niente: dopo la stagione 2009/10 la Roma arriverà seconda in campionato altre tre volte nei successivi sette anni, ma non andrà mai più così vicina allo scudetto. Il secondo posto non avrà più il sapore amaro di una beffa del destino, ma quello ancora più amaro della conferma di come stanno le cose veramente. Per questo, per raccontare le prossime stagioni farò maggiormente affidamento su quei momenti che hanno dato un particolare senso di pienezza alla sua carriera, piuttosto che sulla promessa di vittoria mai soddisfatta (il gancio a cui, come detto, sono comunque appesi tutti i romanisti).

Momenti come quello del 7 novembre 2010 – doveva essere poco prima o poco dopo le cinque del pomeriggio – in cui Daniele De Rossi per festeggiare la vittoria nel primo derby stagionale sale sulla cancellata gialla che delimita la parte bassa della Curva Sud e la pista d'atletica dello stadio Olimpico. È il derby successivo a quello in cui Ranieri aveva dovuto sostituire sia Totti che De Rossi per rimontare e stavolta, senza Francesco – che si è fatto espellere per aver reagito a uno sgambetto di Rubén Oliveira nella partita precedente con il Lecce –, Daniele è il solo romano in campo, con la fascetta al braccio. A quella partita la Lazio arriva da prima in classifica, con dieci punti in più della Roma, e la perde per colpa di due rigori, prendendo pure una traversa clamorosa prima di subire il 2-0 e protestando per un rigore che l'arbitro non le aveva concesso. I giocatori della Roma esultano a lungo in mezzo al campo dopo il fischio finale, prima di correre verso la Sud. Lo stadio è mezzo vuoto ma la Sud è sempre piena, anche se molti ultras erano rimasti fuori e non c'erano state coreografie né striscioni per protesta contro l'entrata in vigore della tessera del tifoso. A fine partita la Sud è in ebollizione e aspetta il saluto della squadra, che vuole far durare quel piacere il più a lungo possibile. De Rossi saluta i giocatori della Lazio e discute con Lichsteiner (si puntano gli indici contro), poi corre più veloce dei compagni verso la curva, come se avesse fretta, come se fosse un suo dovere di capitano arrivare per primo. Fa una capriola davanti alla porta mentre la curva grida «olé», poi gira intorno alla porta e tutti insieme salutano il più possibile da vicino i tifosi, lanciano le maglie. È circondato dai fotografi con la pettorina gialla, sfila davanti a uno striscione su cui c'era scritto solo DANIELE, che forse è per lui, forse per un altro Daniele, chi lo sa. Si mette le mani davanti agli occhi come se la curva fosse il mare e lui stesse cercando una barca all'orizzonte; indica qualcuno, o forse indica tutta la curva. Arrivato sotto al cancello giallo ci si arrampica come uno che si è già arrampicato altre volte su una barriera alta due metri, si mette a cavalcioni mentre da sotto qualcuno gli tira la maglia, che per fortuna è una di quelle Kappa estensibile all'infinito. Agita le braccia e la curva reagisce come se la Roma avesse segnato di nuovo.

Chi è questo ragazzo di neanche trent'anni e come si sente? Come è arrivato fino a lì? Ci sono storie che sono raccontate meglio dai corpi che dalle parole, e il corpo di Daniele, a metà tra campo e curva, proteso verso la sua gente, in equilibrio sul confine oltre il quale diventa uno di loro, racconta tutto quello che dobbiamo sapere su di lui in quel momento. Poi scende, regala la maglia e resta a torso nudo con la fascia da capitano al braccio.

Il vento sta cambiando

Quattro mesi dopo quel derby la Roma ha sostituito Ranieri con Vincenzo Montella, che da quando aveva smesso di giocare un paio di anni prima era diventato allenatore dei Giovanissimi della Roma (il posto di allenatore della prima squadra era stato offerto anche a Alberto De Rossi, che però – come ricordato all'inizio di questo libro – ha rifiutato). Durante l'ottavo di andata di Champions League, la Roma si era fatta rimontare all'Olimpico dallo Shaktar Donetesk di Mircea Lucescu (con giocatori come Willian e Douglas Costa che presto faranno il salto verso grandi squadre). Quella sera va in vantaggio ma poi prende tre gol in dieci minuti e alla fine perde 3-2. Dopo la partita la squadra ucraina presenta un fascicolo alla Uefa con le prove di un colpo da squalifica di De Rossi a Chygrynskiy. Daniele non viene squalificato ma nella gara di ritorno, l'8 marzo, dopo che la Roma ha subìto l'1-0 ed è già rimasta in dieci per il doppio giallo di Mexès, rifila una gomitata in pieno volto a Srna. Nelle foto sgranate Daniele è in punta di piedi come se avesse preso lo slancio per colpire meglio il suo avversario. L'arbitro non lo vede e la Roma perde lo stesso 3-0. De Rossi viene squalificato per tre giornate e salta anche due partite dell'Italia, per il «codice etico» del nuovo commissario tecnico, Cesare Prandelli, secondo cui i giocatori che hanno comportamenti scorretti con il proprio club pagano anche con la Nazionale.

Nel 2006, quando aveva colpito McBride, aveva detto che non sarebbe andato dallo psicologo: «Non faccio il duro che disprezza quello che passa nella testa, ma voglio tenermi a bada. Reagisco poco, ma quando capita, faccio male. Sono anche sicuro che non capiterà mai più. Oddio, aggiungiamo quasi mai più». Adesso tirano di nuovo fuori la storia del suocero, dicono che magari è la separazione dalla moglie che lo rende nervoso. «La Repubblica» scrive che la gomitata a Srna non è solo antisportiva ma anche «proditoria, violenta, pericolosa». Si dice che De Rossi non abbia più le qualità che aveva prima, che sia rimasta solo la parte peggiore del suo gioco. Lucescu gli offrirà una scusa parziale, dicendo che Srna aveva sbagliato a prendere in giro i giocatori giallorossi dopo il primo gol; invece Montella dice: «Non mi servono giocatori tifosi, se questo va contro gli interessi della squadra». L'allenatore racconta che Daniele si era giustificato sostenendo che voleva solo «difendersi» e pareva sincero, ma poi quando aveva rivisto le immagini aveva avuto altre sensazioni.

Tre giorni dopo Montella gli fa giocare comunque il derby di ritorno. In quella stagione la Roma aveva battuto la Lazio anche in Coppa Italia – il quarto derby di seguito vinto da Claudio Ranieri con Daniele che festeggia mostrando le quattro dita alla Sud. A marzo diventano cinque vittorie consecutive, per questo verrà ricordato come il «derby della manita».

È il derby che Totti dice di aver sempre sognato, in cui segna entrambi i gol della partita e fa impazzire i giocatori laziali che fanno a turno per picchiarlo. Biava e Stendardo lo prendono a calci e ginocchiate sulla schiena quando arrivano in ritardo, Matuzalém a un certo punto gli calpesta la faccia mentre è a terra. Ma sembra che più botte prenda più Totti goda. È nel suo trentacinquesimo anno di vita, in tribuna ci sono la moglie e il figlio abbastanza grande da rendersi conto della violenza. Ormai Totti non si muove più con la superiorità di un cavaliere sul campo di battaglia, è inchiodato a terra e il suo passo è quasi strisciante, il modo sfacciato e infantile con cui si vendica dei suoi avversari, con tunnel e giocate raffinate, adesso sembra quasi una lezione morale. Segna il primo gol calciando una punizione di seconda da una ventina di metri di distanza, un tiro basso potente che passa sotto le mani del portiere,

Muslera, disturbato da un laser verde – di cui dopo la partita si lamenterà il presidente Lotito e che verrà celebrato dai romanisti sui muri della città: «È colpa der laser».

A cinque minuti dalla fine, con la Roma sopra di un gol, Totti conquista un calcio d'angolo e inizia a tenere palla vicino alla bandierina. Una sua specialità negli ultimi anni di carriera, che quella sera ha elevato a forma d'arte. Prima calcia addosso a un difensore della Lazio, poi la scambia con Simplicio che prende un altro fallo, sempre negli stessi due o tre metri quadrati di campo. Ci sono tre giocatori della Lazio poco lontani dalla palla che vibrano sul posto mentre Totti e Simplicio protestano con l'arbitro per la distanza e a un certo punto a Ștefan Radu saltano i nervi, rompe il guinzaglio invisibile che lo teneva sul posto e corre su Simplicio per dargli una testata. Leggera, ma sufficiente perché l'arbitro lo espella. Totti ride con la palla in mano e mentre parla con Lichtsteiner gliela sbatte piano piano sul mento. Quando il gioco riprende Totti insiste a tenere palla e quando la perde è lui che commette un fallo plateale interrompendo nuovamente il gioco. I giocatori della Lazio fanno da attori inconsapevoli nel personale spettacolo teatrale di Totti, lo spingono e lui finisce a terra, lo tirano per un braccio e lui si rialza, lo spingono di nuovo e lui ondeggia come un manichino con un'aria innocente che probabilmente è la stessa di quando aveva dieci anni. Pochi minuti dopo, su una sua palla per Simplicio l'arbitro fischia il rigore con cui chiude la partita.

Per Totti è il derby perfetto.

Durante il commento di questo derby un cronista inglese pronuncerà la frase «The king of Rome is not dead», che Totti farà stampare a caratteri dorati sulla t-shirt che indosserà alla fine di quella stagione, in cui oltretutto diventa il quinto marcatore di tutti i tempi della Serie A (207 gol). A fine partita De Rossi dice che neanche il Real Madrid ha vinto cinque derby consecutivi contro il Rayo Vallecano (facendo apposta l'esempio di un derby totalmente sbilanciato, paragonando la Lazio alla terza squadra di Madrid). I giornalisti si stupiscono che De Rossi abbia giocato una partita matura e Perrotta lo difende affermando che «a differenza di quanto si dice è un ragazzo posato» e anche «una grandissima persona e un grandissimo giocatore».

Daniele dichiara che ha vissuto dei momenti difficili in quella stagione e magari non è al massimo della forma, sa di aver fatto di meglio «ma pure di peggio». Si rende conto di aver sbagliato con lo Shaktar e in fondo ha già attraversato un momento simile: «La differenza è che prima le critiche eccessive venivano da fuori, stavolta vengono da casa mia». Questo lo ferisce, lo consolano solo la famiglia e il sostegno della squadra, a cominciare da Totti – il loro rapporto è in una fase in cui Daniele va al bar con la maglietta di Francesco per sfottere gli amici laziali che dicono sia troppo vecchio per giocare e Francesco difende Daniele quando fa una cazzata delle sue.

Ormai De Rossi le cose migliori su di sé le sente lontano da Roma, dove prima lo coccolavano: «Se davo una gomitata mi dicevano bravo, dagliene un'altra. Ora è cambiato un po' il vento».

Il primo maggio 2011, a quattro giornate dal termine della stagione, la Roma sta perdendo a Bari. De Rossi prende un tunnel da Simone Bentivoglio, prova a fermarlo con un calcio e anche con il braccio ma non ci riesce. Lo insegue a testa bassa e quando lo raggiunge Bentivoglio si è già liberato del pallone, De Rossi lo supera e con nonchalance spinge con il gomito sulla sua mandibola. Inutile dire che sono altre tre giornate di squalifica, Daniele non giocherà più fino alla fine della stagione e salterà nuovamente le qualificazioni per l'Europeo di Prandelli. Qualche giorno dopo, in un'intervista a «Rolling Stone» Daniele si chiede: «A chi devo dare il buon esempio? Devo vincere la partita o devo dare il buon esempio? La gomitata a Srna non ci ha fatto vincere, è venuta così, non c'ho pensato, c'ho pensato mentre la stavo dando. C'era uno che mi rompeva le scatole ed è stata una cosa istintiva». Aggiunge: «La verità è che nel calcio italiano di buon esempi se ne vedono pochi. Guarda solo dove giochiamo, gli stadi sono fatiscenti, i terreni scassati». Che, insomma, come giustificazione non regge granché – e già non è da De Rossi (ammesso che possa distinguere io cosa lo sia e cosa no) cercare giustificazioni – ma serve a darci l'idea di quanto potesse essere confuso in quel periodo. Forse è più vicino a quello che pensa e sente veramente mesi dopo, a novembre 2011, quando è ospite di Radio Due: «Mi piacerebbe dire che sono uno che ragiona nelle azioni che fa, ma la mia storia e la mia carriera dicono il contrario».

Il tatuaggio

Col passare del tempo, mentre la sua pelle diventava più spessa, ci cresceva sopra uno strato di forme colorate. A vent'anni, quando esultava togliendosi la maglia, era di un bianco quasi insalubre, con l'abbronzatura da operaio che girava intorno al collo e sugli avambracci; ma quando si avvicina ai trent'anni Daniele è un album di figurine. Su un bicipite ha dei Teletubbies che stringono un cuore con il nome della figlia e le parole di *Favola*, la canzone dei Modà che usava per addormentarla. Sulla spalla ha un occhio che osserva da sopra una nuvola da cui cade la pioggia e subito sotto ci sono un cavallo e un bambino coi baffi che tiene un cuore nelle proprie mani e una palla di cuoio, di quelle che usavano i pionieri del calcio, tra le gambe. C'è una scritta latina scolpita nella pietra: «Ubi tu Gaius, ibi ego Gaia», ovunque tu sia, io sarò. Ci sono anche San Pietro e Castel Sant'Angelo, Pac-Man con i suoi fantasmini, una geisha inginocchiata e un cuore in negativo su un fondo di vernice nera colante. Il tatuaggio più famoso è quello sul polpaccio destro, con il cartello triangolare di pericolo con al centro una figurina umana come quelle dei semafori che entra in scivolata sulla caviglia di un'altra figurina.

Non so quando sono comparsi esattamente, né ci ho fatto caso in quegli anni. So però che nel 2016 ne è spuntato fuori un altro, realizzato a Roma dall'artista canadese David Peyote, famoso per il suo stile psichedelico: il ritratto di un uomo con una barba rossa al cui interno si staglia la silhouette nera di un'antenna radio, con una cicatrice diagonale sullo zigomo e un cappello da pescatore riempito di birra gialla. Quel tatuaggio è anche un modo piuttosto strano e originale, per uno che non ne ha mai parlato pubblicamente, per esorcizzare le tante voci che lo mettevano in cattiva luce, riassumendo le leggende metropolitane che girano su di lui in un'unica immagine.

La birra perché Daniele a un certo punto – quando il vento ha iniziato a cambiare – è diventato «Capitan Ceres» per i suoi detrattori, e lo è rimasto fino alla fine: ancora durante la sua ultima stagione si è aperto un piccolo caso quando è stato fotografato mentre aspettava il controllo a sorteggio nella sala dell'antidoping con una birra in mano (analcolica, come pare sia prassi per reidratare i giocatori dopo lo sforzo e agevolare la produzione di urina per i test). Per quanto quella del calciatore ubriaco sia una leggenda stupida e piuttosto comune, non è difficile capire quanto possa essere subdolo metterlo in discussione in questo modo: guardatelo, voi pensate che De Rossi viva per la Roma ma in realtà pensa solo a divertirsi, non è un professionista. Non è un generoso come dice, ha dato meno di quello che avrebbe potuto dare. E così via.

La cicatrice è lo «sfregio» che gli dovrebbe aver lasciato, ovviamente, «uno zingaro», forse su richiesta dell'ex moglie, e che si dice Daniele copra con la barba. Una storia misteriosa e al tempo stesso ridicola: qualcuno riesce davvero a immaginare De Rossi legato a una sedia, mentre un tipo losco con accento dell'est Europa gli tiene la testa ferma e un altro gli avvicina la punta di un coltello alla faccia, dicendo una cosa tipo: «Adesso ogni volta che ti guarderai allo specchio penserai a noi»? Una storia che però ha attecchito nell'immaginario di persone mature e serie che non possono tuttavia fare a meno di prendere un tono infantile quando chiedono, mentre si parla di lui, se è vera quella storia della cicatrice.

L'antenna dentro la barba, invece, è quella delle radio romane, dei «radiolari», come vengono chiamati. Perché è da lì che sono nate tutte queste voci.

D'accordo, certe leggende nascono da sé, ma perché qualcuno avrebbe dovuto avere interesse nel diffonderle? Le cose per Daniele sono probabilmente cambiate dopo che ha preso le difese del portiere Doni, ormai caduto in disgrazia e fischiato dai tifosi anche quando deve entrare per sostituire Júlio Sérgio infortunato. A dicembre 2010 – Ranieri deve ancora dare le dimissioni, De Rossi deve ancora colpire Srna con una gomitata – quando gli chiedono di Doni dopo la partita con il Milan, dice che è il miglior portiere con cui abbia mai giocato, dopo Buffon, e che era vittima di «qualche pappone» che parla «in giro per le radio». Uno di quelli «che entrano a Trigoria e fanno i padroni». Sta parlando di quel sistema mediatico, parallelo a quello ufficiale di giornali e tv, che ciclicamente esalta e distrugge la Roma, manipolando le discussioni con conduttori carismatici – definiti un paio di anni dopo da De Rossi «maiali col microfono» – che tengono sotto costante pressione società e giocatori. Una cosa che si dà per scontata, anche se per molti è proprio una delle ragioni per cui «l'ambiente romano» è così difficile per calciatori e allenatori (molti tifosi, i tifosi più veri, disprezzano quelli che chiamano le radio per insultare i giocatori, e li definiscono «romanistoni»). De Rossi non fa nomi, perché chi deve capire ha senz'altro capito e infatti, purtroppo per lui, la prova che le sue parole sono arrivate a bersaglio sta proprio in quelle leggende che negli anni a seguire hanno continuato a circolare sul suo conto. «Capisco i tifosi delle squadre, lo sono anch'io, sono un tifoso che va in campo e non in curva,» dirà in seguito «ma non capisco i tifosi delle radio o delle presidenze. Succede solo a Roma».

De Rossi non ha mai sentito il bisogno di smentire le leggende che lo riguardavano, gli sarebbe bastato presentarsi una volta con la barba tagliata; non lo ha fatto per non aprire un dialogo con chi non lo meritava, ma dal suo attacco diretto si capisce anche che fosse a conoscenza delle voci e che non gli facessero piacere. Anzi, conoscendo molto bene la città e i suoi meccanismi, Daniele doveva anche sapere cosa significava mettersi contro il mondo delle radio romane, quindi per lui doveva valerne la pena, il fastidio doveva essere davvero grande. Il che spiega anche perché anni dopo ha finito per infilarsi questi pettegolezzi letteralmente sottopelle. Con il tatuaggio di David Peyote ha annullato il potere che avevano su di lui ma al tempo stesso li ha fatti diventare parte di sé. Si è tatuato il suo stesso doppio cattivo, la versione negativa di sé costruita da chi lo odiava. Strano, per qualcuno che ha parlato così spesso dell'amore che gli davano i suoi tifosi. Ma è una contraddizione che fa il paio con un'altra che ho notato. In un'intervista recente, del suo ultimo anno da calciatore della Roma, Daniele ha detto: «Se non leggi i giornali, se non apri i social, se non leggi le cazzate sui siti, le notizie di mercato non ti fanno niente. Io non leggo più». Solo che in una di quelle rare occasioni di cui ho già scritto, in cui l'ho visto di persona, stava leggendo con grande attenzione «La Gazzetta dello Sport». Magari avrà smesso tempo dopo, o magari è più suscettibile di quello che vorrebbe dare a vedere.

Quando avevo diciassette anni, ho fatto il mio primo tatuaggio. Scelsi di avere una rosa del Borneo al centro della schiena. Una specie di stella nera con al centro una spirale in negativo. Ero mai stato nel Sudest asiatico, avevo idea di cosa rappresentasse quel simbolo? No. Però mi piaceva la spirale, l'idea di uno spazio vuoto che ti attira, ti risucchia. Solo che all'epoca, alla fine degli anni Novanta, non c'erano così tanti tatuatori come oggi con vetrina su strada. Sono finito dal cugino di un mio amico, che aveva fatto esercizio soprattutto sulle sue braccia, ridotte a un intrico di segni neri con solo un pagliaccio diabolico vagamente riconoscibile. Il tatuaggio non è venuto benissimo e la spirale al centro era a malapena visibile, sparendo del tutto con il tempo. I miei compagni di squadra, quando ci facevamo la doccia dopo la partita, chiamavano il mio tatuaggio «la macchia». Facevano battute tipo: Daniele, guarda che sei ancora sporco sulla schiena…

Sul significato dei tatuaggi di De Rossi si è discusso molto anche perché dalla fine del 2011 ai primi mesi del 2013 ha giocato, sia con la Roma che con la Nazionale, con una manica lunga e una corta. Sotto la maglia da gioco, cioè, ne indossava una termica a cui tagliava appositamente una manica (e io mi sono sempre chiesto se se le tagliava negli spogliatoi o se le portava da casa già tagliate). Si è speculato molto sul perché lo facesse e finché aveva solo un braccio tatuato, il sinistro, si diceva che volesse coprire qualcosa. Ma si trattava di semplice scaramanzia – una delle tante che aveva in quegli anni, tipo toccare il soffitto del tunnel che dagli spogliatoi portava al campo, o i tre saltelli quando la squadra era allineata prima dell'inizio –, forse dovuta al fatto che durante una partita gli era stata strappata la manica e lui aveva giocato bene. «Sono sciocchezze. L'ho fatto anni addietro, anche perché erano uscite delle voci su questa mia scelta e mi faceva quasi piacere far parlare la gente, per ripicca. È morta col tempo quando ti accorgi che la scaramanzia non conta niente».

Daniele ha detto anche che avrebbe voglia di farsi un tatuaggio diverso al mese. Che alcune idee poi gli passano, altre le incide sul proprio corpo. Anche se molti calciatori sembrano tatuarsi per noia, per semplice stile, la scelta di un tatuaggio così originale e personale, realizzato da un artista, lascia pensare che per lui invece sia una questione culturale. Che sia stata la scelta consapevole di un appassionato.

Mi vengono in mente due racconti in cui si parla di tatuaggi. Il primo è di Antonio Pascale, il racconto si chiama «Il Ceto Medio». Qui la persona tatuata è una ragazza italiana, che si è fatta un tribale come il mio, ma lei dice di essere in sintonia con quelle culture tribali. Il protagonista del racconto riflette sul fatto che nelle tribù tradizionali quei tatuaggi erano riti di passaggio alla vita adulta, mentre «il ceto medio fa il passaggio inverso, si tatua per essere giovane». Una frase che mi ha colpito e che mi torna in mente ancora a distanza di molti anni (il racconto sta nella *Manutenzione degli affetti*, 2003), ma che se potessi correggere riscriverei con al posto di «essere» il verbo più specifico «restare».

Il secondo racconto, «La schiena di Parker», di Flannery O'Connor, è stato pubblicato postumo nel 1965. Il protagonista è un tipo turbolento che si era tatuato e aveva iniziato a bere e fare a botte per attirare le donne che prima non attirava. Finisce con una, però, che lo ridicolizza e scambia un'aquila tatuata sul suo braccio per un pollo. Quando Parker si fa disegnare sulla schiena «un Cristo bizantino, dagli occhi divoranti», la moglie non capisce di cosa si tratta. «È lui». «Lui chi?». «Dio!». «Dio? Ma Dio non è così!». La moglie alla fine lo picchia con una scopa dandogli dell'idolatra, perché Dio non ha una faccia, è uno spirito. Al di là della tematica religiosa, anche in questo racconto il tatuaggio è qualcosa di privato e pubblico al tempo stesso, un segreto che non si vuole rivelare ma che resta ben visibile. Qualcosa che vogliamo tenerci stretto, una parte di noi stessi che non vogliamo lasciare andare ma che non vogliamo neanche che ci governi. E che sbattiamo in faccia agli altri, come a dire: Pensi di conoscermi, ma non mi conoscerai mai veramente. Oppure: Vorrei che mi conosceste meglio, ma so che non mi conoscerete mai per quello che sono.

Claudio Ranieri non ha cominciato la sua prima stagione da allenatore della Roma e non ha finito la seconda. Prima di dimettersi aveva avvertito: «Dove sono andato ho fatto meglio di chi mi ha preceduto e quando sono andato via ho fatto meglio di chi è venuto dopo».

Vincenzo Montella arriva fino alla partita in casa contro la Sampdoria già retrocessa, l'ultima della stagione 2010/11. Daniele non c'è, sta ancora scontando la squalifica per la gomitata a Bentivoglio. Mentre lo speaker annuncia le formazioni, l'Olimpico sommerge di fischi tutta la squadra tranne Totti. E se i loro sentimenti non fossero ancora chiari, ci pensa lo striscione: CI FATE SCHIFO TUTTI TRANNE TOTTI. E quello esposto al fischio finale: UN ANNO SENZA GIOCARE. MA QUANDO ANDATE A LAVORARE?

Quella è anche l'ultima partita di Rosella Sensi presidente: la maggioranza della Roma già da qualche mese era stata acquisita da imprenditori americani, con a capo Thomas DiBenedetto, che un anno dopo verrà sostituito nel ruolo di presidente dal socio James Pallotta. Dovrebbe essere l'inizio di un'epoca d'oro, di una Roma che con «i soldi degli americani» può finalmente arrivare ai successi che rincorre da tanto.

«Ora spero in un grande futuro» dichiara Totti, un po' a nome di tutti.

Nei mesi successivi la discontinuità con la gestione precedente è totale. Franco Baldini torna a Roma come direttore generale;

l'aveva lasciata nel 2005, quando Rosella Sensi aveva deciso di adottare una «posizione più diplomatica» di quella assunta da suo padre «con le cosiddette "battaglie di palazzo"», Baldini era infatti uno dei principali accusatori di Luciano Moggi prima di Calciopoli. Poi aveva seguito Fabio Capello sia al Real Madrid che nella Nazionale inglese. Adesso Baldini dice di sentire «una responsabilità che mi spaventa da morire», perché per la prima volta nella sua carriera ha tutto da perdere. Ma dice anche che «quando hai imparato a sognare non smetti più».

Come direttore sportivo viene scelto Walter Sabatini, ex giocatore della Roma negli anni Settanta, che da dirigente aveva portato la Lazio al terzo posto e il Palermo a un passo dalla Champions League. Sabatini è uno scopritore di talenti con un'aura da sciamano, chiuso nel proprio ufficio a guardare giocatori di campionati esotici, con due orologi al polso per tenere d'occhio il fuso orario del giocatore che sta seguendo in quel periodo, nascosto in una coltre di fumo e circondato da pacchetti di sigarette. Con lo sguardo schivo e i capelli sempre un po' lunghi sulla nuca e ai lati come se non avesse tempo di tagliarli, Sabatini sembra il detective di un noir, con qualcosa di masochistico che si nota a prima vista – dopo qualche tempo gli operai di Trigoria devono costruirgli una balaustra sul tetto dove era solito seguire gli allenamenti della squadra per metterlo in sicurezza – ma è anche dotato di quel senso per lo spettacolo di cui i romanisti si innamorano facilmente. Interrompe la sua prima conferenza stampa per andare a fumare, si esprime con frasi tipo: «Io voglio fare una rivoluzione culturale, ma non sono un ideologo». Definisce Totti come «la luce al tramonto sui tetti di Roma» e in De Rossi, che deve rinnovare il contratto entro il giugno del 2012, dice di aver visto «una motivazione feroce». Per riscattarsi dalla stagione precedente in cui era stato molto criticato, i giornali dicono che Daniele abbia preso un personal trainer e si sia messo a dieta.

Sabatini racconta di aver convinto Baldini a scegliere l'allenatore che voleva lui leggendogli solo una serie di dichiarazioni e chiedendogli: «Prenderesti uno che dice queste cose, che pensa queste cose?», senza rivelargli di chi si trattasse. Così l'allenatore della Roma per la stagione 2011/12 diventa Luis Enrique, un asturiano con la faccia severa, la bocca stretta come la buca delle lettere e lo sguardo sempre concentrato. A quarantun anni corre la Maratona delle Sabbie nel Sahara e partecipa a gare di Ironman (3,8 chilometri a nuoto, 120 in bicicletta e una maratona intera, tutto di seguito). Ha allenato solo la seconda squadra del Barcellona, insomma non ha una vera esperienza tra i professionisti, ma garantisce quella filosofia calcistica spagnola che in quegli anni sta dominando in Europa. Un calcio offensivo e quindi divertente, ma anche vincente. «Voglio dare l'impressione di avere una squadra che fa sempre la partita» dice subito il tecnico.

Il modulo di base è il 4-3-3 e tra i princìpi di gioco fondamentali per applicare le sue idee c'è un possesso palla che comincia dalla difesa: De Rossi diventa il perno intorno a cui ruota tutta la squadra. Al centro del triangolo di centrocampo, Daniele ha il compito delicato di abbassarsi tra i difensori centrali per prendere la palla e giocare il primo passaggio in avanti (un movimento conosciuto come *salida lavolpiana*, dal tecnico Ricardo La Volpe, che lo ha reso popolare alla guida della Nazionale messicana).

«Eravamo in ritiro in Austria: mi prese da parte e mi fece vedere i video del Barcellona B. Mi disse: "Voglio da te questo, quello che fa questo ragazzo"» ha raccontato Daniele a Sky. Per lui è stata una rivelazione. Dice che per un giocatore con le sue caratteristiche, senza il lancio millimetrico di Pirlo, la corsa palla al piede di Nainggolan, l'elasticità di Pogba, è fondamentale che i compagni intorno si muovano. «E chi li fa muovere? L'allenatore. Ho cambiato idea su questo con il passare degli anni, ho sempre pensato che in campo ci vanno i giocatori, ci vogliono i giocatori, che è verissimo, ma l'allenatore conta per me ogni anno di più».

È difficile dire quale sia stata davvero l'ultima partita di Luis Enrique sulla panchina della Roma.

Forse quella del 7 aprile 2012, contro il Lecce dell'allenatore romanista Serse Cosmi che a fine stagione verrà retrocesso in Serie B. La Roma ha perso entrambi i derby e punta a raggiungere proprio la Lazio al terzo posto per qualificarsi in Champions League. Durante il mercato estivo Sabatini ha acquistato ben undici giocatori nuovi (tra cui Osvaldo, Pjanić e Lamela che diventeranno giocatori importanti per la Roma, ma anche molti calciatori che presto la lasceranno senza essere rimpianti, come Bojan, José Ángel e Kjær) e quel giorno in campo ce ne sono ben nove. Della squadra della stagione precedente c'erano solo De Rossi e il terzino destro romano Aleandro Rosi (che aveva giocato pochissimo). L'anno di Luis Enrique era cominciato male (con l'eliminazione ad agosto dall'Europa League, per mano dello Slovan Bratislava) ed era proseguito con sconfitte brucianti (tipo quelle di Bergamo e Cagliari, entrambe finite 4-2). Che ci sarebbe voluta pazienza si sapeva, già a novembre quando gli avevano chiesto se quest'anno la Roma avrebbe vinto qualcosa, Daniele aveva risposto: «Mi sa di no». Ad aprile però c'è un generale senso di stanchezza e in pochi hanno ancora fiducia nel «progetto» di Luis Enrique. Dopo un'ora di gioco con il Lecce, la Roma sta perdendo 4-0 (finirà 4-2). Il primo gol lo subisce con una verticalizzazione di Giacomazzi che può servire Muriel senza pressione davanti, con la difesa romanista che avanza anziché coprire la profondità. Luis Enrique resta seduto quasi tutta la partita in panchina con aria assente, non fa neanche una sostituzione. A fine partita Sabatini la definisce come «il capitolo forse più brutto» di quella stagione complicata. Francesca Sanipoli al microfono Rai chiede a Luis Enrique se la possibilità di dare le dimissioni gli sia passata «per l'anticamera del cervello», la risposta è: «No».

Forse, invece, è quella del 25 aprile contro la Fiorentina che sta lottando per non retrocedere e batte la Roma 2-1 all'Olimpico. Qualche giorno prima la Roma ha perso 4-1 fuori casa con la Juventus di Conte (che vincerà il campionato da imbattuta). Luis Enrique in quell'occasione, proprio per evitare una brutta sconfitta, aveva persino rinunciato in partenza al tentativo di imporre il proprio gioco, mettendo Simone Perrotta in marcatura su Pirlo. Per la prima volta in stagione la squadra era stata contestata dai tifosi, che l'avevano aspettata a notte fonda in aeroporto. Qualcuno crede ancora nell'allenatore spagnolo e prima dell'inizio della partita con la Fiorentina nei Distinti Sud dei tifosi alzano lo striscione: UOMO VERO IN UN MONDO DI FALSI. ADELANTE LUIS!

Ma la Roma subisce il gol della sconfitta a tempo scaduto e a fine partita squadra e allenatore escono tra gli insulti.

Mesi prima Luis Enrique aveva messo in tribuna De Rossi dopo che era arrivato in ritardo a una riunione, ma anziché serbare rancore per il suo allenatore Daniele dice che quella punizione «l'ha solo fatto diventare più interessante ai miei occhi». E lo difende fino all'ultimo: «Continuo a pensare che sia il più bravo che mi abbia mai allenato, sicuramente il più sfortunato, non gliene gira bene una». Qualche settimana più tardi, prima di giocare l'ultima partita, il tecnico spagnolo dà le dimissioni. È così stanco che ha già deciso di non allenare la stagione successiva, e ammette il proprio fallimento: «Non sono riuscito a mettere sul campo le idee del mio calcio».

Tre anni dopo, quando la Roma affronterà il Barcellona di Luis Enrique (con quella squadra l'allenatore ha vinto due campionati spagnoli, tre coppe di Spagna, una Champions League, una Supercoppa europea e un Mondiale per Club), Daniele dirà ai giornalisti che forse non era «lo scemo» che avevano dipinto quando allenava la Roma.

La stagione in cui si erano avvicendati Ranieri e Montella, la Roma era arrivata sesta in campionato. E con Luis Enrique arriva settima, fuori anche dai preliminari di Europa League. Roma è una madre che prende in giro i propri figli più ambiziosi e già dopo un anno il nuovo corso segnato dall'arrivo degli americani viene ridicolizzato. La proprietà statunitense è percepita come troppo «distante» e i due direttori hanno parecchi nemici in città. A Sabatini rinfacciano il passato alla Lazio, lo chiamano «il laziale», come un agente infiltratosi per sabotare la Roma. Su Baldini provano a mettere in giro la bufala che fa parte della massoneria, come prova che la Roma è in mano a persone che hanno cose da nascondere. Proprio per sottrarre un po' di quel potere al parlamento di tifosi-opinionisti che ogni giorno commenta ogni minima notizia che esce da Trigoria, e che quando non esce niente se lo inventa, nel 2014 la società aprirà un proprio canale, Roma Radio, ribattezzato subito dalle concorrenti Radio Kabul.

Come uno scommettitore che dopo aver perso la prima mano raddoppia la posta in gioco provando subito a rifarsi, Baldini e Sabatini per la stagione 2012/13 puntano sul ritorno di Zdeněk Zeman, profeta di un calcio iperoffensivo e «semplice», ispirato ai princìpi dell'hockey sul ghiaccio. Un calcio in cui è meglio pareggiare o perdere una partita dando spettacolo piuttosto che vincerla giocando male – come ricordava bene chi aveva visto la Roma allenata da Zeman dal 1997 al 1999, capace di fare tre gol a qualsiasi squadra in un tempo di gioco, ma anche di subirne altrettanti, o uno in più. Ma quella della dirigenza della Roma è anche una mossa furba, che serve a riavvicinare il pubblico romanista per il quale Zeman è un puro che ha combattuto il potere della Juventus (portando al processo per doping, terminato però con l'assoluzione dei dirigenti juventini) e per questo è finito ai margini del calcio italiano. A sessantacinque anni, dopo una stagione fantastica in cui ha vinto la Serie B con il Pescara, facendo segnare 90 gol alla sua squadra e lanciando le carriere di Verratti, Insigne e Immobile, la Roma gli offre una grande occasione – forse l'ultima – per mostrare il valore delle sue idee.

Dopo poche settimane si parla già di «boom di abbonamenti» e per l'amichevole di metà agosto con l'Aris Salonicco la Roma vende trentacinquemila biglietti. Sabatini completa l'opera con una lista lunghissima di operazioni in entrata e in uscita. Qualche giocatore interessante (Federico Balzaretti, Castán, Marquinhos, Mattia Destro, che in quel momento è il giovane attaccante italiano più richiesto sul mercato, anche se forse non è una grande idea metterlo in competizione con il centravanti titolare dell'anno prima, Pablo Osvaldo), molti che non hanno lasciato nessuna bella memoria o quasi (Dodô, Piris, Goicoechea). Anche io, in ogni caso, ci sono cascato. Ero sicuro che la stagione 2012/13 sarebbe stata diversa da quelle passate.

Uno dei mantra di Zeman, che negli anni Novanta aveva allenato prima la Lazio e poi la Roma, è che il derby è una partita come un'altra. «Il campo è lo stesso, il pallone è lo stesso, l'arbitro è lo stesso». Lui, del resto, ne aveva vinti solo tre su undici, perdendone quattro consecutivi (due in campionato, due in Coppa Italia) nella stagione 1997/98.

Il derby di novembre 2012 è uno dei più strani che io ricordi, giocato alle tre del pomeriggio in una giornata così cupa che dopo cinque minuti, quando va via la luce dei riflettori, l'arbitro sospende la gara – e dato che la Lazio giocava in casa i tifosi romanisti hanno cantato «oh Lotito paga la bolletta». La Roma era partita forte, con belle azioni di prima e pressing a tratti asfissiante e quando si riprende a giocare va in vantaggio con un colpo di testa di Lamela su calcio d'angolo. Poi inizia il diluvio, la metà campo difensiva della Roma diventa una risaia e con il terreno pesante viene fuori la Lazio. Con dei portatori di palla eccezionali come Hernanes, Lulić e Candreva, e un attaccante da profondità come Klose a cui lanciarla, se la cava meglio della Roma che fatica a passarla nelle pozzanghere. A dieci minuti dal termine del primo tempo Hernanes dribbla con una *croqueta* – passandosi cioè la palla da un piede all'altro – due giocatori della Roma, che gli fanno fallo. Il punto di battuta è a più di trenta metri di distanza dalla porta ma in quelle condizioni ci si può provare. L'ideale sarebbe far schizzare la palla sull'erba bagnata davanti al portiere, Candreva invece calcia di collo pieno all'altezza dei guanti di Goicoechea (il portiere uruguaiano arrivato quella stagione, che Zeman fa giocare al posto di Stelekenburg, il titolare della stagione precedente). Il tiro di Candreva è forte e centrale, Goicoechea ci va con i pugni e la palla gli schizza via dalle nocche infilandosi in rete. Non passano neanche dieci minuti che Hernanes parte un'altra volta palla al piede sul lato sinistro del campo, calcia da qualche metro fuori area ma colpisce male e il suo tiro diventa un assist per Klose, che sul dischetto del rigore controlla e segna il gol del 2-1.

Anche se sono passati solo pochi mesi i rapporti tra Zeman e De Rossi sembrano ormai compromessi. Da inizio stagione l'allenatore ceco sostiene che Daniele non abbia le qualità per fare il regista e gli preferisce il greco Tachtsidis, che aveva espressamente chiesto a Sabatini dopo averlo visto giocare in Serie B: «Prendimi questo giocatore, te lo trasformo in un campione». Un playmaker alto un metro e novanta, con i tratti somatici dei giganti dei libri per bambini, che a ventidue anni era più lento di De Rossi che ne aveva quasi trenta.

Con Luis Enrique era il cuore pulsante della squadra, simbolicamente e tatticamente. Prima di ogni partita i compagni formavano un circolo intorno a lui, che faceva un piccolo discorso per dargli la carica, negli anni prima lo faceva negli spogliatoi ma il tecnico asturiano gli aveva chiesto di farlo in campo per caricare anche i tifosi; in partita poi Daniele toccava moltissimi palloni, gestiva il ritmo e la direzione di ogni azione. Per Zeman era un «incontrista» e un giocatore come gli altri. In conferenza stampa va in scena uno scambio con un cronista che gli chiede se De Rossi in posizione di regista davanti alla difesa non aiuterebbe la Roma a prendere meno gol.

Zeman: «Mi stupisco di voi, De Rossi sono dieci anni che gioca qua, il regista lo ha sempre fatto Pizarro».

Cronista: «L'anno scorso la Roma l'ha seguita?».

Zeman: «Poco».

Cronista: «Eh. Perché era regista, De Rossi, l'anno scorso».

Zeman: «Gioca anche difensore centrale».

Cronista: «Però comunque lei non lo vede regista».
Zeman: «Eh?».
Cronista: «Però comunque lei non lo vede regista».
Zeman: «Ripeto, per otto anni ha giocato mezzo-destro».

Quindi Daniele gioca mezzala, il suo ruolo naturale secondo Zeman, o non gioca proprio. D'altronde è parte del fascino di Zeman, che non usa i guanti con nessuno e manda in campo chi secondo lui si allena meglio. La sua utopia – «Zemanlandia» – è perfetta per i giovani e alla portata di tutti, purché disposti a faticare con dei sacchi sulle spalle, salendo e scendendo i gradoni della tribuna. Zeman è al tempo stesso un genio ribelle e un allenatore all'antica, che ai calciatori moderni, abituati ad allenarsi solo qualche ora al giorno (e prevalentemente con la palla), chiede due sedute al giorno, mattina e sera. De Rossi ha avuto problemi muscolari e un'infiammazione alla caviglia e per Zeman è un lavativo che preferisce passare il proprio tempo sul lettino dei massaggi. Anni dopo dirà che secondo lui «aveva dei problemi fuori dal campo, per quello non ha reso». Mentre De Rossi si dimostrerà più comprensivo, dicendo che un allenatore a cui non piaceva prima o poi avrebbe dovuto trovarlo, e che Zeman in passato aveva mostrato sempre «una grande rettitudine, non vedo perché con me l'avrebbe dovuta compromettere. Per me non è stato un periodo facile e credo che non lo sia stato neanche per lui».

A fine settembre, prima di affrontare la Juventus fuori casa, Zeman dice che la Roma è in corsa per il titolo. La squadra difende con una linea alta senza precauzioni particolari per schermare la visione di gioco di Pirlo, il miglior playmaker del campionato, e prende tre gol nei primi venti minuti, che Fabio Caressa in diretta definisce «un orrore». Dopo che la partita è finita 4-1, De Rossi dichiara che «chi parla di scudetto fa il male della Roma». Zeman gli fa fare tutta la partita successiva, con l'Atalanta, in panchina. La squadra vince senza di lui e l'allenatore dichiara che vorrebbe che tutti pensassero alla squadra, alla società e alla città invece di «pensare agli affari propri». Le cose, in seguito, non migliorano ed è una sorpresa vedere Zeman schierare De Rossi titolare nel derby, per giunta da regista, con Tachtsidis in panchina.

Nel quarto minuto di recupero del primo tempo la Roma batte un calcio di punizione sulla trequarti di campo, quasi dalla riga laterale sinistra. Totti crossa al centro e la palla viene respinta, ma l'arbitro ferma il gioco e corre in direzione di De Rossi, che allarga le braccia con fare innocente mentre viene espulso. Nel replay si vede: il capitano della Lazio, Mauri, lo trattiene al limite dell'area, Daniele prova a spingerlo con entrambe le braccia e Mauri resta aggrappato alla sua maglia, rimbalza quasi, e quando torna alla sua portata Daniele lo colpisce sulla guancia con il pugno della mano sinistra. Non è un vero e proprio gancio da pugile, ma anche se non deve avergli fatto molto male lo ha preso bene. A inizio secondo tempo è proprio Mauri a segnare il gol del 3-1 (a fine partita Pjanić segna il 3-2, con una punizione da trentacinque metri che scavalca il portiere della Lazio, ed esulta insultando platealmente Zeman, che faceva giocare poco anche lui). A fine partita Daniele va nello spogliatoio della Lazio a porgere le proprie scuse a Mauri, che le accetta dicendo che quel gesto «gli fa onore». Quella era la presenza numero 399 della sua carriera in giallorosso, quando ha finito di scontare la squalifica Zeman lo mette in panchina e la quattrocentesima presenza la festeggia giocando l'ultima mezz'ora di partita.

Ma non è questo il momento più buio per De Rossi.

Quello arriva il 26 maggio 2013. La Serie A è finita con un altro sesto posto, Zeman è stato esonerato a febbraio, dopo l'incredibile sconfitta con il Cagliari per 4-2 (in cui Goicoechea ha commesso un errore ancora peggiore di quello del derby, infilando nella propria porta un cross lento e innocuo che stava bloccando, senza nessuno intorno a disturbarlo), e Baldini e Sabatini hanno dovuto spiegare la loro scelta a dei tifosi per strada che li insultavano mentre li registravano con il telefono in mano. Aveva preso in mano la Roma il collaboratore tecnico Aurelio Andreazzoli, che in qualche modo l'aveva portata in finale di Coppa Italia, da giocare contro la Lazio.

Il valore di un derby varia a seconda del tipo di stagione che sta vivendo ognuna delle due squadre e di solito è inversamente proporzionale a quanto è positiva. Quando le cose vanno male, il derby diventa quasi la finale di un torneo a parte. Ogni tanto il derby è «di vertice» e la possibilità di restare in alto spingendo in basso l'avversaria dà un sapore speciale alla sfida. Ma mai prima di quell'anno un derby aveva deciso un trofeo, per giunta al termine di un'annata deludente per entrambe le romane (la Lazio era arrivata settima, con un punto in meno della Roma). Nei giorni precedenti alla partita, sul muro davanti all'ingresso di Trigoria, compaiono gli striscioni macabri O COPPA O MORTO e CHI TOCCA LA LUPA MUORE. Dopo le semifinali con l'Inter, Daniele aveva dichiarato che avrebbe preferito incontrare una squadra più forte come la Juventus, con cui la Lazio doveva ancora giocare il ritorno, piuttosto che giocarsi la coppa in un derby, rendendo la partita ancora più complicata dal punto di vista emotivo. Le sue parole vengono decontestualizzate e diventano una presa in giro («preferivo una squadra più forte») che motiva l'ambiente laziale, ma in quell'intervista è scuro in volto, gli anni che passano cominciano a vedersi sulla sua pelle e nella sua voce. De Rossi dice anche: «Potrà essere la serata più bella della mia vita calcistica e potrà essere la più brutta magari». In quella partita Roma e Lazio si giocano anche l'accesso diretto all'Europa League nella stagione successiva. Per la Roma c'è sempre il discorso della decima Coppa Italia vinta con cui otterrebbe la tanto desiderata stella d'argento.

Il momento più buio arriva dopo venticinque minuti del secondo tempo, con il risultato ancora fermo sullo 0-0. Dura appena un minuto, Daniele non ha particolari colpe ma ne verrà segnato indelebilmente. La Roma è schierata passivamente nella propria metà campo, la Lazio gestisce il possesso sul lato destro. Mauri si muove tra le linee e De Rossi lo lascia girare, più preoccupato dalla sovrapposizione in fascia di Candreva che è scappato a Balzaretti. Mauri serve Candreva e De Rossi copre la profondità, arrivando però con una frazione di ritardo sul cross. Il resto dell'azione lo guarda seduto a terra: la palla di Candreva attraversa l'area, il terzo portiere della Roma, Lobonț, arriva a malapena a sfiorarla, Marquinhos sul secondo palo ha superato la traiettoria del cross e non riesce a colpirlo di tacco, dietro di lui c'è Lulić che segna. Due minuti dopo Totti calcia una punizione laterale dentro l'area di rigore laziale,

Mattia Destro (che Andreazzoli ha fatto giocare titolare al posto di Osvaldo, sollevando polemiche) non ci arriva per questione di millimetri o forse sfiora appena quella palla che rimbalza a terra, sbatte sulle mani del portiere, Marchetti, poi colpisce la parte inferiore della traversa e finisce di nuovo tra le mani del portiere. I laziali riempiono piazza del Popolo mentre i romanisti tirano sassi contro il pullman che rientra a Trigoria, dove però c'erano solo tre giocatori della prima squadra e molti ragazzi della Primavera.

È il dramma sportivo più grande che ha vissuto la Roma negli ultimi venti anni, forse il più traumatico in assoluto insieme alla Coppa Campioni dell'83. Sembra che al di là degli sforzi dei giocatori, allenatori e dirigenti che si sono alternati nel frattempo la Roma sia costretta a rivivere la propria storia. Sembra che serate del genere siano il prezzo che leggende come Di Bartolomei e Falcão, Totti e De Rossi, debbano pagare per diventare una cosa sola con i propri tifosi. A fine partita Daniele si inginocchia e con le mani dietro la nuca piega la testa sul terreno di gioco, quando si tira su ha la faccia deformata dal pianto che trattiene a stento. Totti si passa la mano sugli occhi e si morde le labbra mentre aspetta con il resto della squadra di essere premiato con la medaglia d'argento. Mentre gliela mette al collo, il presidente del Coni Giovanni Malagò, tifoso della Roma, gli dice all'orecchio: «Questa non l'avevamo ancora vista, ma la supereremo». Totti si toglie la medaglia prima di uscire dal campo, sfilando tra gli applausi dei giocatori della Lazio insieme al resto della squadra.

«Stagioni negative ne avevo già vissute» dirà De Rossi qualche mese dopo a Sky. «Ma niente di paragonabile a quest'anno». A fine carriera ricorderà quella del 26 maggio come una notte «dopo la quale pensavamo di non poter tornare a sorridere».

La Nazionale mi ha salvato

Le ultime tre stagioni sono state un buco nero nella carriera di De Rossi con la Roma. Senza neanche accorgersene è entrato nella terza decade della sua vita, quella che per un calciatore significa fare i conti con la domanda: hai già iniziato il declino o sta per iniziare?

Il che non implica che in questi anni non gli siano successe anche belle cose. Per prima cosa ha trovato una nuova compagna, l'attrice Sarah Felberbaum, che diventerà sua moglie e da cui avrà il secondo e il terzo figlio. Cresciuta in Italia, ma con una madre inglese e un padre americano, proviene da un mondo distante da quello di Daniele. «Sapeva vagamente che esisteva un calciatore De Rossi, ma se mi avesse incontrato per strada non mi avrebbe riconosciuto». Daniele ha raccontato anche di una sera a cena fuori, in cui dopo che Totti si è alzato per salutarli e le persone intorno a loro lo chiamavano Capitano, il padre di Sarah ha chiesto: «Il capitano di che cosa?». È il segno che De Rossi non è più soltanto un'emanazione di Ostia; il suo mondo, fuori dal campo, è più grande di come era stato raccontato. Dopo la separazione dalla prima moglie, aveva comprato una casa sul lungomare davanti alla quale passava da bambino dicendosi «quando sarò grande la comprerò». Ma dato che ci stava facendo dei lavori si era trasferito in un appartamento a Campo de' Fiori: «Mi dicevo che sarebbe stato un inferno, che avrei avuto una pressione colossale». E invece dopo qualche settimana le persone che lavoravano in piazza, i ristoratori, i baristi, i banchisti al mercato, lo fanno sentire «uno di loro, un tizio del loro quartiere, niente di più». Ma il suo amore per la

Roma sta anche nei sacrifici che comporta: «Avrei adorato giocare all'estero. Viaggiare mi ha sempre affascinato. Scoprire altre città, imparare altre lingue è qualcosa che mi manca un po'».

Zeman riteneva che De Rossi avesse problemi fuori dal campo, a me invece sembra più sereno del solito. L'anno prima, quello di Luis Enrique, quando segna il gol del vantaggio contro la Juventus all'Olimpico (nella partita poi finita 1-1), esulta in punta di piedi, saltellando come un pinguino, in omaggio a un balletto che aveva visto a teatro con la moglie. Non è più il ragazzo furioso che esulta come se dovesse vendicarsi di qualche torto passato, ha fatto pace con sé stesso e, almeno in alcuni momenti, è in pace anche con gli altri. Walter Sabatini lo definisce: «Un uomo intelligente, di una sensibilità estrema, che non riesce a farsi scivolare nulla addosso, un groviglio mentale interessantissimo».

Nella prima parte del 2012 rinnova il contratto, una questione rimasta in sospeso nel passaggio di consegne da Rosella Sensi a Thomas DiBenedetto, e che viene portato a termine da Franco Baldini dopo una lunga trattativa, a pochi mesi dalla scadenza di quello precedente.

Prima di firmare non sembra affatto stressato o nervoso. Ci scherza su in uno sketch televisivo con l'amico Diego Bianchi, «Zoro». Daniele sale un taxi senza sapere dove farsi portare: «Portame a Ma... Manchester. Parigi. Dubai. Tokyo. Honolulu. Las Vegas. Budapest». Lo sketch finisce con De Rossi che scende dal taxi e resta dov'è, firmando un autografo che è anche il contratto nuovo. La scenetta va in onda quando ancora devono trovare un accordo su tutti i dettagli e subito dopo la trattativa si inceppa di nuovo. Per Daniele si tratta dell'ultimo grande contratto e, come dirà in seguito, non era intenzionato a fare sconti. Alla fine si accordano per uno stipendio annuo di dieci milioni lordi a stagione più bonus, per le successive cinque stagioni (2013-17): Daniele diventa il giocatore più pagato della Roma e del campionato italiano.

E poi, in quegli anni, De Rossi ha sempre l'Italia.

Nell'estate 2012 la Nazionale di Cesare Prandelli arriva in finale dell'Europeo di Polonia e Ucraina e Daniele gioca delle splendide partite contro Spagna, Inghilterra e Germania. È il torneo della sua consacrazione internazionale, a ventinove anni, quando già non corre più come qualche anno prima e quello che gli manca nelle gambe lo compensa con gli occhi e l'intelligenza. Gioca le prime due partite del girone, contro Spagna e Croazia, da centrale in una difesa a tre. Con l'indice e il pollice steccati in una pistola bianca, il suo tempismo è esaltato da una linea difensiva più bassa rispetto alla Roma di Luis Enrique e in fase di impostazione fa da secondo playmaker dopo Pirlo, ormai marcato con particolare attenzione da tutte le squadre che affronta, in Nazionale come con la Juventus. Prandelli gli chiede comunque di partecipare di più alla fase offensiva e dalla terza partita in poi, con l'Irlanda, passa alla difesa a quattro, spostandolo a centrocampo, nella posizione di mezzala sinistra. I suoi compiti restano gli stessi: il rombo asimmetrico dell'Italia diventa una sorta di quadrilatero, con Marchisio che dalla posizione di mezzala destra si alza sulla linea di Montolivo trequartista, e De Rossi che si abbassa dall'altra per offrire un'alternativa a Pirlo. Tutto questo mentre Zeman, a Roma, diceva che non poteva giocare regista e che non era neanche un difensore.

Durante gli ottavi di finale con l'Inghilterra, Daniele ha due delle occasioni più limpide della serata. Dopo pochi minuti di gioco Marchisio gli passa una palla intelligente all'indietro, dalla fascia destra, che gli arriva incontro rimbalzando una volta come un sasso piatto sulla superficie di uno stagno. De Rossi è a venticinque metri dalla porta e calcia senza controllare, con il collo del piede sinistro. La palla ruota su sé stessa e all'ultimo momento curva verso l'esterno, colpendo la parte interna del palo. Se c'è un tiro che ha mai fatto davvero «tremare il palo», beh, è questo. Il portiere inglese, Joe Hart, è proteso in tuffo ma non ci sarebbe arrivato, Daniele ha colpito così bene la palla che inizia a esultare correndo verso sinistra, forse in direzione della panchina dell'Italia, ma deve interrompersi subito. Nel secondo tempo, dopo un calcio d'angolo respinto dalla difesa, De Rossi si trova in area di rigore nel punto esatto dove cade un colpo di testa a campanile di Marchisio. La difesa inglese è presa di sorpresa e lui resta solo a pochi metri dalla porta, ma è di spalle e girandosi perde la coordinazione per calciare di sinistro, sbuccia la palla e la manda sul fondo. Prima della fine della partita deve uscire per un dolore al nervo sciatico, lo 0-0 dura anche nei supplementari e l'Italia vince ai rigori.

La semifinale con la Germania campione del mondo è quella di Cassano che gira intorno a Hummels ruotando il bacino e crossa una palla al bacio, e della doppietta di Balotelli che dopo aver sbagliato almeno altre due occasioni simili – lanciato alle spalle della difesa, contro la Spagna nella prima partita e contro l'Inghilterra – controlla il lancio di Montolivo a trequarti di campo e scaglia un meteorite nella porta difesa dal migliore del mondo. È quella della statua di Manuel Neuer, con un ginocchio a terra e una mano in alto, come quando nei duelli western quello che viene colpito resta immobile qualche secondo prima di stramazzare al suolo, a pochi metri dalla statua di Mario, a torso nudo e con i muscoli tesi. Ma è soprattutto la lezione di calcio di Pirlo al resto del mondo, un capolavoro di controlli, lanci tagliati che fendono il campo, microtocchi e sterzate sul posto con cui confonde gli avversari, usando il proprio corpo come il velo di un illusionista che fa sparire la sua assistente: una delle poche partite in cui non c'è un uomo incaricato di marcarlo e può sfruttare quei pochi secondi in più che ci vogliono perché il giocatore tedesco più vicino a lui lo aggredisca.

Prandelli ha costruito una squadra molto tecnica, ha puntato su Cassano e Balotelli, esclusi da Lippi per il Mondiale sudafricano, ed è stato ripagato. Anche se in finale l'Italia è «cotta», come ha poi detto De Rossi, e perde 4-0 con la Spagna, subendo gli ultimi due gol a dieci minuti dalla fine, in dieci contro undici dopo l'infortunio di Thiago Motta con tutte le sostituzioni già effettuate. Pochi mesi prima dell'inizio del torneo, Prandelli aveva pubblicato un libro (*Il calcio fa bene*, Giunti) che terminava così: «Certo, mi piacerebbe vincere, una sorta di ciliegina sulla torta. Però mi piace pensare alle tante persone di successo che non hanno mai vinto niente ma trasmesso emozioni».

Quella di Euro 2012 è l'Italia migliore dai tempi del Mondiale, per qualità individuali, sistema di gioco e spirito di gruppo. La Uefa inserisce Buffon, Pirlo, Balotelli e De Rossi nella squadra del torneo: il nome di Daniele è vicino a quello di alcuni tra i migliori centrocampisti del Ventunesimo secolo – Gerrard, Xavi, Iniesta, Sergio Busquets, Xabi Alonso, Özil, Khedira e Pirlo.

L'estate successiva, dopo la sconfitta in finale di Coppa Italia, Daniele dice: «La Nazionale mi ha salvato». Sono passati pochi giorni dal derby quando rimette gli scarpini per una partita di qualificazione dei prossimi Mondiali, e sente «un senso quasi di nausea, come a dire che ci sto a fare qui? Di che stiamo parlando?». Per via della Confederations Cup, passa in Nazionale tutto il mese di giugno, un periodo che lo aiuta a «rifissare» i parametri della sua carriera, che va avanti nonostante la delusione.

Dopo la finale persa contro la Lazio le radio romane si sono scatenate e i tifosi sono sul piede di guerra: De Rossi sta volando in Brasile mentre a Trigoria duecento tifosi srotolano lo striscione FUORI I LAZIALI DA TRIGORIA e fanno cori contro molti giocatori della squadra, anche contro di lui. Mentre Baldini dà le dimissioni e Sabatini cerca un nuovo allenatore, lui gioca contro il Messico nello stadio Maracanã. «Quando vengo in Nazionale sono considerato un giocatore importante, a Roma devo stare attento a come mi muovo e a quel che dico» dichiara dal ritiro azzurro, prima della partita pazza con il Giappone (4-3), in cui segna il suo quindicesimo gol in Nazionale, superando Rivera. «A Roma si vive di calunnie». Scopre poi che Sabatini ha scelto il nuovo allenatore: Rudi Garcia. Non lo conosce. Cerca su Google e la prima cosa che trova è un video in cui Garcia canta *El Porompompero* con una chitarra in mano. Va da Pirlo, con cui condivide la stanza, e gli mostra il video: «Guarda chi cazzo abbiamo preso!».

Da New York Pallotta dice che «tutti i giocatori della Roma sono sempre sul mercato», compreso De Rossi, mentre Daniele a Fortaleza calcia sotto la traversa il suo rigore contro la Spagna, al termine di quella semifinale finita 0-0 che «Repubblica» definisce «un bellissimo, grandissimo, pareggio», una «rivincita» per l'Europeo dell'anno prima, anche se «soltanto morale». Con un caldo e un'umidità pazzeschi Daniele gioca una grande partita: il primo tempo a centrocampo faccia a faccia con Iniesta, il secondo più i supplementari da centrale nella difesa a tre. Alla fine è decisivo l'errore di Leonardo Bonucci, che calcia il settimo rigore della serie *sopra* la traversa. Con la finalina per il terzo o quarto posto (vinta ai rigori) con l'Uruguay, finisce la Confederations Cup e si chiude un biennio felice per l'Italia, che fa ben sperare per il Mondiale dell'anno successivo.

A questo punto Daniele ha di fronte una scelta, che è sempre difficile, ma forse meno che in passato. Non si tratterebbe di «andarsene da Roma», ma di non tornarci. Chissà se in aeroporto, almeno per un attimo, ha pensato di cambiare il proprio biglietto, la propria destinazione.

La Roma di Rudi

Non erano in molti a conoscere Rudi Garcia, anche se tre anni prima aveva vinto il campionato francese con il Lille: lo aveva scelto Sabatini, fidandosi «più dell'istinto che della ragione». Si era parlato di un incontro con Bielsa, ma anche di Laurent Blanc e Mazzarri. Garcia, insomma, era sembrato la terza o la quarta scelta. Oltretutto, durante uno dei primi giorni di ritiro aveva malamente provato a difendere Osvaldo, in guerra con i tifosi e prossimo alla partenza, dicendo che chi contestava la squadra «non era della Roma, al massimo della Lazio». Per questo il giorno della presentazione all'Olimpico era stato fischiato dal pubblico. I tifosi romanisti avevano esposto lo striscione NON SAPER RIMEDIARE AD UNA SCONFITTA È PEGGIORE DELLA SCONFITTA STESSA e mentre Rudi Garcia stava promettendo che li avrebbe resi orgogliosi della loro squadra sopra la sua testa era sfilato un aereo con uno striscione preparato dai tifosi laziali: LA VERITÀ REALE È CHE V'AVEMO FATTO MALE. Era stata tutta un'estate di aerei e striscioni. Sul litorale romano erano passati quelli con scritto: V'AVEMO ARZATO LA COPPA IN FACCIA oppure IL MARE MI RILASSA, MA A TE QUANDO TE PASSA, a cui i romanisti avevano risposto con TESTACCIO RICORDA, ROMA È GIALLOROSSA e (durante la Supercoppa che la Lazio ha perso 4-0 con la Juve) V'ARZAMO IN FACCIA IL NOME IMMORTALE... AS ROMA.

Il 25 agosto 2013 la Roma gioca la prima partita della stagione 2013/14, in trasferta contro il Livorno neopromosso. Dopo un'ora di gioco il risultato è ancora sullo 0-0, la Roma ha avuto qualche occasione, Totti sembra ispirato e in condizione, ma la palla non entra. Nessuno meglio dei tifosi romanisti sa quanto certe stagioni siano in bilico su partite del genere, quanto un pareggio estivo può essere rimpianto la primavera successiva. Al sessantacinquesimo minuto Totti gestisce una palla morta sul lato sinistro, la Roma ha portato in avanti tutti i giocatori che poteva ma il Livorno è con due linee strette di quattro giocatori dietro la palla e copre ogni spazio. De Rossi è poco dietro Totti. Daniele non aveva fatto neanche un gol nella stagione precedente, non segna con la maglia della Roma da più di un anno. Totti gli mette la palla a pochi metri di distanza, così da fargli prendere la rincorsa e scaricare un destro violento verso la porta. Diversamente dagli altri grandi gol che ha segnato da lontanissimo, stavolta il suo tiro non gira verso l'esterno, ma va dritto sul primo palo, forse per dare alla palla una traiettoria più breve verso la porta e accorciare il più possibile l'attesa di un gol così importante. Daniele avrebbe tutte le ragioni per una delle sue esultanze incazzate, potrebbe pensare a Zeman, ai tifosi che gli avevano rinfacciato lo stipendio, invece pensa ai suoi compagni di squadra e schizza verso la panchina. Finché giocherà, non si libererà mai veramente di quella tempesta interiore che gli serve per dare il massimo, per tenere il livello della tensione alta, che ogni tanto lo danneggia e danneggia la Roma, adesso però sembra libero di godersi i momenti felici. Ha separato la rabbia dalla gioia.

Il mercato estivo si doveva ancora chiudere e, ammetterà Daniele qualche tempo dopo, non era mai stato così vicino a lasciare la Roma come quella estate. «Mi ero quasi convinto – non totalmente, ma quasi – che fosse la cosa migliore da fare per me e per la Roma». Aveva detto alla dirigenza che avrebbe ascoltato eventuali offerte ma aveva anche promesso a Garcia, il quale di persona gli aveva fatto subito una buona impressione, che «oltre una certa data» non se ne sarebbe andato. Non è improbabile che quella data simbolica coincidesse proprio con la prima giornata di Serie A. L'offerta giusta, quella del Manchester United, arriva troppo tardi. «Fosse arrivata prima» dice al suo intervistatore «forse non saremmo qui a parlare. O saremmo a parlarne altrove». La Roma di Rudi Garcia vince quella partita (2-0) e le nove successive. A inizio novembre è in testa al campionato, a punteggio pieno, con un solo gol subìto e cinque punti in più della Juventus.

Tra le prime dieci partite che la Roma vince consecutivamente all'inizio della stagione 2013/14 c'è il derby del 22 settembre, il primo successivo a quello che i laziali ricordano come «il derby della coppa in faccia». Rudi Garcia, che a parte la prima uscita infelice ha un discreto senso delle frasi a effetto, prima della partita dichiara che «il derby non si gioca, si vince». La Sud si dipinge metà di giallo e metà di rosso, costellata di stendardi con il vecchio stemma, che James Pallotta aveva deciso di cambiare alla fine della stagione precedente, annunciandolo con tempismo discutibile pochi giorni prima della finale della Coppa Italia (il nuovo stemma toglie il monogramma «Asr» sostituendolo con il più internazionale «Roma» sopra la data di fondazione «1927», oltretutto ai romanisti non è piaciuta, e non piace nemmeno oggi, la nuova lupa capitolina stilizzata). Al centro della coreografia un messaggio per i tifosi laziali: IL MIO NOME È IL SIMBOLO DELLA TUA ETERNA SCONFITTA; che rispondono lasciando vuota la loro curva per i primi minuti, a indicare che dopo quello del 26 maggio nessun derby poteva avere più veramente senso. Un tema ricorrente tra i laziali, ancora nel 2017 Ledesma ha detto: «Si potranno inventare qualsiasi cosa, ma non serve dirlo: non ci sarà alcuna rivincita».

In ogni caso, le squadre in campo fanno di tutto per vincerla, quella partita. La Roma ha un'occasione con De Rossi, di testa, e la Lazio ne ha un'altra piuttosto clamorosa con Klose, intorno all'ora di gioco, su un cross che attraversa l'area e sbatte sulla coscia del centravanti tedesco uscendo di poco. Ma il carattere e la fortuna (l'uno non serve a niente senza l'altra) della Roma di Rudi Garcia in quei primi mesi gloriosi vengono fuori in queste situazioni, in partite che solitamente la Roma trovava il modo di perdere o pareggiare senza neanche sapere come, e che adesso invece riesce a vincere (tipo quella con l'Udinese, decisa da un gol di Bradley a dieci minuti dalla fine, con la Roma in dieci contro undici). Nel 4-3-3 dell'allenatore francese Totti parte dal centro del tridente, ma in realtà ha libertà assoluta di muoversi da *falso nove*, creando spazi in cui si infilano gli esterni. A quasi trentasette anni sembra tornato in sorprendente forma e ha prolungato il proprio contratto per altre due stagioni. È il playmaker offensivo della squadra e il suo calcio ha trovato una nuova essenzialità, tra scambi di prima che servono a far muovere la palla e gli avversari, e lampi di genio improvvisi, filtranti e lanci che sorprendono persino i compagni destinatari del passaggio. In quel momento si ritrova a gestire il possesso sulla fascia destra, all'altezza della trequarti. Ha quattro compagni intorno e nessuno al centro dell'area di rigore, la difesa della Lazio è schierata in linea ma non sembra esserci nessun pericolo da cui doversi difendere. Totti però vede cose che sono fuori dalle inquadrature televisive: il suo cross basso taglia tutta l'area di rigore, passa tra portiere e difesa e sembra perso nel vuoto, quando da dietro a tutti spunta Balzaretti. Il terzino romanista calcia fortissimo di collo ma prende il palo, il rimpallo arriva sui piedi di Ljajić che ha davanti a sé la porta vuota ma non riesce a controllare e la difesa della Lazio spazza in angolo.

Balzaretti si dispera con le mani nei lunghi capelli biondi raccolti da un elastico, cammina fuori dal campo e si appoggia ai cartelloni pubblicitari, l'Olimpico è ancora rumoroso e i difensori laziali devono ancora sistemarsi. Totti si fa dare velocemente la palla e batte il calcio d'angolo chiedendo lo scambio a Pjanić. Quando i laziali si accorgono che il gioco è ripreso, Totti sta già portando palla dentro l'area di rigore, correndo quasi sulla riga di fondo. Stavolta fa un cross morbido, che è troppo alto per Gervinho e Benatia al centro dell'area piccola ma è perfetto per Balzaretti, che fino a un attimo prima era ancora fuori dal campo. Anche lui sembra colto alla sprovvista, ma si coordina rapidamente e calcia al volo, stando attento a prendere lo specchio. Balzaretti aveva detto che il derby del 26 maggio era una macchia che neanche mille vittorie avrebbero cancellato, ma forse se l'è dimenticato mentre esulta correndo come se gli avesse preso fuoco la schiena. Fa il giro largo, passa a sinistra della porta, inseguito dal resto della squadra, corre davanti ai Distinti e prosegue in direzione della curva. Per qualche ragione De Rossi fa il giro dalla parte opposta, correndo da solo verso destra, ma è comunque il primo tra i compagni a saltargli addosso, giusto al centro della vetrata. Balzaretti aveva ricevuto molte critiche la stagione precedente e De Rossi pensa che nessuno meritava più di lui di segnare quel gol, «nemmeno io». L'intensità dell'abbraccio di squadra trasfigura i lineamenti di Balzaretti e gli toglie l'elastico ai capelli: quando riemerge da sotto i corpi dei compagni sta ancora piangendo.

Proprio mentre scade il novantesimo la Roma va vicina a pareggiarsi da sola, con la Lazio che ha un uomo in meno dopo l'espulsione di Dias. È un classico del suo repertorio: su un lancio lungo Balzaretti e Castán pasticciano tra loro e la palla finisce al laziale Ederson, frontale alla porta e senza nessun difensore davanti. Da dietro arriva De Rossi, che mette il tacco del piede destro davanti alla palla nell'esatto momento in cui Ederson prova a calciare. È un intervento duro, pulito, tecnico, che esprime alla perfezione il suo talento, la sua capacità di trasformare la disperazione di un tackle «o la va o la spacca», che avrebbe potuto portare al rigore o a un'altra delusione, in un gesto esaltante.

Qualche minuto dopo Ljajić si procura un rigore e, dato che Totti è uscito, parla con De Rossi che glielo lascia trasformare. La partita potrebbe finire lì, ma c'è ancora tempo perché la Lazio segni il gol del 2-1 con Klose, che però è in fuorigioco e per questo l'arbitro lo annulla. Daniele è in area di rigore, rivolto in direzione della Curva Nord, con la fascia da capitano al braccio. È più forte di lui e anche se sa che qualcuno se ne accorgerà, e gli daranno del coatto, del cattivo esempio, si lascia andare a quel gesto con le braccia a V che a Roma sta volgarmente a significare «attaccateve ar cazzo», gesto che gli costa una multa da settemila e cinquecento euro. Perché starà anche per diventare padre per la seconda volta, ma a Roma nessuno matura mai del tutto.

Rudi Garcia a fine partita usa una formula più elegante per festeggiare il suo primo derby vinto: «Abbiamo rimesso la chiesa al centro del villaggio». E poi anche: «Da oggi mi sento romanista come voi».

Quella 2013/14, è la migliore Roma dai tempi del secondo posto di Spalletti. Con tutta la responsabilità di risollevarla dopo la tremenda stagione precedente, Walter Sabatini in estate aveva rivoluzionato nuovamente la squadra. Era sceso a compromessi con il contesto, rinunciando a qualche giovane scommessa e prendendo giocatori con esperienza in Serie A (Benatia, Ljajić, De Sanctis) o comunque già formati, che avrebbero potuto reggere l'impatto con Roma (Kevin Strootman, a ventitré anni già capitano della nazionale olandese; Gervinho, vecchio pupillo di Garcia a Lille). Aveva addirittura preso il trentaduenne Maicon, da svincolato. Per non mandare i conti troppo in rosso – perché dalla stagione 2011/12 è entrato in vigore il Fair Play Finanziario, che obbliga le squadre a investire nel mercato e nei contratti non più di quanto guadagnano – si era sacrificato in prima persona, vendendo Lamela al Tottenham («cedere Lamela mi ha ucciso» ha detto poi) e il giovanissimo Marquinhos al Paris Saint-Germain. In aggiunta, si era liberato di Osvaldo e di alcune scommesse già fallite (Tachtsidis, Goicoechea, Nico López). A gennaio Sabatini completa la squadra prendendo Radja Nainggolan e cedendo alcuni giocatori che pur avendo dato il loro contributo si erano ritrovati semplicemente in una squadra troppo forte per loro, come l'onestissimo Bradley.

Ne viene fuori una Roma solida ed equilibrata, forte fisicamente, con un livello tecnico molto alto e un'età media superiore alle ultime stagioni, piena di giocatori di carisma. De Rossi è al centro del sistema di gioco di Garcia. È il giocatore che tocca più palloni a partita (sempre con il compito specifico di abbassarsi e far uscire la palla dalla difesa, come un padre che accompagna tutte le mattine i figli all'asilo) e le sue doti difensive vengono esaltate dal fatto che la Roma si abbassa spesso a difendere dentro la propria area. Con Zeman e Luis Enrique, Daniele aveva pagato carissimo il suo peggior difetto, ovvero la tendenza a indietreggiare troppo schiacciandosi sulla difesa. Adesso invece gli viene chiesto di infilarsi tra Benatia e Castán e saltare senza marcatura sui cross, e il fatto che la Roma resti compatta gli restringe il campo intorno e alle spalle, nascondendo i limiti di mobilità dovuti anche all'avanzare degli anni. In mezzo a quel periodo miracoloso in cui la Roma vince dieci partite di seguito, in uno dei rari casi in cui un attaccante scatta sul filo del fuorigioco e scappa a Benatia e Castán con campo alle spalle – parlo di Goran Pandev, nel frattempo passato al Napoli – Daniele abbassa la testa e lo insegue, continuando a correre anche dopo che De Sanctis ha smorzato il tiro, salvando poco prima della riga con una spazzata volante che lo fa finire dentro la rete (avrebbe potuto calciare la palla in angolo restando in piedi, magari, ma ha preferito farlo saltando e il pubblico ha apprezzato).

Insomma, la Roma sembra adesso una squadra costruita su misura di De Rossi, ma in realtà è costruita su misura di tutti i giocatori migliori ed è per questo che funziona. Daniele parla da innamorato di Rudi Garcia: «Quello che fa qui può essere un punto di svolta nella storia della Roma. Lo ridico in quanto non esagero: può essere una svolta nella storia della Roma. Ci può far vincere».

Alle dieci vittorie nelle prime dieci partite seguono cinque pareggi nelle sette successive, e in mezzo a queste l'infortunio di Totti alla coscia che lo tiene fuori più di un mese. La Roma arriva alla partita in trasferta del 5 gennaio 2014, con cinque punti di ritardo sulla Juventus. La squadra di Garcia gioca alla pari con quella di Conte, che ha vinto gli ultimi due campionati, ma al quarto d'ora del primo tempo va sotto di un gol. Da un fallo laterale la palla arriva a Carlos Tevez in area di rigore, marcato da De Rossi che gli tocca la spalla con la mano per essere sicuro di tenerlo nel proprio raggio d'azione. Ma Tevez controlla con l'esterno del piede e anziché andare verso la porta, come forse Daniele si aspettava, ruota verso l'interno del campo. Il suo movimento di bacino è talmente rapido che quando Daniele torna su di lui Tevez si è già girato fronte alla porta. Provare a marcare Tevez – se ne accorge anche Benatia più tardi – equivale a provare a salire sulla schiena di un toro da rodeo. Dopo il suo controllo Vidal si inserisce da dietro correndo in orizzontale sul filo del fuorigioco e Tevez aspetta il momento giusto per servirgli l'assist dell'1-0.

La Juventus raddoppia poco dopo l'inizio del secondo tempo (Pirlo batte una punizione laterale sul palo più lontano, dove arriva Bonucci in scivolata) e la Roma si sbilancia ancora di più in avanti. Poi al settantacinquesimo Chiellini ruba palla e parte sulla fascia sinistra, nel buco lasciato da Maicon che praticamente fa l'attaccante a quel punto della partita. De Rossi corre dietro a Chiellini, i due si fanno cinquanta metri l'uno a fianco all'altro, arrivati quasi sulla linea di fondo finalmente lo juventino crossa, De Rossi si lancia in ritardo e gli atterra sulla gamba d'appoggio. L'arbitro Rizzoli fischia fallo ma non sa che cartellino tirare fuori, si porta la mano all'auricolare e decide per il rosso. È la decima espulsione di De Rossi con la maglia della Roma. Quasi tutti, romanisti e non, sono d'accordo che il fallo fosse da espulsione: è impossibile, però, sapere cosa volesse fare davvero, se al momento di spiccare il volo (trasformandosi nel tatuaggio che aveva sul polpaccio) fosse stato consapevole che stava per intervenire duramente sulle gambe dell'avversario – nel migliore dei casi sulla palla *e sulle gambe dell'avversario* – o se avesse semplicemente calcolato male le distanze. È quel tipo di giocatore lì, d'altra parte, il numero 16 che indossa è per la figlia ma anche per il suo giocatore preferito, Roy Keane, il capitano dello United negli anni Novanta che però pareva uscito dal calcio inglese di uno o due decenni prima, in cui la violenza era parte del gioco virile e la palla nel fango del centrocampo la conquistava quello con la tibia più dura. Quell'intervento su Chiellini non sembrava fatto a caso, no? Forse per colpa delle aspettative che mi ero fatto su quella stagione, sul momento io l'ho comunque difeso a oltranza con i miei amici, non solo sostenendo che volesse prendere la palla ma che non fosse neanche cartellino rosso (a marzo, contro l'Inter, De Rossi colpisce con una manata in testa e poi con un pugno Mauro Icardi, mentre lo marca in area di rigore; l'arbitro non lo vede ma il giudice sportivo gli dà tre giornate di squalifica: lui ha detto che non l'aveva fatto apposta, io l'ho difeso di nuovo). Sugli sviluppi di quella stessa punizione si fa espellere anche Castán, che tocca la palla di mano sulla riga di porta, e la Juventus segna il 3-0 su rigore con l'ex romanista Mirko Vučinić.

Il «Corriere della Sera» scrive che, considerato come non fosse una partita nervosa, «risulta inspiegabile il brutto intervento a tenaglia» di De Rossi. Per la «Gazzetta» il risultato finale è troppo severo, «non è nemmeno lontano parente, sul piano della prestazione, del 4-1 subìto dall'allora squadra di Zeman», la stagione precedente. A propria volta, Rudi Garcia a fine partita si affretta a dire che «non è finito niente».

Anche quando la magia dei primi mesi sfuma e la Roma deve affrontare delle difficoltà (tra fine febbraio e inizio marzo viene sconfitta due volte dal Napoli: la prima in Coppa Italia, perdendo la semifinale di ritorno 3-0; la seconda in campionato, con Strootman che si rompe i legamenti dopo dieci minuti e il gol dell'1-0 di Callejón alla fine) la squadra di Garcia non smarrisce la propria identità come in passato. Ci crede fino alla fine. O almeno fino a quando Garcia non dichiara terminato il campionato con tre giornate di anticipo e la Roma perde tre volte di seguito.

La Roma di Rudi Garcia fa il record di punti della storia della società, 85, ma la Juventus di Antonio Conte ne fa comunque 102, il record della storia della Serie A. La Juventus vince anche all'Olimpico, l'ultima partita in casa della stagione romanista, 1-0 con gol dell'ex Osvaldo (che, manco a dirlo, esulta di gusto) nel quarto minuto di recupero. Questa delusione finale ce la saremmo risparmiata volentieri, ma a fine stagione ci diciamo che la Roma ha una squadra forte e che la Juventus non potrà fare sempre più di cento punti. Non c'è bisogno di esplicitarlo, ma il pensiero di tutti è che *l'anno buono* possa essere quello successivo.

De Rossi ha quasi trentun anni, la sua seconda figlia ha pochi mesi, ed è di nuovo felice di essere a Roma. Anzi, dice scherzando che se fosse andato a Manchester a quest'ora si sarebbe suicidato. In fondo, c'è modo e modo di arrivare secondi. Sintetizzo da una sua intervista di qualche anno dopo: «Negli anni mi sono reso conto che la vittoria non è semplice da raggiungere, che è per le persone e per i gruppi eccezionali. Ma non è neanche detto che arrivare secondi in campionato sia una sconfitta: per arrivare secondo, otto dieci volte, devi avere vinto tante partite, lavorato tanto e seriamente. Non mi sento un vincente, ma di sicuro non mi sento un fallito, uno sconfitto».

Una storia interrotta

Quello di De Rossi è un racconto di formazione che finisce troppo presto (forse lo sono tutte le storie di sportivi), che si interrompe prima di dirci cosa diventa il protagonista e non gli permette di arrivare alla maturità, all'integrazione finale. Daniele ha vinto troppo presto. «Quella è stata forse la fregatura,» ha detto lui «non aver continuato a vincere. Forse se lo aspettavano tutti».

La sua storia è la stessa di tutti i romanisti diventati maturi nel Ventunesimo secolo, che si sono illusi che la vittoria facesse ormai parte dell'orizzonte delle proprie esperienze, di quei romani nati negli anni Ottanta che pensavano al futuro come miglioramento, progresso, accrescimento. Che hanno vissuto il benessere del Giubileo e l'euforia veltroniana; che quasi da un giorno all'altro hanno visto atterrare in città le tre astronavi dell'Auditorium di Renzo Piano e hanno familiarizzato con i nomi di Zaha Hadid e Calatrava – la cui «Città dello Sport» è costata quattro volte il previsto ma non è stata terminata in tempo per i Mondiali di nuoto del 2009, e allora è rimasta come monumento all'incompiutezza di Roma stessa: una pinna di squalo di travi bianche visibile dal Grande Raccordo Anulare, a segnalare l'assenza (del futuro), il vuoto che non può più essere dimenticato. E se la Roma rappresenta gli umori della città di cui porta il nome, nessuno come Daniele De Rossi incarna questo eterno presente, questo futuro che non esiste, l'impressione che ti stai muovendo ma in realtà non stai andando da nessuna parte, stai solo invecchiando.

Dopo i trent'anni Daniele prende la sua forma definitiva. I capelli in cima alla testa possono allungarsi o accorciarsi di qualche centimetro, la barba può essere più o meno a punta. Ma, insomma, ha raggiunto un'età per cui le foto che si fa adesso saranno meno diverse di quelle che si farà tra vent'anni rispetto a quelle di sei o sette anni prima. De Rossi ormai è questo, con i tatuaggi colorati sulle braccia, il faccione peloso, gli occhi gonfi. Con un'ombra di diffidenza che gli vela gli occhi luminosi. È paradossale che proprio in questi anni sia stato scelto come simbolo dalla proprietà americana, così ossessionata dal cambiamento. Che si identifica totalmente, anzi, nel cambiamento. Quando la scelta del nuovo stemma è stata criticata, Pallotta ha rimbalzato ogni argomento: «Ogni volta che c'è un cambiamento ci sono persone a cui non piace». A me sembra che Daniele sia proprio una di queste persone. Uno che ama la tradizione, che cerca «l'odore di Roma» nei sonetti di Trilussa e che dice: «I romani posso guardarsi indietro per guardare loro stessi». Daniele semmai è ossessionato dalla storia. Da quella di Roma, della Roma. Ma anche dal *fare la storia*.

La Serie A ha introdotto la fascia da capitano uguale per tutti, per «valorizzare il brand» sul modello del campionato inglese, proprio all'inizio del suo ultimo anno da calciatore della Roma, nella stagione 2018/19. Nelle prime giornate si rifiuta di indossarla e per questo viene multato. La sua fascia è «una cosa semplice e sobria» come quella che indossava Agostino Di Bartolomei: «Una fascetta semplice e bianca sulla maglietta della Roma». Avrebbe voluto chiamare il suo terzo figlio Agostino, perché Di Bartolomei «è un capitano che non ho vissuto da tifoso ma è quello a cui mi sono attaccato di più dopo». Di Bartolomei è, non *era*, per Daniele.

Di Bartolomei – romano di periferia come lui, *extra-moenia*, cioè fuori le mura aureliane, a differenza di Totti che è cresciuto a Porta Metronia – aveva un rapporto malinconico con la storia della città: «Non è vero che il romano sia un allegrone» ha detto una volta Di Bartolomei, che i romanisti chiamano ancora «Ago», con l'affetto che si riserva a un fratello maggiore. «È soprattutto triste perché è consapevole della sua decadenza dai tempi in cui dominava il mondo a oggi». La storia per Di Bartolomei era l'impossibilità di vivere nel presente, una delle cose che lo tormentava e che in qualche modo potrebbe aver contribuito a quel suicidio avvenuto, simbolicamente, forse casualmente, nell'anniversario della finale con il Liverpool dieci anni dopo.

Daniele la storia l'ammira, la distanza non lo fa soffrire. La storia della sua città e della sua squadra – lontana o vicina, in un certo senso quando lui comincia a giocare davvero anche Totti è già un pezzo di storia – è ricca di persone di valore da cui trarre ispirazione, di avvenimenti che in qualche modo fanno parte di te anche se non li hai vissuti. Quello che lo fa incazzare, invece, è l'impossibilità di tramandarla come vorrebbe. La mancanza di un futuro verso cui traghettare il romanismo.

Dentro la sua fascetta «semplice e sobria», De Rossi ha fatto scrivere una frase: «Sei tu l'unica mia sposa, sei tu l'unico mio amor». Un coro che la Curva Sud ha iniziato a fare in questi stessi anni che sto raccontando ora. Non lo aveva detto a nessuno, di quella frase, ma quando ha regalato la fascia a un tifoso dopo la prima partita della sua ultima stagione quel tifoso l'ha notata. Prima del derby di gennaio 2015 la Curva Sud mette in scena una delle più belle coreografie degli ultimi anni, sollevando sedici stendardi raffiguranti i capitani romani della Storia della Roma.

Al centro in basso c'è Agostino Di Bartolomei.

Alla sua destra Francesco Totti.

Alla sua sinistra Daniele De Rossi.

Il suo ritratto è l'unico che urla.

Una pugnalata al cuore

La stagione 2013/14 era stata una sorpresa per tutti e la Roma forse aveva peccato di ingenuità. All'inizio di quella dopo, invece, la squadra di Rudi Garcia ha il vantaggio di sapere quanto vale. UN SECONDO POSTO NON PLACA LA FAME DI VITTORIA. TUTTI INSIEME PRENDIAMOCI LA GLORIA scrive la Sud il giorno della presentazione della nuova stagione (tra l'altro stranamente in sintonia con la campagna marketing della proprietà americana: «Hungry for glory»). Questo è forse l'anno in cui a Roma si sente più forte nell'aria il profumo di scudetto, non solo perché la squadra è forte ma anche perché la Juventus potrebbe avere bisogno di tempo per adattarsi al nuovo allenatore Massimiliano Allegri. Ma quando si parla di uomini, soli o in gruppo, il valore non è mai una cosa assoluta, si può solo scoprire – o, se preferite, dimostrare. A dirla tutta, risparmieremmo molto tempo se smettessimo di fare calcoli per il futuro. Ma sarebbe contrario al modo in cui i romanisti vivono il periodo che precede ogni nuova stagione: «Io sono diciotto anni che sto qui, e ogni volta che esce il calendario mi faccio la tabellina mia e spero di vincere il campionato» ha detto ad esempio De Rossi a fine carriera. Per quanto riguarda la stagione 2014/15, bastano le due settimane centrali di ottobre per imparare la lezione.

Domenica 5 ottobre, dopo cinque giornate di campionato, la Roma deve giocare di nuovo in casa della Juventus. Hanno vinto entrambe tutte le partite precedenti, la Roma ha subìto un solo gol, la Juventus nessuno. «La parola sconfitta dev'essere cancellata dalla nostra mente, la Roma può battere chiunque» dice Seydou

Keïta, uno che con il Barcellona ha vinto due Champions League e due Coppe del Mondo per Club, e che gioca al posto di De Rossi, infortunato al polpaccio. Dopo ventisette minuti, l'arbitro Rocchi fischia un fallo di mano a Maicon, che in barriera aveva respinto una punizione di Pirlo con il gomito. Inizialmente l'arbitro indica il limite dell'area, i giocatori della Juventus gli mostrano la riga che aveva disegnato in terra per segnare la distanza della barriera e Rocchi cambia idea e assegna il rigore. I romanisti protestano perché Maicon si stava proteggendo il viso e forse era fuori area al momento dell'impatto con la palla, Rudi Garcia mima il gesto del violino e viene espulso. La Roma pareggia con un rigore altrettanto dubbio e poi va addirittura in vantaggio, con il nuovo acquisto, pagato poco meno di trenta milioni al Verona, Juan Manuel Iturbe. Il giorno della presentazione all'Olimpico lo speaker lo ha presentato dicendo: «Lo volevano tutti,» sottinteso anche la Juve «ma ce lo abbiamo noi». Iturbe segna il 2-1 con un taglio in area di rigore da centravanti di razza e una rasoiata sul primo palo. La Juventus pareggia ancora su rigore, fischiato per un fallo tra Pjanić e Pogba che può essere avvenuto sulla riga dell'area di rigore così come qualche centimetro fuori. Il primo tempo finisce 2-2. Nel secondo sempre Pjanić – che da quando è arrivato a Roma ha raggiunto un livello di creatività e visione di gioco vicini a quelli di Totti – si divora un gol di sinistro da pochi metri e il nuovo centravanti juventino, Morata, prende una traversa. Tutto sommato sarebbe un bel pareggio, se finisse così. Invece, una palla respinta di testa dalla difesa romanista, a quattro minuti dalla fine, finisce giusto giusto sul piede di Bonucci, che al volo da fuori area trova l'angolo perfetto per infilare la palla in porta (anche in questo caso ci sono polemiche sulla posizione di fuorigioco di Vidal che potrebbe ostruire la visione del secondo portiere romanista, Skorupski).

A fine partita Totti dice a Sky: «Ho sempre detto che loro dovrebbero fare un campionato a parte».

La conduttrice Ilaria D'Amico fa la finta tonta: «In che senso, Francesco?».

Totti risponde: «Perché tanto con le buone o con le cattive vincono sempre».

D'Amico: «Cioè siamo tornati ai vecchi cattivi pensieri?».

Totti: «Purtroppo sono le immagini che parlano chiaro. Non sono solo io a parlare, tutta l'Italia vorrebbe dire le stesse cose».

Dopo l'espulsione per la sviolinata Rudi Garcia era stato diplomatico davanti ai microfoni, una volta tornato a casa però scrive su Twitter: «A mente fredda... questa partita fa veramente del male al calcio italiano!». Dieci giorni dopo torna ancora sull'argomento in conferenza stampa, dicendo che quella partita era stata «tutto il contrario di una sconfitta» e che anzi «questa gara mi ha fatto capire che quest'anno vinceremo lo scudetto».

Il 21 ottobre c'è una partita importante di Champions League contro il Bayern Monaco. Dopo tre stagioni di assenza la Roma era partita fortissimo, battendo in casa il CSKA Mosca con uno spettacolare 5-1, e pareggiando 1-1 con il Manchester City, in Inghilterra. Il gol di Totti in quella partita è uno dei più belli della stagione per movimenti corali e qualità individuale. Nainggolan si muove alle spalle del centrocampo inglese e attira fuori posizione Kompany, Keïta gli passa la palla e lui la gioca di prima per Totti che è scattato nel buco lasciato dal difensore con un movimento a uncino. Solo davanti al portiere, Totti lo scavalca con un tocco di sinistro così delicato che viene da chiedersi se non nasconda un secondo paio di mani negli scarpini. Insomma, la Roma arriva alla partita con il Bayern Monaco di Guardiola, in casa, bella carica.

Daniele aveva saltato la gara con il City, sempre per infortunio, ma è in campo contro i tedeschi. Nei sei mesi passati a Roma nel 2002, Guardiola pensava già come un allenatore: Marco Delvecchio lo ricorda ragionare a voce alta in panchina e De Rossi prima della partita di Champions League ricorda che Guardiola lo prese sotto la propria ala: «Se sono arrivato a questo livello una parte del merito ce l'ha sicuramente lui». Guardiola gli risponde che «è un bugiardo», che era già allora un grande giocatore. La Roma è «più forte e stabile» rispetto agli anni prima e il tecnico catalano aggiunge anche che ha ancora molti amici in città, magari un giorno tornerà a lavorarci. E invece quella sera è proprio lui a dare uno dei più grandi dispiacere ai romanisti, ai sessantamila allo stadio, a quelli a casa, a De Rossi. La Roma prende cinque gol nel primo tempo, ne segna uno nel secondo e sbaglia molte altre occasioni, poi prima che finisca la partita subisce altri due gol.

Tra il sesto e il settimo gol del Bayern passano più o meno due minuti. Un minuto e mezzo se ne va tra festeggiamenti e sostituzioni. Guardiola toglie Götze e mette Shaqiri. Garcia toglie Pjanić e mette Ljajić. Che senso hanno i cambi a questo punto della partita? Praticamente nessuno. Ma sono disposto a mettere la mano sul fuoco che qualche tifoso romanista oltre a me, quando ha visto entrare Shaqiri, ha avuto uno strano presentimento. Non perché Shaqiri avesse qualcosa di speciale, ma solo perché era entrato in quel momento della partita. (*Ecco chi ci segna il gol del 7-1*, avrà pensato almeno una piccola parte di tifosi romanisti). Intanto, dopo il sesto gol di Franck Ribéry, lo stadio Olimpico canta *Noi non ti lasceremo mai*. Quando riprende il gioco la Roma perde subito palla e il Bayern si ritrova immediatamente nella trequarti. Ribéry salta De Rossi al limite dell'area ma sbatte sulla difesa subito dietro – Daniele dopo essere stato dribblato alza subito le mani, non sia mai che l'arbitro veda un fallo e sia lui a procurare il rigore del settimo gol. La palla arriva a Ljajić, qualche metro fuori dall'area romanista, che sbaglia il passaggio per Nainggolan poco vicino. (*Ecco a cosa serviva l'ingresso in campo di Ljajić: a perdere la palla che porta al settimo gol*). Tra Ljajić e Nainggolan si inserisce Xabi Alonso in scivolata, il pallone arriva a Rafinha che avanza di un metro e poi tira forte e centrale. De Sanctis prova a bloccare il tiro ma la palla gli sfugge e finisce sui piedi di Shaqiri, che aggira il portiere e calcia sotto la traversa con una rapidità crudele, cinica, senza avere un attimo di esitazione, come se fosse nato per mettere dentro quella palla, come se i suoi genitori avessero lasciato il Kosovo per andare in Svizzera quando aveva un anno solo per permettergli, venti anni dopo, di segnare il 7-1 alla Roma. I tifosi romanisti la prendono con leggerezza e dopo il gol di Shaqiri cantano *La società dei magnaccioni* di Lando Fiorini, che comincia con «Fatece largo che passamo noi» e che, a dirla tutta, stona un po' con la situazione.

Perché proprio 7-1? Perché De Sanctis non ha bloccato il tiro che ha portato all'ultimo gol? Perché il palo di Gervinho non è entrato? Ci saremmo sentiti meglio se avessimo perso 7-2? Sarebbe stato meglio perdere 7-0? Oppure paradossalmente avremmo preferito che Shaquiri nell'azione dopo avesse segnato il gol dell'8-1? Ricordo di aver vissuto quella partita con un senso di incredulità che ho provato poche altre volte in vita mia e adesso mi chiedo se non sia finita 7-1 anche per via di tutte quelle persone che, come me, avevano in testa quel risultato. Erano passati sette anni e mezzo dalla partita con lo United. Un tempo sufficiente per dimenticarsi di quella notte, come se si fosse trattato di un incubo; in cui quelli che erano solo bambini la prima volta erano diventati giovani adulti e potevano vivere pienamente il primo dramma romanista; in cui chissà quanti nuovi romanisti sono nati e hanno appena fatto in tempo a riconoscere i nostri colori, chissà quanti tra le loro prime parole avevano detto «forza Roma» o «Francesco Totti».

L'estate prima, quando il Brasile aveva perso 7-1 con la Germania durante il Mondiale che ospitava (una partita ricordata come il «Mineirazo», dallo stadio Mineirão dove è avvenuta, perché sconfitte così uniche meritano un nome proprio), i tifosi romanisti erano gli unici a sapere cosa stavano passando i brasiliani. Adesso però nessuno poteva sapere cosa provavano i romanisti, perché nessuno aveva perso 7-1 *due volte*. L'allenatore serbo Vujadin Boškov (morto nel 2014, qualche mese prima di questa partita) diceva che preferiva perdere una volta 6-0 che sei volte 1-0. Nessuno però vorrebbe perdere sei volte 6-0...

E chissà cosa ha pensato De Rossi, quando gli è capitato di perdere per la terza volta 7-1 con la Fiorentina a gennaio 2019, durante la sua ultima stagione in giallorosso (la sua ultima partita in Coppa Italia). È una coincidenza in fin dei conti ridicola e senza senso, ma la memoria dei tifosi è fatta anche di cose di questo tipo. Le date e i risultati passati sono dei fantasmi e quando una squadra perde nello stesso modo in cui aveva perso anni prima, o nello stesso giorno, riporta in vita anche il cadavere della sconfitta passata. In un attimo, da semplice scaramanzia diventa parte dell'identità della squadra stessa – e quindi della *tua* identità.

Guardiola, sempre gentiluomo, a fine partita dice che vincere con quel risultato è «un'eccezione» e che tra le due squadre in realtà non c'è tutta quella differenza. Ma per De Rossi non può neppure essere un semplice caso, una sconfitta del genere deve servirgli da lezione, «non dico che ci abbia ridimensionato, però c'è ancora tanto da fare». Daniele dice pure che sentire l'Olimpico continuare a cantare «vinceremo il Tricolor» e applaudire dopo il fischio finale è stato come ricevere «una pugnalata al cuore».

Due settimane dopo la Roma perde *solo* 2-0 a Monaco di Baviera, e sembra quasi una cosa di cui essere felici.

Ti chiedi chi te lo fa fare

La Roma e De Rossi si ritrovano a giocare l'ennesima stagione incubo. Prima di tutto, la squadra di Garcia si auto-elimina dalla Champions League. A fine novembre 2014 pareggia 1-1 al novantaduesimo una partita che stava vincendo, a Mosca contro il CSKA, per colpa di un cross che rimbalza in area senza che nessuno lo tocchi ed entra sul secondo palo (De Rossi cade in ginocchio nel campo zuppo e ghiacciato, con la testa tra le mani guantate). Se avesse vinto, la Roma sarebbe arrivata allo scontro in casa con il Manchester City con due punti di vantaggio; poi perde anche quella partita, 2-0, e finisce in Europa League da terza del girone. Come se non bastasse, la squadra viene fotografata da un tabloid russo davanti alla porta d'ingresso di un night di Mosca. La «Gazzetta» scrive che i tifosi rinfacciano ai giocatori di «essere andati a divertirsi mentre noi soffriamo». Daniele racconta che voleva solo andare a fare una passeggiata nella piazza Rossa ma poi i suoi compagni hanno deciso di entrare in quel locale.

Dieci giorni dopo, il 5 dicembre, il suo nome spunta fuori nelle intercettazioni dell'inchiesta «Mafia Capitale». I carabinieri riportano una conversazione telefonica avvenuta un anno prima, tra De Rossi e Giovanni De Carlo, di cui negli atti dell'inchiesta si sottolineano la «forza intimidatoria» e «l'ingente disponibilità di denaro e di beni» in assenza di un vero lavoro. Un personaggio a cavallo tra mondi lontani, che Ernesto Diotallevi (ex boss della Banda della Magliana) nomina quando il figlio (in un'altra intercettazione) gli chiede chi è «quello che conta più di tutti»; e al tempo stesso un personaggio che gira Roma Nord in Ferrari e frequenta Belén. È quel «mondo di mezzo», descritto dal principale accusato dell'inchiesta Massimo Carminati, «dove tutto si incontra»: il mondo «di sopra» degli imprenditori, politici, commercianti, celebrità e quello «di sotto» dei criminali.

Come citato nell'inchiesta, Daniele prova a telefonare a «Giovannone» De Carlo alle tre di notte, dopo una rissa in un locale, ma quello non risponde e sul posto arriva la polizia. «Pensavo volessero chiamare qualche malandrino» gli dice Daniele quando Giovanni ritelefona. «Chiamame sempre, amico mio» risponde quello. A Roma Radio, il direttore generale della società, l'avvocato Baldissoni, chiede di non strumentalizzare la vicenda, Daniele voleva solo aiutare il compagno di squadra Benatia che era stato minacciato e ovviamente non c'è nessuna implicazione penale. Il giorno dopo, Daniele racconta di aver telefonato a De Carlo «solo perché era in quel locale e conosceva il tipo con cui avevo litigato».

De Rossi tuttavia finisce di nuovo nelle sabbie mobili del giornalismo noir. Sono gli stessi giorni in cui viene espulso per somma di ammonizioni contro il Sassuolo e in cui la sua ex moglie viene indagata per una «storiaccia di usura e sevizie», come scrive «il Corriere della Sera». In quello stesso articolo Daniele viene descritto come «un ragazzo ombroso ma intelligente, educato, con simpatie per la destra e qualche rudezza residua da "coatto di Ostia"»; chi lo incontra a Trigoria in quel periodo dice che «sta sotto a un tir» (per inciso: De Rossi non ha mai espresso preferenze politiche).

I giornali tornano a parlare di un suo possibile trasferimento, stavolta però negli Stati Uniti o in Argentina, insomma lo trattano da giocatore a fine carriera.

Intanto tra dicembre e marzo la Roma vince solo tre partite su quattordici. Sono più di cento giorni che il pubblico dell'Olimpico non assiste a una vittoria della squadra di Rudi Garcia. La Roma non si riesce a ritrovare e i frequenti infortuni (Strootman si rompe i legamenti una seconda volta appena un mese dopo essere tornato; in campo finiscono spesso seconde linee come Doumbia, Uçan, Verde) non permettono all'allenatore di trovare un nuovo equilibrio. «Un giocatore vale molto. Un altro giocatore vale molto. Ma il rapporto tra i due non ha prezzo» dice Garcia. In campo molte delle responsabilità offensive ricadono su Gervinho, un solista che ama correre palla al piede a testa bassa, a cui le squadre avversarie sanno ormai che non va lasciato spazio. La Roma è ancora seconda in classifica, con la Lazio al terzo posto che le mette il fiato sul collo, e l'allenatore francese continua a dire cose come: «Il destino della Roma è di vincere o lottare ogni anno per lo scudetto». Totti, al termine della stagione passata, lo aveva definito con ammirazione «un bel paraculo», ma con la Juventus che aumenta il distacco di settimana in settimana (dopo il pareggio 1-1 nello scontro diretto di inizio marzo la squadra di Allegri è a +9) la retorica dell'allenatore inizia a perdere di efficacia.

Dopo l'ottavo di finale di Europa League contro la Fiorentina (finito 1-1 a Firenze) De Rossi sbaglia il passaggio che porta al gol della Fiorentina e poi chiede il cambio perché mentre inseguiva Iličić aveva sentito la caviglia cedergli. Qualcuno pensa che abbia simulato l'infortunio per coprire l'errore e abbandonare la nave. «Hanno detto che sono uscito apposta» ha raccontato tempo dopo al «Romanista». «E io non volevo uscire proprio per quel motivo: "Ecco se esco adesso mi dicono che cerco una scusa"». Daniele sta giocando male ed è spesso infortunato, nonostante ciò nella partita di campionato con la Sampdoria, a metà marzo 2015, anche se non è in campo per via della caviglia, la Sud gli dedica un altro messaggio: IL NOSTRO AMORE OLTRE LA MALIGNITÀ, DDR CONDOTTIERO DELLA CITTÀ! La Roma perde quella gara 2-0: la Juventus vola a +14 e la Lazio adesso è dietro di un solo punto.

Tre giorni dopo la sconfitta con la Samp, la Roma perde 3-0 l'ottavo di ritorno di Europa League con la Fiorentina, sempre all'Olimpico. I tifosi sono oltre il limite della sopportazione: la curva si svuota nel secondo tempo e poi si riempie di nuovo prima della fine per contestare la squadra. Quando la partita finisce De Rossi parla con Totti, De Sanctis e Astori vicino alla panchina. Decidono di andare sotto la Curva Sud, per evitare che la protesta si prolunghi anche fuori dallo stadio. Con la fascia da capitano al braccio – Francesco era infortunato – Daniele si avvicina timoroso alla curva, con i compagni a cinque o sei metri di distanza. Ad un certo punto si gira a guardare se ci sono ancora: si erano detti che in nessun caso si sarebbero fatti umiliare consegnando le maglie ai tifosi. Neanche cinque anni prima era salito di slancio su quel cancello da cui adesso lo scrutavano minacciosi quattro tifosi. Qualcuno da destra lancia l'asta di una bandiera nella sua direzione e Daniele ha un ultimo attimo di titubanza. Possibile che quel posto che ha tanto amato sia diventato improvvisamente pericoloso per lui? Che quelle persone gli siano diventate estranee, o peggio nemiche? «Roma ti offre molte cose belle, ma ti offre anche molti momenti in cui pensi: chi me l'ha fatto fare?» ha dichiarato in un'intervista successiva. «Chi ti dice che non c'ha mai pensato, dice una bugia. Una grande bugia, perché Roma quei momenti li offre eccome. E a volte te li sei meritati». Totti inizialmente resta dietro il plotone di fotografi, sembra sovrappensiero, malinconico, dopo qualche secondo però ricorda di *essere Totti* e si fa largo per mettersi di fianco a De Rossi.

Daniele e Francesco restano lì sotto per lunghi minuti, parlano con le persone sopra al cancello e con altre dietro che gli agitano i pugni davanti alla faccia, gli puntano le dita contro, li toccano per richiamare la loro attenzione. Nelle immagini in diretta e nelle foto che circolano il giorno dopo sembra una grande composizione pittorica, una scena di battaglia, solo che il muro di gente davanti a De Rossi schiaccia la prospettiva e rende tutto più claustrofobico. Secondo le testimonianze che i giocatori rilasceranno alla Digos (riportate dal «Tempo») volano anche accendini e monetine. Gli agenti lì presenti scrivono negli atti che qualcuno dice a De Rossi: «Ti veniamo a prendere sotto casa». E che lui risponde: «Vi prego sotto casa no». Interrogato a proposito, Daniele negherà di aver ricevuto minacce. Dopo un po' gli argomenti dei tifosi sembrano esauriti. Mentre si incamminano verso gli spogliatoi si sente il coro «un capitano, c'è solo un capitano», perché anche in quei momenti Totti non viene messo in discussione. Poco prima che De

Rossi esca dal campo qualcuno gli tira una bottiglietta vuota che lo colpisce sul petto e lo fa sussultare. Rientrato negli spogliatoi, si accorge di avere la maglia piena di sputi.

(La ragazza francese a cui avevo dovuto spiegare la notte di Manchester, la ragazza con cui nel frattempo sono andato a vivere, vedendo quella scena mi chiede: «Ma che hanno fatto per meritare una cosa così?». «Niente... hanno perso un po' di partite e rischiano di farsi scavalcare dalla Lazio». Lei se ne va scuotendo la testa, ormai Roma la conosce. E a questo punto mi chiedo io: Perché De Rossi non è stato sempre rispettato e amato come avrebbe meritato, perché anzi non gli è stato perdonato quasi niente, se non proprio alla fine? Una risposta parziale l'ha data lui, dicendo in un'intervista che «per il tipo di carattere che ho non posso pretendere che tutti mi amino, lo so che su cento saranno ottanta ad amarmi ed è tanto». È vero che è stato tutti i romanisti, ma è vero anche che non a tutti i romani piace chi dice sempre quello che pensa e non ingoia rospi. A Roma nessuno può mostrarsi migliore degli altri, neanche quando effettivamente lo è).

Per quattro giornate tra metà aprile e inizio maggio 2015 la Lazio è seconda e la Roma terza. Poi però la squadra di Garcia torna sopra e non senza difficoltà riesce ad arrivare al derby del 25 maggio, la penultima giornata di campionato, con un punto di vantaggio: se vince è sicura del secondo posto, e quindi della Champions League la stagione dopo. Se perde, però, quella 2014/15 verrà ricordata come una delle peggiori stagioni della sua storia. La Lazio non è superiore alla Roma, ma pochi giorni prima ha perso la finale di Coppa Italia con la Juventus, per 2-1 nei supplementari, dimostrando di potersela giocare alla pari con la squadra che aveva già vinto matematicamente lo scudetto. Tutto sommato per i romanisti un pareggio non sarebbe da buttar via: forse per questo, o per lo spavento che le procura Klose quando si divora l'1-0 dopo pochi minuti, la Roma gioca una partita prudente, lasciando la palla alla Lazio e coprendo con attenzione il centro. La squadra di Garcia non tira in porta per tutto il primo tempo, De Rossi gioca appiccicato alla difesa e i due esterni d'attacco restano lontanissimi da Totti, isolato al centro dell'attacco. Quando Garcia lo sostituisce nel secondo tempo sembra che gli stia facendo un piacere. Al posto di Totti entra Ibarbo, un altro di quei giocatori *di passaggio* a cui i tifosi romanisti si abituano in questi anni: arrivato nel mercato invernale, se ne andrà poche settimane dopo quella partita.

Ibarbo fa almeno una buona cosa per la Roma: l'assist per l'1-0 di Iturbe, che segna nel momento più importante il suo secondo gol in campionato con la maglia giallorossa, quasi otto mesi dopo il gol alla Juve. L'azione del gol è nata però da un tacco geniale di Pjanić per Nainggolan che ha portato palla fino all'area di rigore avversaria. La Lazio riesce a pareggiare a otto minuti dalla fine, con un gol altrettanto bello: sombrero di Felipe Anderson a Pjanić sulla fascia, poi lancio di trenta metri di interno per Klose sul secondo palo che di testa appoggia la palla per Đorđević a centro area.

Due minuti dopo, però, su una punizione che Pjanić batte morbida a centro area, il criticato difensore francese Mapou Yanga-Mbiwa tocca piano la palla di testa, quanto basta per mandarla sul secondo palo dove Marchetti non arriva. Finisce 2-1 quello che verrà ricordato come «il derby di Yanga-Mbiwa», che se ne andrà poco dopo da Roma lasciando quello splendido ricordo.

La stagione è salva, De Rossi esulta mostrando poco finemente il dito medio di entrambe le mani ai tifosi laziali e poi a caldo sottolinea la volontà di gruppo: «Perché a parte la volontà non abbiamo visto molto eh». E poco dopo aggiunge: «Festeggiare, divertirsi, sfottere i nostri avversari ma rendersi conto che facciamo un po' cagare a volte». Daniele anticipa così la chiusura della stagione, con la sconfitta per 2-1 contro il Palermo che rovina un bel pomeriggio di maggio.

Tra la prima e la seconda stagione di Rudi Garcia, De Rossi gioca il suo terzo Mondiale. Come sempre l'Italia ci arriva circondata dallo scetticismo degli italiani e giocando male le amichevoli che lo precedono. Prandelli ha costruito una squadra in cui giocano contemporaneamente Pirlo, Verratti e De Rossi, con quest'ultimo che si abbassa a fare la *salida*. L'Italia vuole dominare le partite con il pallone tra i piedi e ci riesce nella prima gara del torneo, che vince 2-1 con l'Inghilterra. Poi, però, in condizioni ambientali estreme (giocando alle 13, nell'umidità tropicale di Recife), il centrocampo di palleggiatori di Prandelli finisce sotto la valanga della Costa Rica, una squadra fisica e infaticabile, che gioca con la difesa alta e un pressing aggressivo. Una delle squadre più interessanti del Mondiale, che arriverà a un passo dalla semifinale (perdendo solo ai rigori con l'Olanda nei quarti). Il terzo incontro del girone, con l'Uruguay, diventa quindi fondamentale per entrambe le squadre. De Rossi ha un problema al polpaccio e non partecipa a quella partita che l'Italia avrebbe anche potuto pareggiare 0-0 per qualificarsi grazie alla migliore differenza reti, e che invece le sfugge lentamente di mano, finendo con un gol di testa di Godín a nove minuti dalla fine.

Daniele commenta l'eliminazione dicendo che alla Nazionale servono uomini veri e «non delle figurine». Si riferisce forse a Balotelli, che giorni prima aveva pubblicato su Facebook una foto dell'album Panini del Mondiale con lo spazio per i 23 giocatori italiani riempito da 23 Balotelli.

Dopo le dimissioni di Prandelli immediatamente successive al Mondiale brasiliano l'Italia finisce in mano a Antonio Conte, in quel momento il miglior allenatore italiano. Due anni dopo, all'Europeo francese del 2016, la Nazionale italiana è più fisica e non vuole per forza di cose avere una maggior possesso palla delle sue avversarie. È una Nazionale che gioca da outsider, insomma, e che segue alla lettera le idee di Conte, che prevedono movimenti precisi e giocate memorizzate. In fin dei conti è un gioco adatto al contesto storico del calcio italiano, in cui non spiccano grandi talenti offensivi e che si presenta all'Europeo con un attacco composto da Éder e Pellè.

La magnifica vittoria all'esordio, contro il Belgio della «generazione dorata», una delle squadre favorite per la vittoria finale, è la dimostrazione di quanto nel calcio conti l'organizzazione, o se preferite è una dimostrazione del limite del talento individuale. L'Italia muove la palla come vuole per vie centrali e Bonucci pesca Giaccherini con un lancio perfetto che la porta in vantaggio. Il Belgio non riesce a scardinare il blocco centrale italiano che aspetta paziente e così i nostri avversari finiscono per sbilanciarsi e subire il 2-0. Il portiere belga, Courtois, a fine partita dice che la sua squadra è stata «surclassata sotto tutti gli aspetti».

Contro la Spagna, negli ottavi di finale, Conte cambia strategia difensiva e aggredisce in alto la costruzione spagnola, con un sistema di marcature individuali che soffoca sul nascere le iniziative avversarie. Al contrario, Del Bosque non riesce a impedire all'Italia di trovare sempre l'uomo smarcato per giocare la palla fin dalla propria difesa e risalire il campo velocemente.

Ad un certo punto di quella partita a Daniele arriva una palla a centrocampo con David Villa che prova ad anticiparlo. Lui fa scudo con il corpo ruotando verso destra ma quando controlla la palla gli piomba addosso Andrés Iniesta, con cui è costretto ad affrontare un duello. Sono frazioni di secondo, ma i pensieri vanno veloci in quei momenti, sono quasi sensazioni che il cervello elabora e a cui fa rispondere il corpo. Daniele deve aver pensato/sentito prima di tutto che non aveva via di uscita. Non avrebbe fatto in tempo a passare la palla a un compagno, né a proteggerla mettendo nuovamente il proprio corpo davanti all'avversario. Ha trentatré anni, la mobilità è quella che è, l'esplosività nelle gambe diminuisce di anno in anno (per un atleta del suo livello il normale processo di invecchiamento biologico a cui andiamo tutti incontro deve somigliare a un lento sanguinamento). L'entropia è il destino che abbiamo in comune, a cui nessuno può sfuggire. E in ogni caso Daniele non è mai stato un giocatore rapido e svelto, non come Iniesta almeno. Dei due, quello soprannominato «l'Illusionista» è lo spagnolo, che ha un anno meno di lui e ha già vinto otto scudetti, quattro Champions League, un Mondiale e due Europei. Anche senza l'esplosività e l'elasticità dei calciatori di «nuova generazione», tipo Nainggolan, che sembra un modello aggiornato del suo hardware, con lo stesso software, la forza di Daniele è sempre stata l'*intensità*. Quella proprietà mentale e tecnica che gli permette di entrare nel *movimento* delle partite, senza mai sembrare troppo lento o in ritardo (quando non ha problemi fisici). La capacità di adattare dinamicamente le proprie qualità alle richieste del momento, seguendo e assecondando la corrente del fiume in cui è immerso, ora più forte, ora più debole. E il dinamismo dipende anche dall'intelligenza, dai pensieri, questa è la ragione per cui può ancora giocare ad alto livello, tra l'altro. David Foster Wallace, nel saggio «Come Tracy Austin mi ma spezzato il cuore», ragionando sul confine sottile tra consapevolezza razionale e profonda negli atleti, ha scritto che «il vero segreto dietro il genio dei grandi atleti potrebbe essere esoterico e ovvio e noioso e profondo come il silenzio stesso» e che la risposta alla domanda *cosa passa per la testa di uno sportivo*, nel mezzo dell'espressione delle sue potenzialità, del suo talento, potrebbe essere: «Niente di niente». Personalmente però ho sempre pensato che la risposta potrebbe essere quella opposta. Che la loro abilità venga proprio dalla capacità di concentrare in attimi precari tutto ma proprio tutto quello sono, sentono di essere, percepiscono, desiderano, pianificano, ritengono di poter fare. E anche tutto quello che sono stati, hanno sentito di essere, hanno percepito, desiderato, pianificato, ritenuto di poter fare. Quando De Rossi si trova Iniesta davanti e tocca la palla con l'interno del piede destro, dandole una spinta leggera che l'accompagna in mezzo alle gambe di uno dei centrocampisti più forti della storia del calcio, sta esprimendo tutto sé stesso.

L'Italia vince meritatamente 2-0 ma De Rossi, che per Conte è il mediano titolare, si infortuna a un muscolo della coscia. Contro la Germania, all'Italia mancano i suoi passaggi verticali. Löw, il tecnico tedesco, studia un piano di marcature individuali per pressare la costruzione italiana, come Conte aveva fatto con la Spagna. L'Italia tiene botta, anche se la Germania domina il possesso del pallone, e viene eliminata da una serie straziante di rigori. Ne servono nove in totale, insomma calcia quasi tutta la squadra, l'Italia ne sbaglia quattro ma ci ricorderemo solo gli errori di Zaza, che prima di calciare alto prende una strana rincorsa con dei «passettini» ridicoli, e di Pellè, che prima di calciare piano al lato del palo mima a Neuer il gesto del cucchiaio.

L'Italia, come scrive Maurizio Crosetti su «Repubblica», è riuscita a «incendiare i cuori» dei tifosi. Barzagli dopo la partita scoppia a piangere pensando che «di tutto quello che di bello abbiamo fatto non rimarrà niente». Un anno dopo, in un'intervista a «Rivista Undici», De Rossi dirà che è stato quell'Europeo a farlo sentire di nuovo «un calciatore di livello alto. Vero». Negli ultimi anni «era diminuita la convinzione che il mio fisico potesse reggere nel calcio italiano ed europeo a certi livelli».

De Rossi avrebbe potuto giocare il suo quarto Mondiale, se l'Italia di Ventura avesse battuto la Svezia nello spareggio giocato a novembre 2017. E invece ha partecipato al momento peggiore degli ultimi cinquantanove anni della storia della Nazionale, che è anche il suo ultimo momento con la maglia azzurra.

A Stoccolma finisce 1-0 per la Svezia, Daniele gioca una partita di duelli fisici con i due attaccanti Toivonen e Berg e ha la sfortuna di trovarsi sulla traiettoria del tiro di Johansson che decide la partita, deviandolo e mettendo fuori causa Buffon. Al ritorno, a Milano, Ventura lo mette in panchina. L'Italia gioca leggermente meglio ma non riesce a sbloccare lo 0-0 e si fa prendere presto dalla foga, finendo per fare più di cinquanta cross – cosa che, contro gli altissimi difensori svedesi, è come provare a buttare giù un muro soffiandoci sopra. Nel secondo tempo Ventura manda un suo collaboratore a dirgli di scaldarsi, ma Daniele si innervosisce: «Che cazzo c'entro io, dobbiamo vincere non pareggiare!».

De Rossi condivide la delusione anche con giocatori che hanno vinto molto più di lui. A caldo, lottando contro le lacrime per riuscire a parlare, Buffon dice: «Mi è capitato tante volte nella mia carriera di trovarmi di fronte a bivi importanti, dentro o fuori. Spesso è stato il dentro, ogni tanto è stato il fuori. Ma è il destino di ognuno di noi». Daniele parla dopo la doccia, con gli occhi rossi e la voce tremante (ha pianto di sicuro, ma ancora una volta non ci mostra le sue lacrime). Ai microfoni della Rai parla di «un'atmosfera funebre», comunque assurda per una partita di calcio, «non è morto nessuno». Era la sua ultima volta con la Nazionale italiana: «Sono sedici, diciassette anni che vagabondo per Coverciano e per tutto il mondo con questa maglia addosso. Pensare che è l'ultima volta che me la sono tolta è sicuramente qualcosa di... di doloroso». Gli fanno vedere le immagini in cui discute con il collaboratore, Daniele spiega che poi è andato a scaldarsi e anzi gli sarebbe piaciuto entrare: «Era giusto un discorso tattico, forse non stava a me dirlo».

Prima di lasciare San Siro, però, Daniele fa un'ultima cosa. Sale sul pullman dei giocatori svedesi, si scusa per i fischi del pubblico italiano al loro inno e gli augura un buon Mondiale. Uno dei giocatori svedesi ha raccontato di aver pensato in quel momento: «È successo davvero? Che cavolo di gentleman». Stavolta, a differenza di quando lo ha fatto con McBride, Vieira e Mauri, si è scusato per un errore che non era neanche suo. E chissà in quanti altri spogliatoi e pullman si è infilato dopo una partita particolarmente intensa. Sembra che De Rossi abbia un rapporto intimo e viscerale con i suoi avversari, come quello di un pugile o di un fighter di MMA – due sport seguiti da Daniele – che con la faccia ancora sanguinante abbraccia quella stessa persona con cui fino a un attimo prima stava combattendo. Come se quell'esperienza li abbia legati per sempre.

Il ritorno di Spalletti

Dopo la sconfitta con il Palermo alla fine della stagione 2014/15 Rudi Garcia sembra vicino all'esonero, quando Sabatini e il resto della dirigenza si riuniscono a Londra senza di lui. Sopravvive fino a metà della stagione 2015/16, parlando sempre di più di errori individuali se la squadra non ottiene i risultati sperati e riciclando la sua stessa retorica (prima di affrontare il Bate Borisov in Champions dice che quella gara è «come un derby: non si gioca, si vince»). De Rossi gioca la sua partita numero 500 con la maglia della Roma a ottobre, contro l'Empoli (festeggiando con un gol di testa), e a novembre difende ancora il suo allenatore: «Sarebbe da infami dare tutte le colpe a Garcia». Poi il 16 dicembre la Roma viene eliminata in Coppa Italia dallo Spezia, una squadra di Serie B, ai calci di rigore dopo 120 minuti francamente vergognosi. Sembra uno scherzo. Due giorni dopo, in occasione della cena di Natale della squadra, Garcia fa un piccolo discorso davanti ai quattrocento invitati: «Dopo la tempesta arriverà il sole, ci saranno ancora belle giornate». All'uscita il pullman sociale viene preso a calci e sassate.

Nel corso del 2015 fra i tifosi e la società si crea una frattura che non smette di allargarsi, James Pallotta forse nel tentativo di avere un rapporto più diretto con loro, *all'americana*, mette il piede in un paio di trappole. Quando la curva della Roma viene squalificata per degli striscioni offensivi lui dice che la maggioranza di tifosi è rovinata da una minoranza di «fucking idiots». Loro lo accusano di pensare solo al «business», a quello stadio di proprietà di cui si parla da quando gli americani hanno rilevato la società, che tanto conoscendo come vanno le cose a Roma non glielo faranno mai costruire. Lui distingue tra tifosi «veri», che non sono razzisti e sostengono la squadra anche quando va male, e quelli meno veri. Tra i tifosi che la sua Roma vuole e quelli che no. I tifosi lo contestano anche dopo il «derby di Yanga-Mbiwa», cantando «ma Pallotta dove sta?». Lui risponde di aver cantato, da par suo, «e la curva dove sta». Gli stadi si stanno svuotano (non solo a Roma) e le curve stanno cambiando – e se c'è una cosa che per Daniele dovrebbe restare sempre uguale è quella: «Non voglio fare il patetico o il romantico, ma c'è bisogno di tornare quelli degli anni Ottanta». A settembre del 2015, poi, il Prefetto di Roma fa costruire delle barriere per «frazionare» le curve Nord e Sud dell'Olimpico, sì insomma dei muri tra tifosi della stessa squadra, e quelli giustamente protestano e allo stadio non ci vanno più. Per quasi due anni la Roma giocherà senza il cuore dei propri tifosi.

Il 20 dicembre 2015 la Roma gioca di nuovo in casa, contro il Genoa: Florenzi la porta in vantaggio e corre ad abbracciare Garcia in panchina, trasformando i festeggiamenti dei pochi spettatori presenti in fischi. L'esonero sembra imminente ma Sabatini dice di godersi la vittoria: «Non cerchiamo sempre gli schizzi di sangue. Un po' di sangue ci sarà, ma non sarà quello del mister», anticipando forse un suo futuro addio – ed è strano come Roma sia una città accogliente in cui tutti diventano romani dopo poco e al tempo stesso in cui si passa moltissimo a parlare di quanto si vorrebbe lasciarla. Passano le feste (durante le quali Daniele e Sarah si sposano alle Maldive) e altre due giornate di campionato in cui la Roma si fa recuperare da Chievo (da 2-0 a 2-2; poi di nuovo da 3-2 a 3-3) e Milan (da 1-0 a 1-1) entrambe le volte nel secondo tempo. Ancora prima della sua ultima partita Rudi Garcia sostiene che gli «basta un clic per svoltare», ma ormai non ci crede più nessuno.

Dopo quattro anni in Russia, e due senza allenare, Luciano Spalletti torna a Roma nel gennaio del 2016 e la «Gazzetta» scrive che prima di prendere l'aereo ha confidato a degli amici: «Se vado, finisco quello che ho cominciato». De Rossi gli vuole «un bene incredibile».

Ricorda anche che la prima volta che Spalletti era arrivato a Roma lui aveva appena avuto la prima figlia e gli aveva chiesto un giorno per dormire con lei: «Mi rispose: "Dai un bacio alla bambina e vieni subito a Trigoria. C'è l'allenamento". L'ho odiato. Poi, ho conosciuto una persona meravigliosa. È un genio».

Spalletti ha a disposizione l'intero girone di ritorno per portare la Roma a un piazzamento in Champions League. Già in estate Sabatini aveva rinforzato la squadra prendendo Salah (che con la Fiorentina era diventato rapidamente uno dei giocatori più forti del campionato) e Edin Džeko, un attaccante atipico, con il fisico di un centravanti da area di rigore e le qualità tecniche e tattiche di un numero dieci; a gennaio la Roma cede Gervinho e Iturbe e li sostituisce con El Sharaawy e Perotti. Spalletti perde una sola partita (con la Juventus, che vincerà il suo quinto scudetto consecutivo), ne pareggia quattro e vince tutte le altre. Contro la Juventus, De Rossi litiga con Mandžukić e nel labiale si leggono bene le parole «zingaro di merda». Una frase che avrebbe dovuto evitare di dire, ha dichiarato poi, mentre intorno a lui si è scatenato l'ennesimo piccolo putiferio. È forse la forma peggiore che ha preso la rabbia agonistica di Daniele, ma lo giustificano sia Spalletti (secondo cui avrebbe fatto meglio a mettere la mano davanti alla bocca) sia l'allenatore avversario, Allegri, secondo cui «in campo si dicono molte cose». Il sottinteso è che si dicono cose che non è detto si pensino. A febbraio la Roma vince otto partite di seguito e in mezzo a questa striscia viene eliminata dal Real Madrid negli ottavi di Champions. Perde entrambe le partite 2-0, ma lascia la coppa con tanti rimpianti quante sono le occasioni fallite all'Olimpico e al Santiago Bernabeu. Nella partita di andata De Rossi entra negli ultimi dieci minuti e si infortuna allo stesso polpaccio che non lo lascia in pace dal Mondiale 2014 e che lo terrà fuori un mese intero. Spalletti si sente responsabile: «Quel che è successo a Daniele De Rossi è una cosa che mi sento addosso».

Dopo una cavalcata pazzesca, Luciano Spalletti porta la sua «nuova» Roma al terzo posto, valido per i preliminari di Champions. In questi pochi mesi, però, inizia a compromettere il rapporto con Totti, e quindi con la «piazza» e la stampa romane. Quando

Spalletti aveva dato le dimissioni nel 2009, Totti aveva detto che gli sarebbe piaciuto fosse stato il suo ultimo allenatore; dopo un mese che Spalletti ha preso il posto di Rudi Garcia, Totti rilascia un'intervista che viene presentata in anteprima al Tg1 (un momento in cui il suo potere sotterraneo sembra pari a quello del presidente della Repubblica) chiedendo «un po' di rispetto, più che altro per quello che ho dato a questa società». Dopo l'intervista Spalletti non lo convoca per la partita successiva e Totti racconta nella sua autobiografia di essere stato allontanato dal centro di allenamento. «Cacciato da Trigoria. Io. Cacciato da casa mia. Tremo dalla rabbia». La versione di Spalletti è che dopo che l'aveva tolto dai convocati Totti gli ha chiesto: «E io che dovrei fare? Me ne vado?». E Spalletti: «Fa' come ti pare». Cambia poco: al momento dell'annuncio delle formazioni l'Olimpico fa capire chiaramente da che parte sta, fischiando Spalletti.

Passano due mesi e Totti, mai schierato titolare, a quasi quarant'anni, decide alcune partite fondamentali alla fine della stagione. Ormai cammina in campo, almeno per la maggior parte del tempo, e cammina lentamente, ma ha un potere quasi taumaturgico in quella manciata di partite alla fine della stagione 2015/16. Va anche considerato che Edin Džeko in questa stagione ha segnato in tutto 10 gol, fallendo in modo spettacolare una quantità industriale di occasioni e alla fine i tifosi romanisti, che di pazienza ne hanno poca in generale, sono esausti.

Invece Totti – col contratto in scadenza a giugno – entra a dieci minuti dalla fine contro l'Atalanta, che aveva recuperato due gol di svantaggio e stava vincendo 3-2, e segna il gol del pareggio. Spalletti nella conferenza dopo dice che si parla troppo poco degli altri giocatori e che «è corretto dire che Totti salva la Roma, ma non che è la Roma». Dice che c'è anche chi ferma sua moglie mentre va a fare la spesa per dirle che dovrebbe tornare in Toscana. Totti entra a quattro minuti dalla fine con il Torino (tre giorni dopo la partita con l'Atalanta), con la Roma che ha subìto da poco il 2-1, e segna al primo pallone toccato, in scivolata su una punizione che Džeko che aveva prolungato sul secondo palo. Poi segna il rigore procurato da Perotti e la squadra vince 3-2. Entra nel secondo tempo contro il Genoa, nella partita che matematicamente garantisce il terzo posto alla Roma, De Rossi gli tocca una punizione di seconda e lui segna il gol del 2-2 (la Roma vince 3-2). Ogni gol di Totti potrebbe essere *l'ultimo gol di Totti*, ma per Spalletti se ne parla sempre troppo. In conferenza stampa dice che Szczęsny teme si parli solo di Totti e non di una sua grande parata che ha evitato un gol: «Quindi vi riporto questa preoccupazione. Lui spera che si dica anche il suo nome».

Anche De Rossi sta giocando poco in questo periodo, ma ha sempre odiato i giocatori che mettono il broncio se vanno in panchina, lui è felice quando la sua squadra vince anche se al suo posto c'è qualcun altro. Di Totti ricorda che «negli ultimi venticinque anni di partite così ne ha cambiate parecchie». Più avanti dirà che in quel periodo si sentiva come un bambino in mezzo ai litigi tra mamma e papà. Poco dopo la fine del campionato, Totti firma il suo ultimo contratto, della durata di un solo anno.

C'è un'atmosfera cupa per tutta la stagione 2016/17.

Che è anche quella in cui la Roma batte nuovamente il proprio record di punti (87), fa più gol delle altre stagioni della sua storia (90), Edin Džeko diventa l'attaccante ad aver segnato più gol (29, alla pari con Volk nella stagione 1930/31) e arriva seconda in campionato, per l'ultima volta finora. Comincia con l'addio di Pjanić, che a giugno rinuncia addirittura alla percentuale che gli spetterebbe sulla cessione del cartellino pur di facilitare il suo passaggio alla Juventus: perché dopo cinque anni, pur esprimendo un bel calcio era difficile competere con la Juventus che era troppo avanti rispetto alle altre. Negli ultimi quindici anni i romanisti hanno visto la loro squadra rifornire prima la Juventus (Emerson, Zebina), poi l'Inter (Samuel, Chivu, Mancini) e adesso di nuovo la Juventus (Vučinić, Benatia). Ci si abitua a tutto, ma Pjanić con la maglia a strisce bianconere è un colpo da cui sarà dura riprendersi.

C'è subito la prima delusione stagionale, causata dalla quattordicesima espulsione di De Rossi. Da quella gamba tesa che scivola sulla tibia del giocatore del Porto Maxi Pereira. La Roma stava perdendo il ritorno dei preliminari di Champions 1-0 all'Olimpico, dopo aver pareggiato 1-1 in Portogallo. Non era neanche finito il primo tempo e la partita era sotto controllo. Daniele va a fare quel fallo in una zona di campo lontana da quella di sua competenza, sulla trequarti sinistra, colpendo il terzino destro avversario. Anche stavolta è impossibile sapere se lo ha fatto volontariamente, De Rossi non avrebbe ragione di alzare la gamba in quel modo ma la «Gazzetta» scrive che: «Sono tutti concordi che il fallo, magari ingenuo e sicuramente brutto da vedere, non aveva alcun intento violento». Come sempre, dopo, Daniele va a scusarsi con l'avversario, che esce dallo stadio con le stampelle. La Roma gioca quasi tutto il secondo tempo in nove contro undici per l'espulsione di Emerson Palmieri, il Porto vince 3-0 e insomma: niente soldi della Champions League. È come se la Roma non avesse fatto quel girone di ritorno straordinario, la stagione precedente. Rovina in un momento solo la stagione in corso e quella dopo, in cui non potrà fare il mercato che i tifosi desiderano e, anzi, sarà costretta a vendere.

A ottobre arriva l'addio di Walter Sabatini, per divergenze con la proprietà americana che a suo dire sarebbe fissata con le statistiche mentre per lui il calcio è un «universo intero». C'è stato un giocatore che non ha preso perché sentiva dietro di sé sfiducia e recriminazioni, che adesso sta giocando bene: questa è la causa scatenante. Nel suo monologo finale Totti non è più «la luce al tramonto sui tetti di Roma», bensì «un sole che oscura tutto il resto del gruppo di lavoro»; anche se lo stima al punto che gli darebbe «un Nobel per la fisica» piuttosto che un banale Pallone d'Oro. Si rammarica di non aver portato a termine quella «rivoluzione culturale» che aveva promesso e che per lui significava «pensare alla vittoria non come una possibilità, ma come una necessità. Non volevo più sentire: "Se non vinceremo, pazienza"». E aggiunge: «L'idea di non essere riuscito a vincere uno scudetto mi perseguiterà. A meno che questa squadra non lo vinca a giugno».

Può darsi però che sia io a proiettare su tutta la stagione della Roma i sentimenti contrastanti che ho provato durante il derby di dicembre, a cui le due squadre arrivavano separate solo da un punto, con la Roma sopra e la Lazio che viveva un momento di forma pazzesco, venendo da nove risultati utili consecutivi. Il primo derby della mia vita che non ho visto in diretta. Ricordo di aver girato tutta San Benedetto del Tronto, un anno in cui il derby è stato giocato quasi d'estate e io ero abbastanza giovane da essere già in vacanza, per trovare un posto che la trasmettesse. Ho preso giorni di ferie, e mi sono dato malato quando non era possibile prendere ferie, pur di vedere il derby. E persino quando ho partecipato a un pranzo di matrimonio, in contemporanea con la partita, sono riuscito a vedere buona parte del primo e del secondo tempo su un telefono con altri invitati.

Durante il derby del 4 dicembre 2016 ero in pronto soccorso ad aspettare che mi dessero notizie di mio padre. Quella mattina avevamo fatto colazione insieme e gli avevo letto gli articoli del «Corriere dello Sport» e della «Gazzetta» che parlavano della partita. Lui era della Lazio e ci punzecchiavamo spesso, anche se io ero più crudele di lui. Se la Lazio perdeva, mio padre un po' rosicava ma poi chiudeva sempre il discorso dicendo: «Almeno sei felice te». Ed era laziale vero, isolato dal resto della famiglia romanista che mi aveva influenzato. Lui ha provato a portarmi allo stadio quando ero piccolo, a vedere la sua squadra, ma una volta capito che non c'era niente da fare ha lasciato perdere. L'ultimo derby la Roma lo aveva vinto 4-1 (quando Florenzi segna il 3-1 calciando al volo da fuori area, nel primo derby in cui indossa la fascia da capitano, primo romano dopo Totti e De Rossi, corre col dito puntato verso la panchina cercando proprio Daniele, che gli salta addosso schiacciandolo); mio padre era già malato e lo avevo praticamente costretto a guardare gli highlights il giorno dopo. Il 4 dicembre, quando l'ambulanza lo ha portato al Policlinico, pensavo che avrei comunque fatto in tempo a vedere il derby. Che mio padre sarebbe tornato a casa in tempo, oppure che lo avrebbero ricoverato dicendoci di andare a casa, che era tutto sotto controllo. Mentre aspettavo con mia sorella, mio cognato e mia moglie, però, ho dimenticato persino che c'era il derby. Quando sono uscito per la prima volta a prendere un po' d'aria, dopo alcune ore, mi è tornato in mente e ho controllato il risultato: la Roma stava vincendo 2-0. Sarei voluto andare da mio padre e prenderlo per il culo un'ultima volta.

Nel derby del 4 dicembre 2016, dopo il primo gol di Strootman si scatena una piccola rissa a bordocampo. Strootman era tornato a giocare con continuità dopo due operazioni al ginocchio sinistro e due anni lontani dal campo. Era andato in pressione al limite dell'area sul difensore laziale in possesso, Wallace, che anziché liberarsi della palla aveva provato a dribblarlo con una finta imbarazzante da ultimo uomo, che è un po' come provare a dissuadere con le parole un orso bruno che vi sta caricando. E soprattutto sembra il contrario di quello che i tifosi laziali gli avevano chiesto qualche giorno prima, in un colloquio faccia a faccia che era circolato su Internet. Il tifoso che parla nel video chiede alla squadra di giocare come farebbero loro: «Dandogli i mozzichi alle caviglie, facendoli scappa' in mezzo al campo». E poi aggiunge: «Ricordatevi che per noi non è una battaglia, è una guerra etnica». In sottofondo un altro tifoso commenta: «Mamma mia, sto con le lacrime».

Strootman aveva sradicato il pallone dal piede di Wallace e insieme gli aveva portato via un pezzetto di anima, proprio come faceva lo Strootman dei vecchi tempi, quelli in cui vinceva contrasti contro due avversari per volta e se li trascinava aggrappati alla maglia, poi aveva fatto dei gesti plateali Džeko, verso cui stava carambolando la palla, per dirgli di togliersi da lì, era arrivato davanti a Marchetti e lo aveva scavalcato con un tocco sotto, quindi era andato a festeggiare sotto i Distinti (la curva, ahimè, è ancora vuota per la questione delle barriere, che toglieranno ad aprile 2017). Tornando verso il centro del campo con una borraccia in mano, Strootman aveva schizzato un giocatore della Lazio con la pettorina gialla, Danilo Cataldi. Romano, Cataldi lo aveva preso per la maglia, all'altezza del collo, Strootman rifiuta lo scontro e si lascia cadere per far intervenire l'arbitro, ma intervengono anche una decina di giocatori, dirigenti, accompagnatori delle due rispettive squadre – forse anche qualche raccattapalle e qualche fotografo.

Nel casino delle immagini in tv si vede De Rossi, che stavolta è in campo da capitano, gettarsi nella mischia. «Sono arrivato che si stavano strattonando, ho visto i nostri attaccati a Cataldi che è un bravo ragazzo. Cercavo di dividere» dice dopo la partita. (Cataldi avrà la sua personale vendetta poco più di due anni dopo, segnando un gol nel derby che la Lazio vince 3-0 a marzo 2019: l'ultimo derby giocato da Daniele De Rossi). Sempre consapevole delle cose che gli succedono intorno, quel pomeriggio di dicembre, ci tiene a ricordare: «Noi viviamo tutti gomito a gomito, laziali e romanisti dividono famiglie. Ci sono a scuola da mia figlia, al bar sotto casa quando fai colazione. Dividiamo strade, la città. Non è una guerra, certo ha un sapore particolare, ma le guerre lasciamole da un'altra parte, ce ne sono già tante».

Sulla stagione 2016/17 aleggia l'ombra dell'addio di Totti. A giugno scadrà nuovamente il suo contratto, che Pallotta aveva annunciato come «l'ultimo»: anche se nessuno si rende ancora conto di cosa significa, ogni romanista sa che il momento che avrebbero rimandato all'infinito sta per arrivare. Oltretutto col passare dei mesi diventa sempre più certo che a fine campionato anche Spalletti lascerà la Roma. Si parla dell'Inter e nelle previsioni più apocalittiche lo seguirà anche De Rossi, perché pure lui ha il contratto in scadenza. A settembre Totti sembra prolungare il momento della primavera precedente, in cui la sua dimensione simbolica si confondeva con quella reale: non è magico solo per quello che rappresenta, è proprio in grado di compiere magie. Contro la Sampdoria, nella terza giornata di campionato, entra nel secondo tempo con la Roma sotto 2-1. Recupera la fascia da capitano da Florenzi (De Rossi è in campo senza fascia, punito per l'espulsione con il Porto che gli è costata anche tre giornate di squalifica in Europa League) e dopo un quarto d'ora manda in porta Džeko con un lancio di prima dalla fascia sinistra, quasi all'altezza del cerchio di centrocampo, che scavalca la difesa e che solo lui può pensare e realizzare – persino Džeko si mette a correre solo *dopo* che Totti ha lanciato. Poi segna il gol del 3-2, scavalca le pubblicità e si sfila la maglia e la agita correndo sotto la Curva Sud, dove le poche persone presenti si schiacciano contro il plexiglass. Totti è a torso nudo ma sul braccio sinistro gli è rimasta ancora la fascia da capitano: esiste un'immagine migliore per dirci che non smetterà mai di essere il Capitano?

Segna un gol nel 4-0 al Crotone, entra nel secondo tempo e segna il gol del 2-1 che riapre la trasferta contro il Torino (che però la Roma perde 3-1), a fine mese fa tre assist in Europa League contro l'Astra Giurgiu e poi, alla fine di ottobre, due assist contro l'Austria Vienna. Poi inizia a giocare meno e ad avere qualche problema fisico, ma continua a dare messaggi ambigui: «Nel calcio nulla è scontato. Già l'anno scorso mi davano per finito, un quarantenne che doveva appendere le scarpe al chiodo». A gennaio festeggia il venticinquesimo anno in cui gioca in Serie A, le «nozze d'argento» con il calcio italiano. È arrivato a un punto in cui ogni cosa che fa è un nuovo record, ogni partita, ogni passaggio decisivo, ogni gradino che sale. Il primo febbraio segna il suo ultimo gol, su rigore, in Coppa Italia contro il Cesena.

A febbraio 2017, dopo la partita di ritorno con il Torino vinta 4-1, quando chiedono a Spalletti se allenerà la Roma anche la stagione successiva, il tecnico risponde: «Con un Totti solo non si vince. Capisco che *siamo* abituati a lui e non se ne è trovato uno uguale. Ma non *vincete*», con un sapiente passaggio dalla prima persona plurale alla seconda. Sempre Spalletti: «E lui deve rifare il contratto, per me. Perché non mi chiedete più del suo contratto?».

Il cronista in sala, con tono innervosito, risponde: «Ma io ho fatto una domanda su di lei, non su Totti».

Spalletti: «Sì ho capito…».

Cronista: «…Adesso Totti non c'entra».

Spalletti: «Come non c'entra? C'entra eccome. Nel senso che devono crescere altri calciatori come Totti. Bisogna averne…» pausa in cui forse fa dei calcoli «…quattordici. E non bastano lo stesso. Bisogna averne diciassette o diciotto». È un mese delicato in cui la Roma si gioca il passaggio in Europa League, la rincorsa sulla Juve di nuovo in testa al campionato e la finale di Coppa Italia (e nei primi dieci giorni di maggio in effetti arrivano tre sconfitte che compromettono tutti gli obiettivi stagionali). Spalletti prova a fare un salto logico ulteriore: «La soluzione non è Totti. È averne venti di Totti». Poi mette in gioco tutte le sue fiches rimaste provando a ribaltare la questione: «Non voglio che Totti smetta con me, e se lo fanno smettere io vado via, anche se vinco».

Ormai il danno è fatto, da quel momento fino alla fine della stagione si continuerà a parlarne e a conti fatti Spalletti (il quale dirà che la società era già al corrente che non avrebbe allenato la Roma l'anno successivo, e quindi avrebbe potuto rinnovare Totti senza bisogno del suo avallo) verrà ricordato come l'allenatore che ha fatto smettere Totti.

A marzo Francesco va ospite a L'intervista, programma tv condotto da Maurizio Costanzo. Sembra voler ricucire i rapporti quando dice: «Spalletti è il futuro della Roma».

Costanzo lo stuzzica dicendogli che Spalletti ha dichiarato che se Totti non firma non firmerà neanche lui.

Francesco risponde: «Ma se poi non mi fa gioca'...». Racconta che il padre lo va ancora a vedere tutte le domeniche, anche quando non gioca, per non perdersi «gli ultimi schioppi».

Costanzo scuote la testa: «Spalletti ha sbagliato tante scelte, se faccia 'na vacanza».

Francesco conclude: «Tanto non ci guarda. Io comunque rispetto le sue scelte».

Intanto la Roma resta aggrappata al treno della Juve, con dietro quello del Napoli. Viene eliminata in modo drammatico agli ottavi di Europa League dal Lione, perdendo 4-2 in Francia e vincendo 2-1 in rimonta all'Olimpico, andando vicina in più occasioni a quel gol che avrebbe fatto tutta la differenza del mondo. «È difficile trovare le parole dopo una sconfitta così» commenta a fine partita Radja Nainggolan, che qualche settimana prima aveva testimoniato il suo romanismo in un video girato da un tifoso di notte, in cui senza ragione apparente Nainggolan dal finestrino della macchina dice che non andrà mai alla Juve: «Io sono contro la Juve, da quando sono nato».

Tifoso: «Da quando sei nato non è vero, dài, non la conoscevi neanche».

Nainggolan: «Ti giuro. Non sto scherzando».

A fine aprile 2017 la Roma perde l'ultimo derby stagionale, il quarto (il secondo e il terzo erano le semifinali di andata e di ritorno di Coppa Italia: una vittoria per parte, ma in finale era andata la Lazio per miglior differenza reti). La partita finisce 3-1, la squadra di Simone Inzaghi è ricca di talento e punisce la Roma in contropiede, grazie anche a un giocatore come Felipe Anderson, capace di correre più velocemente con la palla tra i piedi che senza. Daniele segna su rigore il gol del momentaneo 1-1, nella porta sotto la Curva Nord. Calcia piano, in basso a destra e dato che il portiere laziale intuisce l'angolo De Rossi resta col fiato sospeso e fa un piccolo saltello per aiutare la palla a entrare in rete. Corre gridando in direzione dei tifosi laziali che aveva davanti, poi gira a sinistra e va verso la Tribuna Monte Mario, dove forse sapeva di trovare dei romanisti. Arriva sotto le prime file con i compagni che lo abbracciano, poi prende a calci una sedia di plastica che si alza in aria e mentre torna a centrocampo fa un gesto verso qualcuno a pochi metri di distanza, «un signore della panchina» (laziale). Un gesto che stavolta impegna una mano sola e che è persino più volgare di quello di qualche anno fa, con cui fondamentalmente invita la persona a cui è rivolto a succhiargli il cazzo. Qualche giorno dopo i tifosi della Lazio impiccano dei manichini con le maglie della Roma sul ponte di via degli Annibaldi, che taglia a metà la prospettiva che da via Nazionale porta al Colosseo (coinvolto quindi come sfondo della scena). Sullo striscione d'accompagnamento scrivono: UN CONSIGLIO SENZA OFFESA, DORMITE CON LA LUCE ACCESA. I tifosi della Lazio che allestiscono quella scena poi specificheranno: «Il tutto va circoscritto nel sano sfottò che genera il derby capitolino».

La Roma ha perso dieci partite in tutta la stagione 2016/17. La metà però erano partite che si dice valgano più dei punti che mettono in palio: partite che decidono il passaggio del turno in coppa (l'andata con il Lione e con la Lazio), che allontanano o avvicinano una squadra poco sopra o poco sotto (la sconfitta di Torino con la Juve, quella in casa con il Napoli e il derby di ritorno). De Rossi ritiene questo modo di ragionare «sbagliato in partenza». Quelle partite importanti perse avevano un valore solo in virtù di tutte le altre che la Roma ha vinto prima: «Questa è una squadra che ha fatto tutta la stagione giocando partite decisive».

A tre giornate dalla fine la Roma riesce ad evitare che la Juventus (con 7 punti in più in classifica) vinca matematicamente lo scudetto proprio all'Olimpico. Va sotto di un gol e pareggia proprio De Rossi, che deve tirare due volte da pochi metri perché Buffon gli para il primo tiro. Poi segna El Shaarawy, con un rasoterra sul secondo palo che gira sull'erba come quelle palle di bowling che fanno tutta la pista sul filo del canale e poi all'ultimo piegano al centro. Il 3-1 lo segna Nainggolan, che esulta mandando un bacio ai tifosi. La Roma vince «da grande squadra», si scrive sui giornali, e Daniele dice che si devono inchinare davanti a dei «mostri» altrimenti questa Roma verrebbe ricordata a lungo. «Vorremmo vincere ogni tanto anche noi, però contro una squadra del genere bisogna essere realisti. Abbiamo di fronte una squadra che ha fatto la storia del calcio». La Juventus vince il suo sesto scudetto consecutivo la settimana successiva. E vincono anche Roma e Napoli, che arrivano all'ultima giornata con un solo punto di distanza. Ancora una volta in ballo c'è l'accesso alla Champions League, stavolta diretto, che significa la possibilità di poter fare un mercato meno sanguinoso.

L'ultima partita con il Genoa quindi ha un'importanza al tempo stesso contingente e, come dire, *assoluta*. Spalletti ormai sembra rassegnato – ogni giorno gli dicono che deve far giocare di più Totti – e racconta che un giorno ha persino aiutato dei tifosi a srotolare uno striscione contro di lui, visto che a Trigoria va sempre di prima mattina. Quando non lo fa giocare si lamentano, quando lo fa entrare negli ultimi cinque minuti gli dicono che così lo prende per il culo. «Se tornassi indietro non verrei mai ad allenare la Roma» ha dichiarato a Sky dopo la partita con il Milan di inizio maggio, in cui il pubblico di San Siro ha dedicato una standing ovation a Totti. Il nuovo direttore sportivo, lo spagnolo Monchi, dà l'ufficialità dell'addio nella sua prima conferenza stampa, la settimana dell'ultima giornata di campionato. Francesco lo fa con un messaggio su

Facebook in cui dice che il 28 maggio 2017 è l'ultimo giorno «in cui potrò indossare la maglia della Roma». La scelta del verbo *potrò* sta chiaramente a indicare una cosa che vive contro la sua volontà.

I romanisti vanno all'Olimpico alle quattro del pomeriggio. Le barriere in curva non ci sono già da più di un mese e lo stadio è pieno. Tutti cantano *Forza Roma Forza Lupi*, l'inno di Lando Fiorini («semo romani, ma romanisti de più»), uno di quelli che le casse dell'Olimpico suonano ogni settimana. Totti saluta con gli occhi rossi mentre si siede in panchina, nel pubblico chi ha voglia di piangere comincia a farlo. Ma c'è una partita da vincere assolutamente e la Roma si complica la vita come sempre, finendo il primo tempo sul punteggio di 1-1. Totti entra all'inizio del secondo tempo, al posto di Salah (che quell'estate passa al Liverpool: quella è anche la sua ultima partita con la Roma), Spalletti applaude a testa bassa, camminando in tondo. A un quarto d'ora dalla fine Strootman lancia da centrocampo per Džeko, che controlla quasi sulla riga di fondo, all'interno dell'area di rigore, e la passa all'indietro. Totti arriva di corsa e sta caricando il tiro con il destro, un avversario gli ostruisce la visuale ma ha segnato gol più difficili di quello. Mentre tutti guardiamo lui, però, De Rossi non ha nessuno davanti e calcia una frustata di sinistro sul primo palo. Francesco sullo slancio gli passa davanti dopo che ha tirato, Daniele allunga il collo per vedere se ha segnato oppure no. Daniele festeggia il gol del 2-1 indicando Džeko e correndo sotto la Sud a braccia larghe.

Sarebbe stato più bello se avesse segnato Totti? Se Daniele si fosse ricordato in quel momento di che giorno era per i romanisti e avesse visto arrivare Totti, gli avrebbe lasciato quel tiro? Se avesse festeggiato insieme a lui?

Non è quello il gol che decide la partita, in ogni caso. La Roma subisce il pareggio poco dopo: un cross lentissimo da sinistra, che passa a pochi centimetri dalle mani di Szczęsny, a pochi centimetri dalla testa di Fazio, e arriva sulla testa di un giocatore del Genoa. Strootman si porta le mani alla testa, De Rossi allarga di nuovo le braccia, stavolta sconsolato. Subito dopo il Genoa colpisce un palo in contropiede. A quel punto sembra proprio che dovremo vivere una doppia amarezza al fischio finale. E invece proprio allo scadere

Nainggolan calcia una punizione da centrocampo verso l'area di rigore, Fazio fa una sponda verso Džeko che ha ancora una volta la lucidità e la visione di gioco per fare la cosa giusta: un'altra sponda per Perotti che si ritrova a un metro dal portiere.

L'adrenalina si trasforma in qualcosa di diverso pochi secondi dopo la fine della partita. Francesco se ne va con un giro di campo lungo venti minuti, in cui si ferma più volte a sedere sui cartelloni, guardando il pubblico con gli occhi rossi di pianto, con in sottofondo la colonna sonora del *Gladiatore*, del *Re leone* e della *Vita è bella*. Poi legge una lettera, parla per dodici minuti, anche se si è sempre espresso meglio con i piedi che con la lingua. Maledice il tempo e cerca di allungarlo il più possibile, gira su sé stesso, si prende delle pause, fa battute: «È ora di cena, avete fame. Io starei qua fino... altri venticinque anni». E d'accordo, il discorso non l'avrà scritto lui, non da solo almeno, ma quando lo chiude dice una cosa significativa, che ai romanisti può dire solo Totti. Dice: «Questa volta sono io che ho bisogno di voi». Perché fino a quel momento siamo stati noi romanisti ad avere bisogno di lui.

Del resto, prima della partita la curva gli dedica una coreografia colorata al centro della quale c'era scritto a grandi lettere: TOTTI È LA ROMA.

Fuochi d'artificio

Il mercoledì successivo all'addio di Totti, De Rossi prolunga il proprio contratto di altri due anni. Per la prima volta da quando gioca guadagnerà meno (la metà circa) di quello che guadagnava l'anno precedente. Che importa, finalmente a trentaquattro anni non deve aspettare che nessuno finisca in panchina o sia infortunato per mettere al braccio la fascia da capitano. Eppure viene da chiedersi cosa gli resti ancora da fare in quei due anni. La Roma viene da una delle migliori stagioni da quando ci gioca Daniele, ma è intrappolata in quella dimensione fatta di rivoluzioni fallite, giocatori che arrivano e se ne vanno a velocità sempre maggiore, sempre troppo piccoli o troppo grandi per lei. Nel frattempo è tornato Baldini per la terza volta, come consulente di Pallotta da Londra, dove vive. Per i romanisti è lui l'eminenza grigia che prende tutte le decisioni, tra cui quella di mettere la squadra in mano a Monchi, che in due anni vende Salah, Paredes, Rüdiger, Emerson Palmieri, Alisson, Nainggolan e Strootman. Il nuovo direttore sportivo, che ha portato il Siviglia a vincere tre Europa League consecutive giusto un paio d'anni prima, è un altro affabulatore con lo sguardo da profeta, che si esprime con frasi a effetto: «La Roma non ha un cartello con scritto "Si vende", ma uno con scritto "Si vince"» e promette ai tifosi: «Ci vediamo al Circo Massimo».

Arrivano alcuni giovani interessanti che potrebbero fare la storia della Roma (Zaniolo, Pellegrini, Ünder, Kluivert) ma che sono sempre a una sessione di mercato di distanza dall'essere ceduti. Se si esclude il veterano Kolarov, che sorprendentemente si farà perdonare dalla maggior parte dei tifosi anche il passato laziale, quasi tutti gli acquisti importanti di Monchi deludono o falliscono (Schick, Nzonzi, Olsen, Karsdorp, Defrel, Pastore). Monchi sceglie Di Francesco, un allenatore che i giornali definiscono «zemaniano». La sua squadra comincia con qualche difficoltà, migliora, stagna e poi affonda; a metà del secondo anno, a marzo 2019, Di Francesco viene esonerato, poi Monchi si dimette ad aprile. A Roma torna Claudio Ranieri (sarà l'ultimo allenatore di De Rossi, accompagnandolo anche durante l'ultimo giro di campo) come un ex marito venuto a consolare dopo la fine di un altro matrimonio la moglie, che ricorda con malinconia i bei tempi vissuti insieme: «La Premier con il Leicester non mi ripaga dello scudetto sfumato nel 2010». De Rossi sembra finito in uno di quei film in cui ogni mattina è lo stesso giorno, le persone che incontri dicono le stesse cose. Un eterno ritorno di stagioni che sembrano promettere successi e che poi implodono in sé stesse. Nella stagione 2017/18 la Roma arriva terza, in quella 2018/19 sesta. Stagioni che sono una miniatura di altre parti della sua carriera, quasi un esercizio di stile del destino.

Alla fine di novembre del 2017 De Rossi rimedia la sua quindicesima espulsione con la maglia della Roma (a cui si può aggiungere la squalifica con la prova tv per la gomitata a Srna). Succede appena due settimane dopo essere salito sul pullman degli svedesi facendo la figura del «gentleman». Nella partita contro il Genoa, a Marassi, mentre tiene per la maglia Lapadula, perde il controllo e gli parte uno schiaffo in faccia. A Roma, si chiamano *pizzoni*. Sul rigore che ne deriva il Genoa pareggia 1-1 e Daniele viene nuovamente messo in discussione. In un'intervista al «Corriere dello Sport» del settembre precedente aveva detto di essere «una persona equilibrata» e che i suoi avversari lo reputano «una persona a modo». Ormai dice di essere in grado di controllarsi anche in campo: «Sarebbe grave se non fosse così, a trentaquattro anni». Dopo l'espulsione, De Rossi chiede scusa ma dice anche che sono cose comuni, solo che stavolta ha trovato «uno che si è buttato». Lapadula dice che sono cose che capitano giocando a calcio. Nel periodo successivo alla partita con il Genoa la Roma finisce in una nuova spirale negativa, gioca male, fatica a fare gol e vince solo due partite dall'inizio di dicembre a fine gennaio.

Si riprende, però, nel periodo più importante della stagione.

L'ultimo grande momento di calcio di Daniele De Rossi – anche se sospetto che lui direbbe che tutti i momenti che ha vissuto giocando a calcio sono stati grandi per lui – è anche l'ultimo grande momento di calcio della Roma.

In quella prima stagione la Roma di Di Francesco è lontana dall'essere costante (perde sei partite in casa, eguagliando il record della stagione 1946/47), la rigidità dei princìpi dell'allenatore si scontra con le caratteristiche dei giocatori migliori, che faticano a eseguire i movimenti richiesti. Eppure in alcune partite dà l'impressione che potrebbe mettere in difficoltà qualsiasi avversaria. Nelle serate giuste, quelle in cui Di Francesco sceglie il piano adatto e i giocatori non commettono errori individuali. Soprattutto in Champions League, dove riesce a vincere un girone complicatissimo con Chelsea e Atlético Madrid. Contro il Chelsea, allenato da Antonio Conte, la Roma gioca due partite memorabili. A Londra recupera il 2-0 iniziale passando addirittura in vantaggio 3-2, grazie anche a un grandissimo gol di Džeko, al volo di sinistro su lancio dalla difesa di Fazio, prima di subire il 3-3. All'Olimpico invece è la notte di El Shaarawy, che segna il suo primo gol dopo neanche un minuto di gioco, calciando di collo esterno da fuori area, e il secondo dopo trentacinque minuti, con un tocco di punta con cui anticipa il portiere in uscita, grazie anche al buco difensivo dell'ex Rüdiger. Il terzo lo segna Perotti – un trequartista ipertecnico che solitamente cerca di entrare in porta con la palla – calciando da fuori area.

Sembrava quello, l'ultimo grande momento della Roma e De Rossi nel post-partita si è giocato una frase che forse gli avrebbe fatto comodo dopo. Durante un'intervista gli leggono il tweet di un giornalista del «Corriere della Sera»: «È in notti così che guardi il cielo e pensi: "Grazie di avermi fatto nascere della Roma"». Il pubblico in studio applaude. De Rossi risponde: «Se posso permettermi… non so chi è questo signore quindi non ce l'ho con lui. Ma noi dobbiamo ringraziare di essere romanisti anche» pausa per prendere fiato «anche dopo i 7-1, anche dopo aver perso in casa contro il Napoli giocando male. Io ringrazio sempre di essere nato romanista. Quindi ricordiamocelo quando le cose andranno peggio».

Il 4 marzo 2018, Daniele va a un altro funerale, quello dell'ex compagno di squadra, in Nazionale e alla Roma, prima che diventasse capitano della Fiorentina, Davide Astori, di cui aveva conosciuto e apprezzato le qualità umane. Anche questo funerale si svolge a Firenze (come quello di Spazzolino) e Daniele rimane a lungo vicino al feretro dell'amico. Nella partita di campionato contro il Torino, pochi giorni dopo, segna il suo primo gol stagionale, ma non esulta.

Un periodo intenso, per De Rossi e per la Roma. Dopo aver eliminato agli ottavi lo Shaktar Donetsk di Paulo Fonseca (che allenerà la prima Roma senza De Rossi, quella 2019/20), anche grazie a un salvataggio sulla linea di Bruno Peres che le ha evitato di perdere 3-1 la partita di andata, la squadra di Di Francesco pesca il Barcellona. Almeno ci vediamo due belle partite, pensano i romanisti, sicuri di venire eliminati.

Al Camp Nou la Roma gioca una partita aggressiva e ordinata, pressando con la difesa alta e coprendo bene il centro quando c'è da ripiegare. Il Barcellona allenato da Valverde non è la squadra indifendibile di qualche anno prima, Iniesta non è al meglio della propria condizione, ma parliamo sempre di una delle squadre con più qualità al mondo, che non ha neanche bisogno di giocare bene per vincere. Per questo non è sorprendente quando Messi e Iniesta mettono De Rossi in mezzo a un triangolo e l'argentino sembra calciare di prima all'angolino. Dal replay però si capisce che non ha segnato Messi, ma è stato De Rossi ad anticiparlo con una scivolata che, *dal limite dell'area*, fa finire la palla all'angolino.

Anche il secondo gol del Barcellona è un autogol della Roma, ancora più goffo: Manolas non solo calcia la palla nello specchio di porta, tentando anche lui di anticipare un avversario in scivolata nell'area piccola di porta, ma la palla colpisce il palo e gli sbatte sul ginocchio mentre è a terra, entrando in rete. La Roma ovviamente fallisce delle occasioni e prende il terzo gol in contropiede. A dieci minuti dalla fine Džeko segna il 3-1 e prende la palla in rete. Messa così qualche speranza per la partita di ritorno ci sarebbe pure, ma prima che finisca la partita Luis Suárez segna il quarto gol, sfruttando un controllo sbagliato in area di rigore del centrocampista francese Gonalons – esempio di un acquisto di Monchi: una sola stagione passata a Roma, neanche venti presenze, un bruttissimo ricordo. Di Francesco parla di risultato ingiusto, Džeko si lamenta di un rigore negato che avrebbe cambiato la partita, Diego Perotti, che ha fallito il gol del possibile 1-1, dice: «Per me è tutta colpa mia». Insomma, la solita telenovela romanista.

Le speranze per la partita del 10 aprile, in cui la Roma deve vincere 3-0 (ovvero con tre gol di scarto per non perdere) sono pressoché inesistenti. La Roma non è mai riuscita a ribaltare tre gol di svantaggio nella propria storia e tra la partita di andata e quella di ritorno perde 2-0 in casa con la Fiorentina: anche questo non aiuta. Si respira un'aria speciale, da grande occasione – Daniele dirà che anche loro avevano «un pizzico di convinzione» difficile da spiegare – ma nessuno si sente di mostrare neanche un minimo di ottimismo. La speranza, se c'è, è soffocata dall'ironia più nera. Più ci avviciniamo al fischio di inizio, però, più diventa difficile nascondere le vere emozioni. L'Olimpico è pieno, i biglietti erano stati venduti prima dell'andata ma considerato il risultato di quella gara qualcuno avrebbe potuto anche avere voglia di fare qualcos'altro. E invece alla prima azione del Barcellona dopo tre minuti, che termina con un tiro alto di Messi, l'Olimpico fischia compatto. Ad ogni palla spazzata, ogni intervento difensivo, ogni pallone protetto da Džeko si alza la voce del pubblico. Dopo cinque minuti De Rossi prende una palla a centrocampo, il Barcellona sta tutto nella propria metà e la linea difensiva è alta. Džeko è messo bene con il corpo per tagliare tra terzino e centrale, Daniele lo vede e lo lancia. Džeko controlla di punta e segna il gol dell'1-0.

Un romanista scettico a questo punto pensa che quel gol serve solo per darci ulteriori speranze; e, pur dominando, le occasioni fallite nel resto del primo tempo sembrerebbero confermare questo tipo di sospetti. Quando ricomincia il secondo, però, Nainggolan serve Džeko in profondità che entra in area con Piqué alle spalle.

Džeko rallenta spalle alla porta, si fa venire Piqué il più addosso possibile e quando sono nel cuore dell'area di rigore lo usa per ruotare verso destra: Piqué è messo male con il corpo e va a terra portandosi dietro Džeko. L'arbitro ci pensa un secondo, ascolta l'auricolare e poi fischia il rigore. Džeko porta la palla a De Rossi e lo bacia sulla guancia. Daniele prende la rincorsa con i piedi appena dentro la lunetta dell'area. Quando l'arbitro fischia fa uno dei suoi saltelli scaramantici, inizia la rincorsa piano, a testa alta, poi accelera e calcia a destra. Ter Stegen non si è mosso e il tiro di De Rossi è ben angolato. Daniele avrebbe voglia di festeggiare ma deve prendere la palla in rete e riportarla a centrocampo.

Adesso la Roma ha la partita in pugno e può cercare il terzo gol con calma. Se deve succedere qualcosa di brutto, questo è il momento, ma quando Messi spaventa tutti tenendo palla al limite dell'area e caricando il tiro, ci pensa Alisson (che in quel momento è il portiere più forte al mondo) a mantenere la calma bloccando in presa sicura. All'ottantunesimo arriva il calcio d'angolo che Manolas colpisce anticipando tutti sul primo palo e mandando la palla all'angolo opposto. Manolas – che doveva vendicare l'autogol dell'andata ma, a sentire i suoi compagni dopo la partita, era anche quello che credeva di meno nella rimonta – corre a braccia larghe e con la bocca spalancata, il resto della squadra lo insegue. A fine partita ricordano a De Rossi il suo autogol dell'andata: «Io a trentaquattro quasi trentacinque anni cerco di essere lucido. All'andata ho giocato bene ma si è parlato solo dell'autogol, io preferisco fare una partita coraggiosa e con gli attributi ed essere sfortunato che farmela addosso davanti a una squadra di giocatori così forti».

Il presentatore in studio chiede: «È la notte più bella? Quella che racconterai a figlioli e nipotini?»

De Rossi: «È una delle più belle. È il massimo che potessi desiderare oggi».

Tempo dopo il compagno di squadra Juan Jesus ricorderà che Daniele, prima della partita, aveva fatto un discorso semplice alla squadra: «Mi fido di voi». E poi, urlando: «Stasera facciamo la storia!».

Ci sarebbe potuta essere un'altra serata storica, un'altra grande rimonta, in semifinale contro il Liverpool. La partita europea più importante che la Roma gioca dai tempi della finale del 1984. Dopo aver perso 5-2 a Anfield (la Roma prende quattro gol in venticinque minuti, nel secondo tempo; Salah segna una doppietta ma almeno non esulta), c'è una «convinzione» più esplicita nell'aria e l'Olimpico freme dall'attesa di vedere un altro miracolo. La Roma ci va vicina, vince 4-2 segnando due gol negli ultimi minuti (protestando per due rigori negati) e quando l'arbitro fischia la fine c'è un attimo di silenzio in cui si sentono festeggiare i tifosi del Liverpool, ma subito dopo tutto lo stadio di alza in piedi ad applaudire la squadra.

Daniele a fine partita è «orgogliosissimo» dei suoi compagni. «Sono orgoglioso anche dei tifosi. Si è ricreato qualcosa che non vivevo da quando ero bambino, serate piene di amore e romanismo. Ora siamo un tutt'uno e non si può fallire ora, abbiamo riconquistato i tifosi».

Nelle sue ultime due stagioni Daniele vince due derby, ne pareggia uno e perde l'ultimo in assoluto che gioca. In quello che la Roma vince 3-1 a settembre 2018, Daniele guarda la punizione del gol di Kolarov da qualche metro di distanza, con le mani sulle ginocchia. Quando vede la palla entrare si lascia cadere sulla schiena e resta solo in mezzo al campo mentre i compagni esultano l'uno sopra l'altro. Si potrebbe quasi dire che è stato il suo primo gol in un derby vissuto da spettatore.

Pochi mesi dopo l'inizio della sua ultima stagione, invece, Daniele subisce l'infortunio più grave della sua carriera, al ginocchio. A ottobre 2018, su Roma Tv, sostiene che questi ultimi anni sono quelli in cui si sta divertendo di più. «Ho una maturità diversa, sono cambiato io, mi approccio in maniera diversa al calcio e ho una scorza un po' più dura. Certe cose che prima non mi facevano dormire per tre notti di seguito adesso mi tolgono cinque ore di serenità». Ma dice anche: «Iniziate ad abituarvi all'idea del ritiro, non manca tantissimo». Poco prima aveva giocato la sua partita numero 600, contro il Frosinone (nel mezzo dell'ennesimo momento di crisi che stava passando la Roma). Poi salta tutte le partite di novembre, dicembre e gennaio. La partita in cui torna a giocare è quella che la Roma perde 7-1 con la Fiorentina in Coppa Italia.

Nel periodo da infortunato, intervistato da Dazn (ha cominciato a giocare che non esisteva Sky e solo alcune partite di serie A erano trasmesse; prima di smettere vede arrivare una tv interamente digitale), si guarda indietro: «Quando ero piccolo avrei firmato per fare la metà delle partite che ho fatto in Serie A, sono un privilegiato. Ho fatto il lavoro che amavo, nella città che amavo, con le persone che amo». Quando parla del possibile addio il tono però si fa drammatico: «Mi pesa guardare sotto il burrone, perché la fine è vicina, soprattutto in questo momento. So che mi farà male quando smetterò. Che manchino sei mesi, un anno, o tre anni, comunque siamo agli sgoccioli». Più avanti avrà problemi alla coscia e al solito polpaccio. In tutto salta venti gare in campionato.

A marzo 2019 gioca la sua ultima partita in Champions League, in cui segna anche il suo ultimo gol europeo. La Roma aveva vinto 2-1 la partita di andata contro il Porto, ma in Portogallo va sotto di un gol dopo mezz'ora. Manolas perde una palla da ultimo uomo, De Rossi lo copre ma al tempo stesso commette il solito errore di portarsi l'avversario fin dentro l'area, che poi lascia temporeggiare mentre ne arriva un altro da dietro che riceve palla a un metro dalla porta. Subito dopo però recupera due palle a centrocampo nella stessa azione, che bloccano due ripartenze del Porto e tengono in alto la Roma. La seconda palla che recupera la passa a Perotti che entra in area, dribbla il giocatore che ha davanti e si prende un rigore solare. Lo calcia Daniele. Si tocca la faccia compulsivamente, si accarezza la barba lunga e a punta che lo fa sembrare un motociclista. Respira a bocca aperta come se lo avessero tirato giù dal letto mentre dormiva e costretto a fare dieci flessioni. In porta c'è Iker Casillas, il portiere del Real Madrid a cui De Rossi ha segnato il suo primo gol in Champions League, che ha due anni in meno di lui ma sembrano dieci – si sa che i portieri si conservano meglio. De Rossi non ha un secondo di esitazione, però, quando l'arbitro fischia: parte a razzo sul pallone, si ferma o comunque rallenta quando ci arriva sopra, Casillas si muove verso destra e lui calcia a sinistra. Daniele segna il gol del momentaneo 1-1, poi si infortuna al polpaccio e viene sostituto a fine primo tempo, negli spogliatoi chiede ai compagni: «Fate fare un'altra partita in Champions a questo vecchio». Il Porto segna il 2-1 e la partita va ai supplementari, dove la Roma viene eliminata col suo stile inconfondibile: fallendo almeno un'occasione clamorosa, subendo il 3-1 su rigore e protestando per un rigore che non le viene dato. «Stasera fa veramente male» commenta De Rossi in tv.

Ad aprile segna il suo ultimo gol contro la Sampdoria, a Marassi. Corregge in porta il colpo di testa di Schick che il portiere aveva deviato. Tocca la palla con la coscia a un metro dalla riga, forse anche meno. Quasi un paradosso, considerando che i suoi gol più belli e rappresentativi sono quelli da lontano.

26 maggio 2019

La mattina del 14 maggio la Roma twitta una foto di De Rossi, accompagnata dal testo: «Quasi 18 anni fa un giovanissimo Daniele De Rossi faceva il suo debutto con l'#ASRoma contro l'Anderlecht. Con il Parma, all'Olimpico, giocherà la sua ultima partita con la nostra maglia. Sarà la fine di un'era».

Lo devo rileggere più volte per rendermi conto di quello che significa.

È un messaggio al tempo stesso *carino* e freddissimo, chiaro quanto ambiguo. Il linguaggio dei social media manager contrasta violentemente con quello di De Rossi nella sua ultima conferenza stampa, quello stesso pomeriggio: «Mi immaginavo zoppo con i cerotti e loro che mi chiedevano di continuare, non è andata così, ma devo accettarlo e vado avanti».

Vicino a lui c'è il Ceo della Roma, Guido Fienga (volto sconosciuto alla stragrande maggioranza dei romanisti), che candidamente dice che a De Rossi hanno comunicato la decisione di non rinnovargli il contratto il giorno prima, offrendogli un posto da dirigente, come a Totti. Fienga dice che Daniele «è pronto e maturo per poterci aiutare a sviluppare questa azienda. È dirigente da un bel pezzo». De Rossi risponde che, se fosse davvero un dirigente, a un giocatore come lui avrebbe rinnovato il contratto. Ma non c'è polemica nel suo tono. Un giornalista gli chiede se non sarebbe stato più giusto farlo scegliere a lui, quando era il momento di lasciare. «L'ho detto anche a Totti, non posso cambiare idea adesso. Non sono d'accordo. C'è una società che deve decidere se puoi o non puoi giocare».

De Rossi si sente ancora giocatore, ci si è sentito tutto l'anno, nonostante i problemi fisici. la Roma ritiene che non lo sia più. De Rossi pensa che sarebbe potuto essere ancora utile alla Roma, anche giocando poco. Perché quando è in salute sente di avere cose da dare e perché è importante per lo spogliatoio. C'è l'intera squadra seduta nel pubblico, Daniele sorridendo dice: «Non li guardo perché altrimenti scoppio». Non sa ancora dove andrà a giocare perché è stata una stagione difficile e non voleva perdere la concentrazione. «Stamattina mi sono arrivati 500 messaggi, dopo controllo se c'è qualche offerta».

Prima di andarsene abbraccia uno a uno i suoi ex compagni, che indossano una maglietta della Roma col suo nome sopra e un numero 8 girato in orizzontale: il simbolo di *infinito*, una trovata in perfetta contraddizione con le azioni della società, che lo aveva appena dichiarato *finito*. Daniele abbraccia tutti sorridendo ma un attimo prima di uscire si fa serio. Sono solo pochi secondi, ma ho l'impressione che Daniele in quel momento, come in molti altri della sua carriera, ricalchi un po' il cliché dell'uomo troppo orgoglioso per piangere in pubblico, del duro che non soffre.

Il 26 maggio Daniele De Rossi gioca la sua ultima partita con la Roma, contro il Parma che i romanisti ricordano per averci giocato contro anche nell'ultima partita della stagione dello Scudetto del 2001. Dei tifosi laziali usano lo stesso ponte dove avevano impiccato dei manichini per dedicare ai romanisti: DA DE ROSSI ALLA COPPA IN FACCIA, 26 MAGGIO PER VOI LA SOLITA GIORNATACCIA. Ma non tengono conto di due cose: anzitutto che non avevamo nessuno bisogno che ci ricordassero la bizzarra coincidenza. Questo genere di cose i romanisti ce le hanno marchiate nella pelle, ma niente gli impedisce di sentirsi orgogliosi della loro squadra, di andare avanti indipendentemente da quanto grosso può essere il prossimo dolore. Il giorno prima, il 25 maggio, De Rossi pubblica una lettera d'addio sul sito della Roma. «Il 26 maggio di qualche anno fa abbiamo vissuto una giornata dopo la quale pensavamo di non poter tornare a sorridere. Lo pensai anch'io, finché non vidi il tatuaggio di un tifoso con scritto "27 maggio 2013, eppure il vento soffia ancora". Non so a chi appartenesse questo tatuaggio, ma so che il vento ricomincerà a soffiare anche da questo 27 maggio». Il vento, va da sé, è quello del *romanismo*.

La seconda cosa di cui non stavano tenendo conto i tifosi laziali, è che quella dell'addio di De Rossi, per noi, non sarebbe stata affatto «una giornataccia». E non può esserci paragone tra le emozioni dell'ultima partita di De Rossi e quelle del derby perso in finale di Coppa Italia, tra un dolore che deriva dall'aver amato moltissimo e quello per una delusione di campo magari più particolare di altre ma non certo unica (anzi, semmai l'addio di De Rossi cambia il senso di quel giorno, che non sarà più ricordato solo per quella finale persa: nello striscione laziale si può leggere anche un po' di ansia, di paura che quell'addio li privi di questa esclusiva, che il loro 26 maggio venga dimenticato).

L'Olimpico era pieno, pioveva a dirotto. Faceva freddo per essere maggio, ricordo che sulle cancellate delle case del mio quartiere i gelsomini erano già appassiti. Sono andato allo stadio con un amico svedese, tifoso della Roma, che aveva preso il biglietto per Roma la mattina dell'annuncio. Siamo arrivati con ore di anticipo, c'era già moltissima gente. Abbiamo trovato dei biglietti terribili e costosi, nelle file basse della Tevere laterale, dove non arriva la copertura dell'Olimpico. In qualche modo restare due ore sotto la pioggia e guardare una partita senza senso ci sembrava un bel modo per salutare De Rossi. Anche noi ci stavamo sacrificando per lui. La Roma non aveva niente da giocarsi davvero e il Parma era già salvo. Per ragioni di marketing, nell'ultima partita di una stagione le squadre oggi indossano in anteprima le maglie disegnate per la stagione successiva: nella sua ultima partita in giallorosso De Rossi ne ha indossata una pensata evidentemente per il pubblico più giovane, con dei fulmini sul collo che sarebbero stati perfetti per il De Rossi ventenne ma che contrastavano con la sua aria consumata, e che in realtà era la maglia della prima stagione della Roma *senza* De Rossi. La Roma ha segnato dopo mezz'ora e per quel che ci riguardava l'arbitro avrebbe anche potuto chiudere la partita. Daniele è uscito a otto minuti dalla fine, con la Roma ancora in vantaggio, ma poco dopo Gervinho ha segnato l'1-1. Ci ha pensato Perotti all'ultimo minuto, come aveva fatto per Totti, a far finire De Rossi con una vittoria (il gol di testa di Perotti è anche il primo gol della Roma che Daniele ha guardato da ex calciatore). In un video circolato tempo dopo si vede la squadra riunirsi al centro dello spogliatoio proprio prima di quella partita con il Parma, per l'ultimo discorso di De Rossi. Formano un cerchio, piegati in avanti ognuno con le braccia sulle spalle dei compagni vicini. Daniele è al centro e dopo un silenzio preparatorio in cui si percepisce salire la tensione inizia a gridare, con tutta l'aria che ha nei polmoni. Con una voce che sembra uscire dal fondo di una caverna sputa fuori tre domande, quasi senza una pausa tra l'una e l'altra, ma in mezzo alle quali si infila la squadra, che grida sempre la stessa parola.

«Per chi ho corso?».

«Roma!».

«Per chi ho lottato?».

«Roma!».

«Per chi so' morto?».

«Roma!».

Con Totti abbiamo vissuto un momento che nessuno avrebbe voluto vivere, Totti per primo: è stato un trauma. Con De Rossi è stato diverso. C'era tristezza, a fine partita i maxischermi dello stadio lo hanno mostrato con gli occhi lucidi prima di mandare un video commovente, mancava però quella sensazione che le cose non sarebbero mai state più come prima. Le cose erano già cambiate e non potevamo farci niente, lo sapevamo noi e lo sapeva Daniele.

Totti nel suo discorso finale ha detto che per lui era arrivato il momento di diventare «grande», come se fino a quel giorno fosse stato ancora bambino, perché il calcio è una passione che nasce nell'infanzia, che conserva il bambino che è in noi, eccetera. E anche perché lui ha lottato *contro* il proprio invecchiamento, passando gli ultimi anni di carriera a convincere i suoi allenatori e i tifosi scettici che era ancora quello di una volta. Quello di sempre. Anche nel suo aspetto esteriore Totti, a parte aver accorciato i capelli come fanno quasi tutti dopo un po', non è cambiato moltissimo. Ancora oggi conserva qualcosa di infantile nel suo sguardo, che è parte della ragione per cui amiamo anche lui così tanto. Per De Rossi sarebbe assurdo utilizzare una retorica simile perché mentre lui invecchiava senza fare niente per nasconderlo anche noi siamo invecchiati. Se affianco le mie fototessere, come ho già fatto con le sue figurine, i miei capelli inizialmente sono lunghi come quelli di un cantante brit-pop, poi iniziano ad esserci delle sfumature grigie e si accorciano un po', compaiono degli occhiali da vista che scompaiono solo perché inizio a mettere le lenti, le guance si fanno meno scavate, la linea del mento mi si indurisce, le occhiaie diventano viola e poi grigie, il mio sguardo si fa più acquoso e sfuggente. Per quelli come me, il giorno dell'addio al calcio di De Rossi rappresentava il nostro cambiamento, oltre che il suo.

Ha continuato a piovere anche mentre De Rossi abbracciava tutta la squadra, con in fondo alla fila gli altri due romani, Pellegrini e Florenzi (che in teoria sarebbe dovuto diventare il nuovo capitano romano della Roma ma che verrà ceduto in prestito sei mesi dopo), e il tecnico Claudio Ranieri, che ha chiamato tutta la squadra in un unico abbraccio, prima che Daniele corresse a salutare Bruno Conti e Totti.

Con Francesco sono rimasti abbracciati a lungo e Daniele ha spinto così a fondo la testa nella sua giacca che sembrava volerglisi infilare nel taschino. Daniele ha fatto un giro veloce di campo, con una colonna sonora che era semplicemente la playlist scelta da lui. Come un amico che ti tiene chiuso in camera ad ascoltare le sue canzoni preferite. Si saltava dagli Oasis ai Limp Bizkit, dai Mumford & Sons a De Gregori. E non ci credevo quando ho sentito che una delle canzoni preferite di Daniele è anche una delle mie canzoni preferite: *All My Little Words* dei Magnetic Fields – una canzone sull'amore impossibile costruita sulla metafora amante/farfalla: «Posso farti volare, non posso farti restare». Mentre Daniele sfila davanti alle tribune sembra sinceramente felice. Ogni tanto scorge uno striscione o uno stendardo che indica alla moglie, forse riconosce anche qualche amico. Piangono tutti tranne lui, a un certo punto consola la figlia più grande annodandole una sciarpa della Roma al collo.

L'unico momento difficile da affrontare per Daniele sembra essere quello in cui deve salutare la Curva Sud. Si prende una pausa per prepararsi, poi cammina deciso, applaudendo, con un passo da politico. I tifosi appollaiati sul cancello stavolta gli mandano dei baci. All'improvviso, cogliendo di sorpresa la telecamera che lo seguiva da vicino, si inginocchia e bacia – un bacio lungo qualche secondo – il suolo davanti alla Sud. Nella sua lettera, dopo aver ringraziato compagni, dirigenti, magazzinieri e altri membri dello staff, Ostia, Francesco («non capita a tutti di giocare sedici anni accanto al proprio idolo»), il padre, la madre e il resto della sua famiglia, Daniele ha ringraziato i tifosi per ultimi: «Grazie ai tifosi della Roma, ai miei tifosi. Mi permetto oggi di dire miei, perché l'amore che mi avete dato mi ha permesso di continuare a essere in campo parte di voi». La lettera si chiude con la frase, adattata, di un coro. I tifosi cantano: «Per il mondo seguendo la Roma, nessun mai t'amerà più di me». Lui ai suoi tifosi scrive: «Nessun mai vi amerà più di me». Dopo il giro di campo niente discorso. Il microfono della telecamera cattura la sua voce mentre chiede se qualcuno può prendere gli stendardi che ha raccolto dalle mani dei tifosi che glieli porgevano.

Tra gli striscioni che gli hanno dedicato quel giorno c'era scritto:

NEI GIORNI BELLI E IN QUELLI TRISTI SEI STATO LA BANDIERA DEI VERI ROMANISTI.

...SEI STATO NOI!

IL MIO IO IN CAMPO.

DE ROSSI È IL ROMANISMO.

E poi quello centrale, esposto sotto la coreografia iniziale:

SIAMO TUTTI DDR.

In Sud

Daniele ha raccontato che quando il padre lo ha portato a vedere la prima partita allo stadio – al Flaminio, perché all'Olimpico c'erano dei lavori per la Coppa del Mondo del 1990 – lui ha passato la maggior parte del tempo a guardare in direzione della curva. «Perché non guardano la partita?» chiedeva al padre, stupito dai capigruppo che per guidare i cori danno le spalle al campo. «Sono venuti a vedere la partita, i loro idoli sono proprio davanti a loro e loro non li guardano». E neanche lui guarda la partita ma guarda i tifosi. È la storia dell'origine del suo amore per la curva, continuato poi negli anni in cui ha fatto il raccattapalle e poi ovviamente in quelli da calciatore.

Altri giocatori della Roma sono andati in Sud in passato, a cominciare da Francesco Rocca che dalla curva ha visto la finale di Coppa Campioni con il Liverpool. Poi Bruno Conti, Rizzitelli, Delvecchio, Candela, Taddei addirittura due volte – un amico mi ha raccontato di averlo visto piangere mentre le persone che lo circondavano cantavano il suo nome. Persino Marquinhos, che a Roma è rimasto solo un anno, è stato in Curva Sud. Quando Totti e De Rossi si sono avvicinati all'addio è diventato un tema ricorrente: ci andranno insieme? Totti ci è già stato, ma quasi quindici anni fa...

Dopo l'addio alla Roma, Daniele ha realizzato il desiderio, di cui ha parlato spesso nelle ultime interviste, di vivere un'esperienza di calcio lontano da Roma e nella notte del suo trentaseiesimo compleanno (il 24 luglio 2019) ha attraversato l'Oceano Atlantico. All'aeroporto di Buenos Aires, alle sette del mattino, lo hanno accolto tifosi con la maglia del Boca e della Roma, cantando lungo tutto il tragitto, come probabilmente sognava lui: «Il Boca l'ho scelto da ragazzino, guardando i filmati delle tifoserie che mi entusiasmavano» ha detto. C'è l'epica del viaggio che hanno fatto «i nostri avi», di quei tifosi che lo chiamano «Tano» (italiano), ma quando in Italia abbiamo visto le prime immagini di De Rossi in Argentina la prima cosa che abbiamo pensato è stata: Ah, quindi lo ha fatto davvero? Un calciatore europeo di prima fascia, pure a fine carriera, che va a giocare in Sudamerica è una rarità. Di solito scelgono di chiudere in Cina, Qatar o posti simili, difficilmente per passione… Ma è una cosa strana anche dal punto di vista argentino: il quotidiano «Clarín» scrive che il Boca non ha comprato tanto un giocatore quanto un «concetto romantico».

Mi ha fatto male vedere Daniele con quella maglia iconica blu con la striscia orizzontale gialla? No, mi ha fatto bene. Le immagini dei suoi primi allenamenti, delle prime scivolate, il gol all'esordio in una partita di coppa che poi, come la più classica delle favole romaniste, la squadra ha perso ai rigori contro una di Primera B, la seconda serie argentina. Come se non bastasse, Daniele ci è andato nei mesi successivi alla sconfitta del Boca nel primo Superclásico della storia giocato in finale di Copa Libertadores, il derby con il River Plate più importante di tutti i tempi. Vedere che De Rossi tutto sommato *continuava a essere De Rossi*, mi faceva sentire che anche io ero ancora me stesso. Mi sentivo come durante le videochiamate con gli amici che abitano all'estero: mi dicevo che sarei dovuto andarlo a trovare. Un mio amico, appunto, ha avuto in regalo dalla moglie, per i suoi cinquant'anni, un viaggio per Buenos Aires, compreso di biglietto per una partita del Boca in cui sperava di vedere Daniele.

De Rossi ha giocato alla Bombonera, una gigantesca D in mezzo a un quartiere di palazzi bassi, costruito su una superficie così stretta che le tribune sono dei muri verticali. Ha visto con i suoi occhi, dal campo, la «Doce», la loro Curva Sud, solo che se in Italia le curve di oggi non sono più le stesse di una volta, in Argentina si canta per novanta minuti. Anche se non ha potuto giocare contro il River in Libertadores, come sperava. Ha vissuto quel calcio in cui «non leva la gamba nessuno», che gli piaceva per quello. Ha raccontato che durante il primo allenamento un ragazzino lo ha mandato gambe all'aria con un tackle. A Roma, negli ultimi anni, i giovani della Primavera si fermavano a un metro da lui: «Ero trattato come un oggetto fragile». Già dalle prime interviste Daniele parlava spagnolo con l'accento argentino, a Buenos Aires si trovava «da Dio».

Gli infortuni gli hanno fatto giocare solo una manciata di partite in sei mesi e si è ritrovato nel mezzo di una rivoluzione societaria, con l'addio dell'ex romanista Burdisso, che da direttore sportivo lo aveva portato lì, e l'arrivo di un nuovo presidente, con nuovi dirigenti. Tanto per cambiare. In società è entrato anche la leggenda del calcio argentino Juan Roman Riquelme, «l'ultimo dieci», che tra l'altro è l'icona di una chat WhatsApp con cui Daniele parla di calcio con degli amici, anzi, parlano «solo di centrocampisti». «So tutto di lui,» dice di Riquelme «è un giocatore differente da quelli del calcio d'oggi». Secondo lui solo un centrocampista gli è stato superiore: Andrés Iniesta.

La nuova dirigenza avrebbe voluto che restasse, gran parte dei duecentomila tifosi-soci (il Boca è una società con azionariato popolare) lo amavano. De Rossi e la moglie stavano così bene che ha dovuto agire d'impulso e dire al Boca che se ne sarebbe andato dall'oggi al domani, altrimenti a forza di rimandare sarebbe rimasto rischiando di fare «un danno alla mia famiglia». Questo poi, banalmente, significa che è voluto tornare per stare vicino alla figlia adolescente, rimasta in Italia. Tre mesi dopo, a marzo 2020, il Boca vince il campionato superando all'ultima partita il River Plate.

Poco dopo il ritiro, una delle prime cose che De Rossi fa da «persona qualunque» è andare in Curva Sud a seguire la Roma in un derby. La notizia viene data in questo modo, anche se dalle immagini che sono circolate dopo la partita sembra averla vista dai Distinti Sud, il settore vicino alla curva – soprannominato «il Curvino» – che in queste occasioni si fa tutt'uno con essa per le coreografie. Camuffato da una truccatrice professionista per non farsi riconoscere,

Daniele ha un pezzo di naso in più e un grosso neo, la barba più bianca e dei capelli lunghi che sbucano da un cappello di lana. Mezzo nascosto dietro una montatura spessa, tiene in mano il rettangolo colorato che hanno in mano tutti quelli intorno a lui, per creare una coreografia semplice, bella e polemica: al centro di una curva a spicchi gialli e rossi compare il vecchio stemma, quello precedente al rinnovamento voluto dalla proprietà americana nel 2013, con l'acronimo Asr e la lupa in forma non stilizzata. Un contesto perfetto per De Rossi.

La partita è finita 1-1 e chissà se quando Džeko ha segnato qualche tifoso non abbia abbracciato De Rossi senza riconoscerlo. Magari qualcuno ha criticato un suo ex compagno e lui gli ha risposto quello che diceva nelle interviste quando giocava: «Il romanista prima difendeva sempre un altro romanista, difendeva il proprio giocatore anche se era il più scarso». In realtà Daniele era piuttosto riconoscibile, nonostante il trucco, e anche io sono sicuro che se lo avessi avuto vicino me ne sarei accorto. Anche perché non era allo stadio da solo o con degli sconosciuti, bensì con due tifosi famosi, Valerio Mastandrea e Diego Bianchi.

Alcuni laziali hanno chiesto con quale documento abbia passato i controlli di sicurezza strettissimi di questi anni, a nome di chi era il biglietto con cui è entrato, e se la polizia lo abbia lasciato passare con quella specie di maschera. C'è anche chi si è lamentato del fatto che giorni dopo il derby, la moglie abbia postato il video sui social: quindi era tutta una mossa mediatica? Ma allora, chiedo io: sarebbe stato più bello se non lo avessimo mai saputo?

Non so se De Rossi sia mai stato in curva da ragazzo, è possibile che quella con Mastandrea e Bianchi sia stata la sua prima volta. In questo caso, significa che Daniele ha dovuto aspettare di avere trentasei anni per vivere una giornata quasi come un tifoso normale. Per vedere una partita come uno di quei tifosi che ha rappresentato meglio di chiunque altro in campo.

Dopo diciotto anni, ha invertito il proprio punto di vista, come ha sempre sognato di fare. Peccato solo che Daniele De Rossi, in curva, non abbia potuto vedere un derby con Daniele De Rossi in campo.

Qualche settimana dopo l'addio di De Rossi alla Roma, Totti l'ha salutata per la seconda volta. Stavolta da dirigente, con una conferenza stampa organizzata dal Salone d'Onore del Coni in cui ha confermato le peggiori paranoie dei tifosi romanisti, dicendo che «dentro Trigoria c'è gente che fa il male della Roma» e che le decisioni importanti si prendono a Londra. E aggiunge: «Se io fossi il presidente della Roma e avessi due bandiere come Totti e De Rossi in società, gli darei in mano tutto, per quello che hanno fatto e per rispetto. Loro ti possono spiegare cosa è la romanità».

E De Rossi che vuole?

Daniele non ha mai nascosto che un giorno vorrebbe fare l'allenatore, perché pensa di poterlo fare bene. Così appena è tornato in Italia si è iniziato a parlare di un futuro prossimo in cui De Rossi sarò l'allenatore della Roma. Si è parlato anche di Daniele De Rossi che prende il posto di Alberto De Rossi alla guida della Primavera.

Tra febbraio e marzo 2020, oltretutto, sembrava che Pallotta stesse per vendere la Roma a un altro imprenditore americano, Dan Friedkin. Poi però la trattativa si è bloccata.

Mentre finivo di scrivere questo libro, l'Italia intera ha dovuto affrontare l'emergenza del coronavirus. Le sue vecchie partite e le sue interviste mi hanno fatto compagnia, scrivere del suo coraggio, della sua resistenza e del rapporto speciale che è riuscito a creare con moltissime persone mi ha aiutato ad affrontare un periodo difficile.

Poi un giorno un amico mi ha detto che per il libro dovevo assolutamente vedere un video di De Rossi appena uscito. Pensavo si sarebbe trattato di un'intervista da remoto, come tante che si stanno facendo in questi giorni. Invece era un video della Regione Lazio in cui Daniele va a donare il sangue in un ospedale romano chiedendo di fare altrettanto. Le persone hanno smesso di donare il sangue come hanno smesso di fare qualsiasi altra cosa, per paura di uscire e di ammalarsi. Daniele si rivolge a loro: «Non abbiate paura, è un gesto di grande altruismo».

E forse è il gesto «da De Rossi» più bello con cui chiudere il mio libro.

27 aprile 2020, *Roma*

Riferimenti bibliografici

Come quella del filosofo Michel de Montaigne, la mia memoria è «straordinaria per la sua debolezza». Anche se ho assistito con grande attenzione e trasporto al percorso di Daniele De Rossi e alle vicende della Roma nel Ventunesimo secolo, ho dunque dovuto ricorrere spesso agli archivi di «Gazzetta dello Sport», «Repubblica», «Corriere della Sera», «Il Romanista», «La Stampa». Ma anche a quelli dei molti siti dedicati ai tifosi della Roma (e anche a qualcuno di quelli laziali). In particolare ci tengo a segnalare l'incredibile lavoro dei siti www.asromaultras.org (un vero e proprio museo del romanismo online) e www.almanaccogiallorosso.it. Così come, per la Nazionale, voglio ricordare il sito www.italia1910.com. Le interviste più belle e interessanti di De Rossi sono apparse sul «Romanista» (2009 e 2018), «So Foot» (2014), «Rivista Undici» (2017) e «GQ» (2020).

Ho inoltre tratto fatti ma anche vera e propria ispirazione da due libri dedicati a De Rossi: Tonino Cagnucci, *Daniele De Rossi. Il mare di Roma*, Lìmina, Arezzo, 2009, e Alessandro Oricchio, *Daniele De Rossi uno di noi*, Lozzi, Roma, 2019. Così come mi sono stati utili i seguenti testi: Francesco Totti (con Paolo Condò), *Un capitano*, Rizzoli, Milano, 2018; Stefano Faccendini, *Che sarà sarà*, Ultra Sport, Roma, 2017; Davide Desario, *Storie Bastarde*, Avagliano, Roma, 2010; Cesare Prandelli, *Il calcio fa bene*, Giunti, Firenze, 2012.

Ho rivisto, a volte con piacere, altre con dolore, le partite che il sito www.footbalia.net raccoglie e cataloga, e molte di quelle mancanti su quel sito le ho trovate su YouTube. Alcuni dettagli, però, me li hanno raccontati o fatti notare gli amici con cui ho parlato di questo libro per un anno intero. Infine, ho letto molti articoli sulla Roma e sul calcio italiano di questi anni pubblicati dai miei collaboratori sull'Ultimo Uomo, e per alcune pagine di questo libro ho rielaborato alcune parti di quelli che invece ho scritto io sull'Ultimo Uomo e su altri siti o riviste.

Ringraziamenti

Ringrazio Alessandro Gazoia e Isabella Ferretti per avermi motivato con pazienza e fiducia. Ringrazio Emanuele Atturo per essermi stato vicino anche durante la quarantena, e tutti gli amici con cui condivido la passione per la scrittura e per lo sport, spero un giorno di potergli restituire una parte di quello che sento di dovergli (in ordine sparso): Valerio Del Prete, Tommaso Giagni, Dario Saltari, Simone Conte, Giorgio J.J. Bartolomucci, Marco D'Ottavi, Matteo De Giuli, Emanuele Coccia, Federico Aqué, Fabrizio Gabrielli, Alfredo Giacobbe, Daniele Vendetta Morrone, Oscar Svensson, Hugo Hannoun, Fabio Barcellona, Flavio Fusi. Ringrazio tutti i collaboratori dell'Ultimo Uomo, da cui, come lettore, imparo ogni giorno. Per la stessa ragione ringrazio Sandro Modeo e Paolo Condò. Ringrazio Marianna Tocci, Gugliemo Betti, Emanuele Mancini, Marco Zarfati, Martina Testa, Betani Mapunzo e tutti gli altri con cui ho condiviso le gioie e i dolori romanisti negli ultimi anni al Roma Club Le Mura. Ringrazio anche tutti gli altri romanisti, anche quelli che la pensano diversamente da come la penso io, anche quelli che hanno fischiato Edin Džeko. Ringrazio Daniele De Rossi, avrei voluto scrivere un libro più bello per lui almeno quanto avrei voluto vincere uno scudetto insieme a lui.

E ringrazio Emma. Sempre. A lei sicuramente non riuscirò a restituire neanche la metà dell'amore e della fiducia che mi sta dando...

Collana Vite inattese

01. Aili e Andres McConnon, *La strada del coraggio*
02. Marshall Jon Fisher, *Terribile splendore*
03. Emanuele Tonon, *I circuiti celesti*
04. Marco Pastonesi, *Pantani era un dio*
05. Giorgio Terruzzi, *Suite* 200
06. Lorenzo Iervolino, *Un giorno triste così felice*
07. Roland Lazenby, *Michael Jordan, la vita*
08. Gian Paolo Ormezzano, *I cantaglorie*
09. Duncan Hamilton, *George Best, l'immortale*
10. Claudio Gregori, *Merckx, il Figlio del tuono*
11. Dario Cresto-Dina, *Sei chiodi storti*
12. William Finnegan, *Giorni selvaggi*
13. Luigi Bolognini, *La squadra spezzata*
14. Marco Pastonesi, *L'Uragano nero*
15. Lorenzo Iervolino, *Trentacinque secondi ancora*
16. Jean-Philippe Leclaire, *Le Roi*
17. James S. Hirsch, *Hurricane*
18. Claudio Gregori, *Il corno di Orlando*
19. Enrico Franceschini, *Vinca il peggiore*
20. Roland Lazenby, *Showboat, la vita di Kobe Bryant*
21. James Leighton, *Duncan Edwards, il più grande*
22. Rick Broadbent, *Emil Zátopek*
23. Marco Ciriello, *Maradona è amico mio*
24. John Jeremiah Sullivan, *Cavalli di razza*
25. Duncan Hamilton, *Momenti di gloria*
26. Vikash Dhorasoo, *Con il piede giusto*
27. Roland Garros, *L'uomo che baciava le nuvole*
28. Giorgio Terruzzi, *Suite* 200 (N.E.)
29. Jonathan Eig, *Muhammad Ali, la vita*
30. Giacomo Pellizzari, *Generazione Peter Sagan*
31. Marco Pastonesi, *Coppi ultimo*
32. Fabrizio Gabrielli, *Cristiano Ronaldo*
33. H.G. Bissinger, *Friday Night Lights*
34. Stefano Piri, *Roberto Baggio*
35. Giuseppe Pastore, *La squadra che sogna*
36. Daniele Manusia, *Daniele De Rossi o dell'amore reciproco*
37. Sylvain Coher, *Vincere a Roma*

66thand2nd
via Marcello Malpighi, 12 A
00161 Roma

66thand2nd.com 66thand2nd Extralibris

66thand2nd Editore 66thand2nd

66thand2nd info@66thand2nd.com

editing di Alessandro Gazoia

direttore editoriale
Isabella Ferretti
direzione@66thand2nd.com

caporedattore
Maria Eleonora Cucurnia
redattore
Michele Martino
redazione@66thand2nd.com

ufficio stampa
Marco Scognamiglio
ufficiostampa@66thand2nd.com

commerciale
Antonia Conti
commerciale@66thand2nd.com

amministrazione
Gabriella Riso
amministrazione@66thand2nd.com

finito di stampare a Guidonia nel luglio 2020
dalla tipografia Arti Grafiche La Moderna snc
su carta Favini Shiro Echo in copertina
e Storaenso Fresia nell'interno